经济管理理论与财务创新发展研究

佟丹丹　杜耀龙　张海荣◎著

中国书籍出版社
China Book Press

图书在版编目（CIP）数据

经济管理理论与财务创新发展研究 / 佟丹丹, 杜耀龙, 张海荣著. -- 北京 : 中国书籍出版社, 2023.12
 ISBN 978-7-5068-9723-5

Ⅰ.①经… Ⅱ.①佟… ②杜… ③张… Ⅲ.①经济管理—理论研究②企业管理—财务管理—研究 Ⅳ.①F2 ②F275

中国国家版本馆CIP数据核字(2023)第234750号

经济管理理论与财务创新发展研究
佟丹丹　杜耀龙　张海荣　著

图书策划	邹　浩
责任编辑	李　新
责任印制	孙马飞　马　芝
封面设计	博健文化
出版发行	中国书籍出版社
地　　址	北京市丰台区三路居路 97 号（邮编：100073）
电　　话	（010）52257143（总编室）　（010）52257140（发行部）
电子邮箱	eo@chinabp.com.cn
经　　销	全国新华书店
印　　厂	北京四海锦诚印刷技术有限公司
开　　本	710 毫米 × 1000 毫米　1/16
印　　张	12.75
字　　数	242 千字
版　　次	2024 年 4 月第 1 版
印　　次	2024 年 4 月第 1 次印刷
书　　号	ISBN 978-7-5068-9723-5
定　　价	68.00 元

版权所有　翻印必究

前　言

近年来，我国经济快速发展的过程中，对经济管理工作提出的要求越来越高，构建现代化的经济管理模式、创新经济管理体系、准确进行发展趋势的掌控势在必行。经营和管理是企业永恒的主题。企业效率的提高和企业活力的激发都以良好的经营和管理为基础。

财务管理创新是我国经济发展需求催生出的产物，从服务国家到服务企业，经济的发展赋予了财务管理更加独立和重要的职能使命；同时，财务管理理论为我国经济的发展提供了理论指导与制度保障，充分体现了经济发展是财务管理发展的原动力以及财务管理是经济发展的助力器。

本书是一本关于经济管理理论与财务创新发展方面的书籍，旨在为相关工作者提供有益的参考和启示，适合对此感兴趣的读者阅读。本书详细介绍了经济管理综述，让读者对经济管理有初步的认知；深入分析了市场机制与企业的经济管理、宏观经济管理与调控、经济管理战略创新等内容，让读者对经济管理内容有更深入的了解；着重强调了新时代背景下的财务管理与智能时代财务创新，以理论与实践相结合的方式呈现。随着互联网的进一步发展，企业要立足于不败之地，必须要坚持管理创新，同时坚持开放共享，主动适应和引领经济发展新变化。希望本书能够为从事经济管理的工作者提供有益的参考和借鉴。

本书从构思开始直到书稿完成，在各个环节上都付出了巨大的努力，特别是在各章初稿写作完成后，写作组还就本书在结构布局、内容繁简、逻辑关系等方面存在的问题进行了认真修改，对不甚规范的句式标点也一一作了校正。但由于写作人员水平有限，书中的不足之处敬请各位读者批评指正，以便在日后修订中日益完善。

目 录

前　言 ………………………………………………………………………… 1

第一章　经济管理综述 …………………………………………………… 1

第一节　经济与管理的关系 ……………………………………………… 1
第二节　经济管理研究的内容 …………………………………………… 10
第三节　经济管理的基本知识 …………………………………………… 17

第二章　市场机制与企业的经济管理 …………………………………… 25

第一节　需求、供给与市场机制 ………………………………………… 25
第二节　企业的制度与主要经济目标 …………………………………… 36
第三节　企业的主要管理活动与在经济发展中的作用 ………………… 44

第三章　宏观经济管理与调控 …………………………………………… 54

第一节　宏观经济分析概述 ……………………………………………… 54
第二节　通货膨胀与经济周期 …………………………………………… 63
第三节　宏观经济政策 …………………………………………………… 72

第四章　经济管理战略创新 ……………………………………………… 85

第一节　动态复杂环境下的企业战略敏捷度 …………………………… 85
第二节　战略管理与社会责任 …………………………………………… 93
第三节　长尾战略与跨界竞争战略 ……………………………………… 98

第四节 大数据战略与模块化战略 …………………………………… 103

第五章 工商企业经营 …………………………………………………… 114

第一节 经营决策原理 ………………………………………………… 114

第二节 经营战略及其选择 …………………………………………… 121

第三节 市场营销策略 ………………………………………………… 131

第六章 新时代背景下的财务管理 ……………………………………… 146

第一节 新时代背景下财务管理的意义 ……………………………… 146

第二节 新时代背景下财务管理的基本组成 ………………………… 154

第三节 新时代背景下财务管理的创新理念 ………………………… 163

第七章 智能时代财务创新 ……………………………………………… 172

第一节 智能时代战略财务创新 ……………………………………… 172

第二节 智能时代专业财务创新 ……………………………………… 179

第三节 智能时代业务财务创新 ……………………………………… 185

第四节 智能时代财务共享服务创新 ………………………………… 188

参考文献 ………………………………………………………………… 194

第一章 经济管理综述

第一节 经济与管理的关系

一、经济

(一) 经济的概念

现代汉语中所使用的"经济"一词，是我国近代学者严复翻译日本著作时引进的词汇，并且随着社会的不断进步，"经济"一词在汉语中的含义更加广泛。经济是人类社会存在的物质基础。与政治一样，经济也属于人类社会的上层建筑，是构建人类社会并维系人类社会运行的必要条件。在不同的语言环境中，"经济"一词有不同的含义。它既可以指一个国家的宏观的国民经济，也可以指一个家庭的收入和支出。"经济"有时作为一个名词，指一种财政状态或收支状态；有时候也可以作为动词使用，指一种生产过程等。

1. "经济"在我国古代的含义

"经济"一词是经邦济世、经国济世或经世济民等词的综合和简化，含有"治国平天下"的意思。在我国古代文化中，"经济"一词的含义十分丰富，涵盖了丰富的社会内涵和人文思想，它代表着知识分子的责任。"经济"一词在我国古代汉语中主要指宏观层面上治理国家、拯救庶民。

2. "经济"在近现代的含义

随着时代的变迁，"经济"一词逐渐具有了现代社会中人们经常使用的含义。在日常生活中，人们认为经济是指耗费少而收益多，有时也指财力、物力，指个人的收支状况。

到了现代，由于不同的学者从不同的角度来解释经济，使经济一词的含义更加广泛。同时由于西方经济学中的经济学有多种定义，但经济的定义并不明确。在西方经济学家看来，经济是经济学的研究对象，是一个实体，不需要对其进行定义。因此，西方经济学中的"经济"一词的定义比较模糊，故而西方经济学中经济学的定义也不明确。

目前，国内不同的学者从不同的角度，也给出了经济不同的定义，如经济是指创造财富的过程；经济是指利用稀缺的资源生产有价值的商品，并将它们分配给不同的个人；经济是指资源配置的全过程及决定影响资源配置的全部因素等。

因此，一般认为经济就是稀缺资源的配置和稀缺资源的利用。

(二) 资源和资源的稀缺性

1. 资源

生产经济物品的资源既包括经过人类劳动生产出来的经济物品，也包括大自然形成的自然资源。资源，也叫生产资源、生产要素，通常包括劳动、土地、矿藏、森林、水域等自然资源，以及由这两种原始生产要素生产出来再用于生产过程的资本财货，一般把它分为经济物品（即国民财产）和自由物品（即自然资源）。在经济学里，一般认为资源包括资本、劳动、土地和企业家才能四种要素。土地和劳动这两种生产要素又被称为原始的或第一级的生产要素，其中土地泛指各种自然资源。由两种原始生产要素生产出来的产品，除了直接用来满足人的消费需求以外，再投入生产过程中的资本财货则称为中间产品。

2. 资源的稀缺性

在现实生活中，人们需求的满足绝大多数是依靠经济物品来完成的，对于人的欲望来说，经济物品或生产这些经济物品的资源总是不足的，这种相对有限性就是资源的稀缺性。物品和资源是稀缺的，社会必须有效地加以利用，这是经济学的核心思想。理解资源稀缺性这一概念时，要注意以下几点。

（1）必要性

经济学研究的问题是由于资源稀缺性的存在而产生的，没有资源稀缺性就没有经济学研究的必要性。如在农业生产中，需要解决的主要经济问题是如何通过合理配置和利用土地、种子、机械设备、劳动力等稀缺资源，使之与自然界中的空气、阳光等自由物品相结合，生产出更多的产品，满足人类社会不断增长的物质和文化生活的需要。

（2）相对性

资源稀缺性强调的不是资源绝对数量的多少，而是相对于人类社会需要的无限性而言的资源的有限性。从这一点来理解，资源的稀缺性是一个相对性的概念，它产生于人类对欲望的满足和资源的不足之间的矛盾中。某种资源的绝对数量可能很多，但人们所需要的更多；某些资源的数量是相对固定的，如土地，而人类的需要是无限增长的，随着人类社会的发展，土地资源的稀缺性会表现得越来越突出。

（3）永恒性

对于人类社会来说，资源稀缺性的存在是一个永恒的问题。除泛在性自然资源外，其他资源都是稀缺资源，任何人、任何社会都无法摆脱资源的稀缺性。资源稀缺性的存在是人类社会必须面对的基本事实。随着社会发展以及生产和生活条件不断提高，人类的需要会不断增长，同时，自由物品也会逐渐变成经济物品。需要的无限性是人类社会前进的动力，人类永远都要为满足自己不断产生的需要而奋斗。

（三）资源配置和资源利用

1. 资源配置问题

人类的欲望具有无限性和层次性，但在一定时期内人的欲望又具有相对固定性，而且有轻重缓急之分。人们首先得满足自身生命的基本需要，此时其他的需要都退居次要地位。那么，在资源有限的条件下，如何用有限的物品和服务，在有限的时间内去满足最重要最迫切的欲望呢？怎样使用有限的相对稀缺的生产资源来满足无限多样化的需要，这是一个经济问题，要求人们必须对如何使用稀缺资源作出选择。所谓选择，就是如何利用既定的有限的资源去生产尽可能多的经济物品，以便最大限度地满足自身的各种需求。

选择是经济学中首先要解决的问题，它涉及机会成本和资源配置问题。机会成本是作出决策时所放弃的另外多项选择中的潜在收益最高的那一项目的潜在收益。机会成本是经济活动中人们面临权衡取舍时的基本准则，也是一种经济思维方式。

2. 资源利用问题

在一个社会资源既定和生产技术水平不变的情况下，人类的生产情况有三种。第一种情况是现实生活中稀缺的资源和经济物品没有得到合理的利用，存在着资源浪费现象；第二种情况是稀缺的资源和经济物品得到了合理的利用；第三种情况是在现有的资源和技术水平条件下，既定的稀缺资源得到了充分利用，生产出了更多的产品，这是由人类欲望的无限性决定的。这样在资源配置既定的前提下，又引申出了资源利用问题。

资源利用就是人类社会如何更好地利用现有的稀缺资源，使之生产出更多的经济物品和服务。

3. 经济制度

资源配置和利用的运行机制就是经济制度。当前世界上解决资源配置与资源利用的经济制度基本有以下几种。

(1) 计划经济制度

生产资料国家所有，靠政府的指令性计划或指导性计划来作出有关生产和分配的所有重大决策，即通过中央的指令性计划或指导性计划来决定生产什么、如何生产和为谁生产。政府像管理一个大公司那样管理一个国家的经济运行，这是20世纪苏联所采取的经济制度。在生产力不发达的情况下，计划经济有其必然性和优越性，可以集中有限的资源实现既定的经济发展目标。

但在生产力越来越发达以后，管理就会出现困难，漏洞也越来越多，计划经济就无法有效地进行资源配置了。计划经济是政府通过它的资源所有权和实施经济政策的权利来解决基本的经济问题的。按劳分配是计划经济制度条件下个人消费品分配的基本原则，是计划经济制度在分配领域的实现形式。

(2) 市场经济制度

市场经济是一种主要由个人和私人企业决定生产和消费的经济制度。市场经济体制包含价格、市场、盈亏、激励等一整套机制，通过市场上价格的调节来决定生产什么、生产多少、如何生产和为谁生产。厂商生产什么产品取决于消费者的需求，如何生产取决于不同生产者之间的竞争。在市场竞争中，生产成本低、效率高的生产方法必然取代成本高、效率低的生产方法。为谁生产是分配问题，市场经济中分配的原则是按劳动要素分配，是按照资金、技术、管理等进行的分配，目的是更好地促进生产力的进一步发展。

市场经济的运转是靠市场价格机制的调节来实现的，从总体上看比计划经济效率高，更有利于经济发展。但市场经济也不是万能的，市场经济制度也存在着缺陷，也存在"市场失灵"的现象。

(3) 混合经济制度

当今世界上没有任何一个经济完全属于上述两种极端之一，纯粹的计划经济和市场经济都各有其利弊，所以现实中的经济制度大都是一种混合的经济制度，总是以一种经济制度为主，以另一种经济制度为辅。所谓混合经济制度就是指市场经济与计划经济不同程度地结合在一起的一种资源配置制度，它是既带有市场成分，又有指令或指导成分的经济制度。经济问题的解决既依赖于市场价格机制，又有政府的调控和管制，如对于垄断行为，政府就要干预。在现实中许多国家的经济制度都是市场与计划不同程度结合的混合经济制度。

二、管理

(一) 管理的概念

管理的概念从不同的角度和背景，可以有不同的解释。管理的定义是组成管理学理论的基本内容，明晰管理的定义也是理解管理问题和研究管理学最起码的要求。从字面上来看，可以将管理简单地理解为"管辖"和"处理"，即对一定范围内的人员及事务进行安排和处理。从词义上，管理通常被解释为主持或负责某项工作。人们在日常生活中对管理的理解也是这样，也是在这个意义上去应用管理这个词的。自从有集体协作劳动，就开始有了管理活动。在漫长而重复的管理活动中，管理思想逐步形成。

管理包含着以下含义：管理的目的是有效地实现组织的目标；管理的手段是计划、组织、协调、领导、控制和创新等活动；管理的本质是协调，即利用上述手段来协调人力、物力、财力等方面的资源；管理的对象是人力资源、物力资源、财力资源和各项职能活动；管理的性质是人的有目的的社会活动。

（二）管理的属性

管理的属性是指管理既是科学也是艺术。一个成功的管理者必须具备这两方面的知识。管理的知识体系是一门科学，有明确的概念、范畴和普遍原理、原则等。管理作为实践活动是一门艺术，是管理者在认识客观规律的基础上灵活处理问题的一种创新能力和技巧。管理是科学性与艺术性的统一。

首先，管理是一门科学，它是以反映管理客观规律的管理理论和方法为指导，有一套分析问题、解决问题的科学方法论。管理科学利用严格的方法来收集数据，并对数据进行分类和测量，建立一些假设，然后通过验证这些假设来探索未知的东西，所以说管理科学是一门科学。管理是一门科学，要求人们在社会实践中必须遵循客观规律，运用管理原理与原则，在理论的指导下进行管理工作。管理已形成了一套较为完整的知识体系，完全具备科学的特点，反映了管理过程的客观规律性。如果不承认管理是一门科学，不按照经济规律办事，违反管理的原理与原则，就会遭到规律的惩罚。

其次，管理是一门艺术。艺术没有统一模式，没有最佳模式，必须因人而异，因事而异。管理者要搞好管理工作，必须努力学习科学管理知识，并用以指导管理工作，在实践中不断提高管理水平。管理是合理充分地运用一系列已有知识的一门艺术。管理是艺术的根本原因在于管理最终是管人，没有人就没有管理。但人不是标准统一的零件和机器，人是有思维和感情的，管理必须因人、因事、因时、因地，灵活多变、创造性地去运用管理的技术与方法。世界上没有两个同样的人，世界上也没有两个同样的企业。因此，管理永远具有艺术性。

（三）管理的两重性

任何社会生产都是在一定的生产关系下进行的。管理，从最基本的意义来看，一是指挥劳动；二是监督劳动。由于生产过程具有两重性，既是物质资料的再生产过程，同时又是生产关系的再生产过程。因此，对生产过程进行的管理也就存在着两重性，一是与生产力、社会化大生产相联系的管理的自然属性；二是与生产关系、社会制度相联系的管理的社会属性。这就是管理的二重性，也是管理的性质。

1. 自然属性

自然属性是管理与生产力、社会化大生产相联系而体现出的性质。由共同劳动的性质所决定，是合理组织生产力的一般职能。这是社会主义和资本主义都相同的，与生产关系、社会制度无关，是我国改革开放后要引进和学习的部分，这部分体现在管理理论、方法与技术方面，是管理学的共性。

2. 社会属性

社会属性是管理与生产关系、社会制度相联系而体现出的性质。由生产关系的性质和社会制度所决定，是维护和完善生产关系的职能，也是社会主义与资本主义的本质区别，是我国坚持中国特色社会主义管理的部分，是管理学的个性。

研究管理的二重性，一是有助于正确吸收和借鉴国外先进管理理论和管理方法；二是有助于总结和吸收我国古代管理思想的精华；三是有助于对中国当前管理实践的考察与研究。

三、经济与管理的关系分析

经济与管理是相互联系的，所有的经济活动中都含有管理活动；所有的管理活动都是在一定的经济规律指导下进行的。经济与管理都有自己的客观规律，与自然规律一样，在一定的社会历史条件下的经济规律、管理规律，也具有自己的客观性。人们既不能消灭也不能创造与制定这些经济规律、管理规律，任何管理活动都必须遵循经济规律，按照经济规律的要求办事，否则就要受到经济规律的惩罚。

（一）管理与经济效益

经济利益是推动企业发展和员工发展的动力源泉，经济效益是检验企业管理绩效的重要指标。如何使两者得到兼顾与协调，是经济管理中的一个重要问题。

1. 利益驱动

经济利益是物质的统称，是指在一定社会经济形式下，人们为了满足需要所获得的社会劳动成果。经济关系能够通过经济利益体现出来，经济利益是人们从事社会生产活动和其他社会活动的物质动因。从根本上说，人们为了获得自己生存需要的物质、文化、生活资料，即物质利益，必须进行管理活动，有效的管理才能实现社会经济利益。在获得物质利益和个人利益的过程中，一个人的管理能力起到主要作用，而个人的素质也是首要条件。在很多情况下，个人利益可以等同于社会利益，但在一些特殊的情况下，不能将二者等同起来。个人利益要服务于社会利益时，或者说需要管理者能够自觉地以社会利益去约束自己的个人利益时，管理者的素质高低将起到关键作用。加强管理者素质教育与培养，不是完全忽视个人利益，而是使管理者了解人们的利益驱动来进行管理，实现个人利益和社会利益的统一。

2. 经济效益

经济效益是指经济活动中劳动占用、劳动耗费与劳动成果之间的对比关系。经济效益的高低与管理有很大关系。企业中管理规范，就会在生产同等成果的条件下，减少生产中的劳动占用和劳动耗费；或在劳动占用和劳动耗费相同的条件下，多生产一些劳动成果。

经济效益的高低能够反映出管理水平的优劣。企业的经济效益是衡量企业管理水平的重要尺度。根据实际的市场需求，使用先进的技术，降低生产成本，不断完善企业管理和提高管理水平的企业，一般都会产生好的经济效益。

（二）经济规律指导下的管理活动

管理和经济在现实中是不可分割的，不讲经济的管理与不讲管理的经济都是令人难以置信的。在我国早期历史上，经济是经邦济世、经国济民的意思，是讲如何理财和如何管理的社会活动。而在西方语言学中，经济一词的出现则是从古希腊"家庭管理"这个词演变而来的，在当时就是管理的意思。

1. 经济活动中的管理活动

任何一种经济活动都需要有人去管理，没有管理的经济活动是不存在的。从某种意义上说，企业经营的状况和变化，都是经济规律制约下一定管理行为的结果。有什么样的管理，就会有什么样的经济状况。一定的经济状况，又反映了管理活动的相应水平，这是经济规律制约下管理活动的普遍规律。在社会主义市场经济条件下，微观经济意义上的厂商管理和家庭管理都是在追求利润或效用最大化，企业要按照自主经营、自负盈亏依靠市场导向进行管理，这种管理水平则直接影响经济实体的经济效益、竞争力和兴衰存亡。宏观经济意义上的管理是指在自觉掌握和运用社会发展、经济发展客观规律的前提下，对整个社会以及国民经济的性质、任务、特点、条件等进行估量分析以及科学的预测，制定社会和国民经济的发展方针、计划、目标、政策和制度,确定其发展的根本原则和方法。宏观管理一般包括广义的社会管理、经济管理、信息与发展的管理以及其各自领域的管理对中观管理和微观管理起引导、指导和向导的作用。如果没有科学的宏观管理,整个经济环境不好,企业的经济活动也无法正常实施。宏观经济意义上的管理最主要体现在国民经济管理上,国民经济管理是广泛运用社会科学、自然科学、技术科学等多学科知识,研究宏观经济运行规律及其管理机制。它主要研究对国民经济进行科学的决策、规划、调控、监督和组织,以保证整个国民经济的有效运行,主要包括消费需求管理、投资需求管理、经济增长调控、产业结构转换与产业组织优化、区域经济管理、涉外经济管理、收入分配调控与社会保障等。

由此可见,在人类历史的长河中,管理活动和经济活动历来就像一对无法分离的亲兄弟,更明白地说,任何一种管理活动都是经济活动中的管理活动。

2. 管理活动中的经济规律

在现实经济生活中,任何管理活动都必须遵循客观的社会规律、经济规律和社会心理规律等,其中经济管理活动必须在经济规律的指导下进行。经济规律是指在商品生产、服务和消费等过程中各种复杂的经济联系和现象的规律性。经济规律是经济现象和经济过程内在的、本质的、必然的联系和关系。比如供求规律,就是指市场上的商品价格由商品供求状况来作出决定的规律,供求双方或其中任何一方的变动,都会引起商品价格的变动,这个规律是客观存在的。企业管理者在投资、生产、销售、定价等过程中,就必须掌握和应用经济规律,不能违背,因为经济规律是客观存在的,是不以人们的意志为转移的。尊重经济规律,是每一个管理工作者应有的科学态度,人们可以认识和利用经济规律,但不能无视经济规律。凡是不按照经济规律办事的做法,不管当时的动机如何,最终都不可避免地要受到经济规律的处罚。

(三)利润最大化目标下的管理活动

1. 利润最大化目标下的企业管理活动

企业是经济研究的对象,也是管理研究的对象,企业是营利性的经济组织,实现利润最大化是每一个企业最重要的经营目标。利润最大化表现为成本既定情况下的产量最大,或产量既定情况下的成本最小。企业追求利润最大化是在管理科学、规范的条件下实现的,企业管理规范、科学,才能获得较高的利润,才能为消费者提供更多更好的商品,才能有能力研制新的产品,才能向国家提供更多的税金,才能使员工得到更多的收入,企业才有可能获得更好的发展，它是企业生存和发展的必要条件。因此，在环境、技术、设备、资金、主业情况基本相同的情况下，管理的科学化将在实现利润最大化的过程中发挥重要作用。企业的科学管理需要做到以下几点。

一是拓宽市场，提高产品的竞争力，根据市场需求组织生产，以获得最大的经济效益。

二是加强经济核算，降低产品的生产成本。利润是产品收益和产品的生产成本之间的差额，产品的生产成本越低，获得的利润越高。

三是发展生产，扩大生产规模。产品的生产成本会受到生产规模的影响，扩大生产规模能够降低生产成本，提高利润。

2. 效用最大化目标下的个人管理活动

消费者每天都涉及管理问题，如一天中时间的管理与分配，手中的钱如何管理才能够升值，消费者每天都要就如何配置稀缺的钱和时间作出无数个选择。当消费者平衡各种各样的需求与欲望时，就是在作出决定自己生活方式的各种选择、决策。消费者是在效用最大化的条件下来作出管理决策的，效用最大化是经济学研究的主要问题，也就是说个人是在效用最大化目标下从事个人理财、时间管理等活动的。

（四）不同体制下的管理活动

资源配置和资源利用的运行机制就是经济制度。从历史的角度看，解决资源配置与资源利用的经济制度经历了自然经济制度、计划经济制度、市场经济制度和混合经济制度。任何一种社会经济制度都面临着如何把它既定的相对稀缺的生产资源有效率地分配使用于各种途径的问题，即"生产什么""如何生产"和"为谁生产"的问题。如何配置和利用资源，在不同的经济制度下，有不同的管理方式。从人类发展的历史来看，主要有分散型管理、团队型管理和混合型管理三种。

纵观经济发展史可以看出，个人是经济活动的最初决策者，这些个人对自己物品的管理以及个人所从事的活动，都可以称为分散型管理。分散型管理的优点是管理主体能够对自己的劳动资源进行很好的控制；独立的决策权能够保障决策主体的动力。但分散型管理也有一定的缺点，由于个人能力的限制，决策失误的概率较大；分散型管理势必会加大交易费用，使决策成本增加。

团队型管理是对资源进行配置的另一种极端方式，即"生产什么""如何生产"和"为谁生产"的问题全部由团队讨论决定。与分散型管理相比，团队型管理能够汇集大量的信息，使决策信息更加全面和准确，这是分散型管理不具备的；团队型管理能够集中多个人的智慧，避免个人的主观片面性。但团队型管理的时效差，反复磋商讨论会延误决策时机；团队型管理的人员多，管理成本必然高；团队型管理往往会导致无人负责或推卸责任的情况发生。

在现实生活中，经常见到的是分散型管理与团队型管理相结合的混合型管理。在企业生产经营中，决策权、人权、财权、最终决定权往往要采取团队型管理，而一些执行权、业务权等往往采取分散型管理。

第二节 经济管理研究的内容

一、经济学研究的基本内容

随着商品经济的发展和社会分工的深化，人类经济管理活动的内容越来越复杂和丰富，专业化程度越来越高，部门分化越来越细；同时，各种经济管理活动之间、经济活动与其他社会活动之间也越来越相互依存、相互渗透。为了适应这种现实经济情况的发展，经济管理的研究范围也愈来愈宽泛，研究的内容也越来越庞杂。

在传统上，理论经济学也叫一般经济理论，可分为宏观经济学和微观经济学两部分。微观经济学主要是分析市场经济中单个经济单位的经济行为，即生产者和消费者的经济行为。宏观经济学主要研究国民经济，分析国民收入、物价水平等总量的决定和变动。微观经济学和宏观经济学紧密相连，宏观经济学是建立在微观经济学的基础上的，二者是个体与整体的关系，是互相补充的，所以要理解宏观经济理论和政策，就必须了解微观经济理论和政策。

（一）微观经济学

1. 微观经济学的含义

微观经济学借助于研究个体经济单位的经济行为，来分析现代西方经济社会市场机制的运行和作用以及改善这种运行的途径。微观经济学将价格分析作为其分析核心。因此，微观经济学也叫作价格理论。

2. 微观经济学的特点

微观经济学的核心问题是价格机制如何解决资源配置问题，在理解微观经济学时要注意以下几个特点。

(1) 研究的对象

微观经济学研究的对象主体是居民与厂商。居民又称为居民户或家庭，是经济活动中的消费者，同时也是劳动力、资本等要素的提供者。在微观经济学中，假设居民户经济行为的目标是追求效用最大化，即研究居民户在收入既定的条件下，使用既定收入购买商品，购买多少商品能实现最大程度的满足。厂商又称企业，是经济活动中的生产者，同时也是劳动力、资本等要素的消费者。微观经济学中，假设厂商经济行为的目标是追求利润最大化，即研究厂商在成本费用既定的条件下，如何实现产量最大化，或在产量既定的条件下，如何实现成本最小化。

(2) 中心理论

价格理论是微观经济学的中心理论。市场经济中，价格被称为"看不见的手"。它能够对生产者和消费者的经济行为进行引导和支配。生产者生产什么产品、如何生产这些产品都由价格决定。价格调节着社会资源的配置，使资源配置更加合理。价格理论是微观经济学的核心内容，决定价格水平的是需求和供给两个因素，需求是消费者行为理论研究的，供给是厂商行为理论研究的，二者就像剪刀的两个刀片共同决定了支点，即均衡价格。

(3) 解决的问题

微观经济学解决的问题是资源配置的问题。微观经济学以资源利用为前提条件，来研究居民户和厂商的资源配置问题，从而使资源配置达到最优化，给社会带来最大的福利。

(4) 研究方法

微观经济学的研究方法是个量分析。微观经济学研究的都是某种商品的产量、价格等个量的决定、变动和相互间的关系，而不涉及总量的研究。

3. 微观经济学的内容

(1) 厂商行为理论

厂商行为理论，也叫生产者行为理论，分析厂商怎样在商品生产方面使用有限的稀缺资源，实现利润最大化。厂商行为理论包括生产理论、成本收益理论和市场结构理论。

(2) 消费者行为理论

消费者行为理论研究消费者如何把有限的收入分配到各种物品和服务的消费上，以实现效用的最大化，解决生产什么和生产多少的问题。

(3) 价格理论

价格理论，也称为均衡价格理论，主要研究商品的价格是如何决定的以及价格如何调节整个经济的运行。

(4) 收入分配理论

收入分配理论研究生产出来的产品按照什么原则来分配，也就是研究生产要素的报酬是如何决定的，即工资、利息、地租和利润是如何决定的。解决为谁生产的问题。

(5) 市场失灵与政府干预

市场机制不是万能的，主要研究市场失灵产生的原因、解决办法以及政府干预的必要性。

4. 微观经济学的三个基本假定

任何一个理论的成立都是有一定前提条件的。微观经济学理论也是以一定的假设作为前提条件的。微观经济学理论中有许多假设条件，以下是三个基本假定条件。

(1) 市场出清

市场出清假设是指在充分利用社会资源的情况下，借助于价格波动调节社会资源配置，使市场实现充分就业。出清的市场中不存在定量配给、资源闲置、超额供给和超额需求。

灵活的商品价格能够平衡市场需求和市场供给，使社会资源得到充分利用，消除资源闲置和资源浪费。也就是在价格可以灵活升降的前提下市场能够实现就业供求平衡。

(2) 完全理性

微观经济学假定生产者和消费者的经济行为是理性的，消费者为使自己得到满足将自己的收入用于消费，即追求效用最大化。与消费者不同，生产者一般追求利润最大化。

在微观经济学中，消费者和生产者的个体最优化行为往往会发挥关键作用。消费者和生产者的最优化行为能够使社会资源配置实现最优化，完全理性的价格调节是整个社会的资源配置实现最优化的前提。

(3) 完全信息

完全信息指市场上每一个从事经济活动的个体（买者和卖者）拥有的对于某种经济环境状态的全部知识。在消费者方面，完全信息是指消费者在对自己想要购买的产品的功能、价格和使用感受完全掌握。

(二) 宏观经济学

1. 宏观经济学的含义

宏观经济学是将资源配置作为前提研究国民经济，借助于分析经济中的总体问题和有关经济总量的决定及其变化，揭示怎样充分利用社会资源。总体问题包括失业、通货膨胀、经济波动、利率的变动等。

2．宏观经济学的特点

（1）研究的对象

宏观经济学将国民经济作为研究对象，分析国民经济规律和国民经济的运行方式，对经济问题进行整体分析。它不研究经济中的单个主体，即居民户和厂商的行为，而是研究由居民户和厂商组成的整体。

（2）中心理论

宏观经济学围绕着国民收入的决定这一中心分析资源利用问题，进而分析国民经济的运行。宏观经济学借助于国民收入理论回答通货膨胀、经济波动、经济周期等问题。

（3）解决的问题

宏观经济学解决的问题是资源利用。宏观经济学以资源配置为前提条件来研究资源是充分利用了还是闲置了、通货膨胀对购买力产生的影响、经济增长的途径等宏观经济问题。

（4）研究方法

总量分析是宏观经济学的研究方法。宏观经济学研究个量的总和与平均量的决定、变动及其相互关系，然后借助于总量的变动揭示经济政策的决定理由和国民经济的运行状况。

3．宏观经济学的内容

（1）宏观经济政策理论

宏观经济政策是国家干预经济的具体措施，主要包括政策目标、政策工具和政策效应。

（2）国民收入理论

国民收入是衡量资源利用情况和整个国民经济运行情况的基本指标。国民收入理论是从总供给层面和总需求层面研究国民收入的决定及其变动的，它包括国民收入核算体系和国民收入决定理论。

（3）经济周期与经济增长理论

经济周期理论是研究国民收入的短期波动，而经济增长理论则是研究国民收入的长期增长趋势。

（4）失业和通货膨胀理论

宏观经济学从有效需求不足的角度来分析失业，并且把失业与通货膨胀理论联系起来，分析二者的原因、相互关系以及解决途径。

4. 宏观经济学的基本假定

(1) 市场失灵

完全竞争的市场结构是市场机制发挥作用的前提，但在现实生活中由于公共物品、外部性、垄断和信息不对称等的存在，导致市场机制无法达到最优的资源配置。这种假定是政府干预经济的前提。

(2) 政府有能力调节经济，矫正市场经济的缺陷。市场失灵只是为政府干预经济提供了前提，但政府究竟能不能解决市场失灵问题，还得看政府有没有这个能力。宏观经济学假设政府有能力调节经济，有能力矫正市场经济的缺陷，并能达到最优化的资源配置。

(三) 微观经济学与宏观经济学的关系

微观经济学主要研究消费者和生产者的经济行为，宏观经济学是研究经济运行中的总量，二者之间在研究的对象、解决的问题、中心理论和研究方法上有所区别。虽然微观经济学和宏观经济学在这几个方面有所区别，但它们作为经济学的重要组成部分，二者是相互联系、互为前提、彼此补充的两个分支学科。

首先，微观经济学和宏观经济学互为补充。经济学以实现社会福利最大化为目的。微观经济学和宏观经济学的目的都是借助于指导人们的经济活动，使资源配置得到最优化和有效利用，进而实现社会福利最大化。为实现这一目标，要使社会资源得到最优化的配置，又要使社会资源得到充分利用。微观经济学与宏观经济学分别解决资源配置与资源利用问题，从不同方面实现社会福利最大化。因此，微观经济学和宏观经济学是互为补充的。

其次，微观经济学是宏观经济学的基础，宏观经济学是微观经济学的自然扩展。经济状况是个别经济单位的行为的总和。微观经济学主要分析生产者和消费者的经济行为，也就是分析个别经济单位的经济行为；宏观经济学分析整体经济。因此，微观经济学是宏观经济学的基础。经济学家已经对这一点达成了共识，但对于宏观经济学怎样将微观经济学作为基础这一问题，不同学派的经济学家有不同的观点，至今未能达成共识。理性预期学派是现阶段宏观经济学中影响最为广泛的学派，这一学派认为从微观经济学的完全理性和市场出清两个方面实现微观经济学和宏观经济学的统一，但未成功。

再次，微观经济学和宏观经济学都将市场经济制度作为背景。不同的经济体制下运行的不同的经济有不同的规律。经济学要将一定的经济制度作为背景，经济学总离不开一定的经济制度。微观经济学和宏观经济学都属于市场经济体制下的经济学，研究市场经济体制下的经济规律和经济调控。市场经济体制是微观经济学和宏观经济学的共同背景。微观经济学和宏观经济学都是在市场经济的大前提下研究经济问题的。因此，经济学不能适用于计划经济和由计划经济向市场经济转变的转型经济。微观经济学和宏观经济学在研究经济现象和经济问题时要将市场经济体制作为制度背景。

最后，微观经济学和宏观经济学都使用实证分析法，都属于实证经济学。微观经济学和宏观经济学都要揭示经济现象的内在规律，即解决客观经济现象是什么的问题，而不涉及应该是什么的问题。经济学的科学化即为经济学的实证化，使分析的问题脱离价值判断，分析经济现象之间的关系是微观经济学和宏观经济学的共同目的。

二、管理学研究的基本内容

（一）管理学的研究对象

1. 合理组织生产力

合理组织生产力是指怎样对组织中的人力、物力等资源进行合理配置，使生产要素的作用得到充分发挥，以使组织目标和社会目标得到统一。因此，管理学需要研究的问题是如何规划、组织、协调和控制这些资源，以使生产力得到充分发展。

2. 完善生产关系

完善生产关系是研究怎样处理好组织中人与人的关系，特别是管理者与被管理者之间的关系；研究怎样建立组织机构、怎样使组织机构的设立更加完善，怎样使人员安排和管理体制更加完善；研究怎样提高组织成员的积极性和创造性，怎样使组织成员为实现组织目标而服务。

3. 适时调整上层建筑

适时调整上层建筑主要研究怎样使组织的内部环境适应组织的外部环境；研究组织的规章制度怎样和社会的上层建筑保持一致，怎样制定能够适应市场经济发展秩序的规章制度，以促进生产的发展。

（二）管理学研究的内容

1. 管理理论的产生和发展

管理理论的产生和发展是管理学的一项研究内容，管理理论与管理思想的形成与发展过程是管理学从理论发展到实践的过程。分析和研究管理理论的产生和发展是为了继承管理理论并使现代管理理论不断发展。研究管理理论的产生和发展能够使我们对管理学的发展历程有更好的理解。

2. 现代管理的一般原理

管理的基本原理是指具有普遍性的基本管理规律。这些管理规律是对管理的实质及其基本运动规律的表述，如制订计划、制定决策、设计组织等。这些活动都要在基本原理的理论上进行，这些基本原理是管理活动都需要遵循的原理。

3. 管理方法

对于实现管理目标来说，管理方法必不可少。对于管理学的研究内容来说，管理方法同样是必不可少的部分。通常来讲，能够帮助我们实现管理目标的手段和技术等都属于管理方法。管理方法包括经济方法、行政方法和法律方法等管理技术和手段。

4. 管理者及其行为

管理者是管理活动的主体。管理活动的成功与否与管理者有很大关系。管理者的能力素质、领导方式、领导行为等决定着管理活动的成败。

5. 分类管理学理论与方法

管理学是一门综合性交叉学科，包含多个学科的理论和方法，同时又与实践活动密切相关。因此，管理学的内容十分复杂。当研究某个部门的管理活动时，往往需要研究企业管理、科技管理、教育管理、卫生事业管理、国际贸易管理、公共行政管理等方面。

三、经济管理基础知识研究的内容

现代人为了适应市场经济的需要，应该了解很多经济管理方面的知识，以合理地处理日常生活中经常遇到的经济管理问题和工作中所面临的问题。目前，很多人缺乏现代经济管理基础知识，不能很好地解释和处理各种经济管理现象和问题。为了提高我们自身的文化素养，必须掌握以下最基本的经济管理基础知识。

一是市场经济理论，主要了解市场经济、市场机制、市场体系和现代企业制度四个方面的内容。二是宏观经济分析，主要掌握宏观经济分析的各种指标、就业与失业、总需求与总供给、宏观经济政策分析等内容。三是企业管理基础知识，主要了解现代企业经营管理、现代企业生产管理和现代企业战略管理的基础知识。四是市场营销基础知识，主要掌握分析市场营销机会、市场营销管理、制定营销策略等方面的能力。五是货币银行基础知识，主要掌握货币与货币制度、利息与利率、金融市场与金融工具、金融机构体系以及货币供求与均衡等方面的知识。六是会计基础知识，主要掌握会计科目与账户、复式记账原理及其应用、工业企业主要经营过程的核算和成本计算、会计凭证与会计账簿、财产清查与财务会计报告等内容和方法。七是统计基础知识，主要掌握统计设计、统计调查、统计整理的方法和综合指标、统计指数的计算以及相关分析与回归分析等内容。

第三节 经济管理的基本知识

一、经济管理的性质和原则

福利经济学从抽象的角度来说，主要讨论的是社会选择标准的界定、收入的再分配及资源的优化配置。从现实的角度来说，福利经济学利用这种标准来评价以不同制度为基础的经济，以便确认最理想经济的学科。福利经济学的框架建立在社会选择标准的基础之上，这包括配置效率和帕累托效率。满足这项原则的必要条件、公平理论及实施的原则、社会福利函数及各个学派的公式、社会最优选择等。

公共部门经济学运用福利经济学的有关理论分析了政府现实的政治、经济制度中，从微观经济层次角度，对垄断、外部性、公共产品、收入不公平等社会现象进行剖析，提高政策运行效率，由政府针对市场中存在的"中场失灵"等问题，制定微观经济政策，实现收入的公平分配；从宏观经济层次的角度，在封闭的经济中，制定货币政策、财政政策、收入政策和价格政策，保证经济的平稳运行。在开放的经济中，政府通过对货币及汇率制度进行国际标准化的管理，实现国际收支平衡。

微观经济学考察作为消费者的个人和公司在市场中的行为（而宏观经济学研究总体或集合经济并检查如通货膨胀和失业一类的政策问题）。微观经济学研究家庭和企业如何作出决策，以及他们在某个市场上的相互交易；宏观经济学研究整体经济现象。在经济分析中以单个经济主体（作为消费者的单个家庭、作为生产者的单个厂商、作为消费者和生产者完成交易的单个市场）的经济行为作为研究对象的，称为微观经济学。微观经济学将经济行为的基本主体分为两大类：个人和企业。个人一方面是消费者，另一方面是生产要素（劳动、资本、土地、才能）的所有者；企业即生产单位，一方面是商品的生产者，另一方面是生产要素的需求者。微观经济学研究这些经济行为主体，如何在一系列既定的假设条件下，在市场机制中，通过价格机制，最终实现自己利益的最大化和资源的最佳配置，并使经济达到一般均衡。

微观经济学框架，即通过对微观个体经济单位的经济行为的研究，来说明现代西方经济市场机制的运行和作用，以及改善这种运行的政策途径。这一框架由以下理论构成：消费者行为理论、均衡价格理论、生产和成本理论、市场结构理论、生产要素收入分配理论、一般均衡理论等。这些理论为公共部门经济学的实证研究提供可以直接使用的分析工具。公共部门经济学的发展，是限制在微观经济学理论的知识范围内的。微观经济学理论，尤其是一般均衡分析的发展，在20世纪50年代使公共部门经济学发生了质的飞跃。公共部门经济学目前的理论发展，应直接归功于微观经济理论。

借助于微观经济学理论和分析工具，公共部门经济学家根据最基本的前提条件，运用演绎法和数学模型，运用各种行政手段，解决在市场经济运行中存在的"市场失灵"问题，使各种资源得到最优化的配置，以社会效用最大化为目的来讨论政府的微观行为。其中包括估算政府制定政策的机会成本与沉淀成本和取得社会效益的最大化，以及指导其他微观主体的社会行为等等。微观经济学是使公共问题的争论转化为实证分析的有效途径，目的在于提高公共决策的科学性和合理性程度。

经济管理是指管理者或管理机构为了达到一定的目的，对社会经济过程进行预测、决策、计划、控制和监督等各项实践活动的总称。经济管理是人们进行共同劳动的客观要求。经济管理是一个庞大而复杂的系统，是一个统一的有机整体。经济管理具有二重性，即自然属性和社会属性。前者是指经济管理反映协作劳动、社会化生产和生产力发展需要的性质；后者是指经济管理反映社会生产关系发展需要的性质。经济管理的二重性原理是由马克思首先提出的。管理的二重性是由生产的二重性决定的。经济管理的自然属性是经济管理的共性，经济管理的社会属性是经济管理的个性，经济管理的二重属性是同一管理过程的两个不同方面。学习和掌握经济管理的二重性原理，有助于我们探索和认识社会主义经济管理的客观规律，发展和完善中国特色社会主义经济管理学；有助于我们在社会主义现代化建设和社会主义市场经济的发展中坚持正确的方向；有助于我们加深理解"对外经济开放"的方针，正确对待资本主义的经济管理经验和方法。

经济管理的原则，是经济管理中观察和处理问题的规范和标准。经济管理的基本原则主要有：遵循客观规律的原则、物质利益原则、最佳效益的原则。

二、经济管理的职能

（一）要明确政府的经济管理职能

只有明确了政府经济管理职能的范围，政府在管理经济时才能明确"哪些可为，哪些不可为"。经济职能是行政管理最重要的职能，经济职能作为上层建筑必然要为经济基础服务。政府的大量工作是对国家经济进行管理，包括合理配置资源、保持经济均衡发展提高国力、促进社会进步、改善民生等。明确政府管理经济职能的范围是政府高效能管理经济、促进经济发展的前提条件。

1. 预测职能

经济预测，就是对客观经济过程的变化趋势所作出的预料、估计和推测。经济预测是经济决策和经济计划的科学前提，是正确认识经济环境及其变化的必要条件，是提高经济效益的必要保证。经济预测应遵循的原则：系统性原则、连续性原则、类推原则。经济预测的一般程序和步骤：确定预测的目的和任务；收集和分析有关资料；选择预测方法，进行预测计算；对预测结果进行评定和鉴别。经济预测的方法有两类，一是定性分析预测法，二是定量分析预测法。

2. 决策职能

经济决策，是指人们在经济管理活动中，对未来经济和社会发展目标、发展规划、行动方案、改革策略和重大措施等所作出的选择和决定。经济决策的程序：调查研究，提出问题；确定目标，拟订方案；方案评估，择优决断；实施决策，追踪反馈。经济决策具有重要的意义和作用：经济决策是经济管理的核心内容，它决定着不同层次、不同范畴的经济活动的发展方向；经济决策贯穿了经济管理的整个过程；决策的正确与否，决定着经济建设的成败和经济效益的高低；经济决策对社会政治和人们的心理也产生重大影响。

3. 计划职能

经济计划，是指人们按照经济的内在联系，对未来经济活动的发展过程所做的具体安排与部署。经济计划在我国的经济管理活动中仍具有重要的作用。我国的社会主义计划体系是由经济发展计划、社会发展计划和科学技术发展计划等多种计划系列所组成的。计划职能是指根据组织的内外部环境并结合自身的实际情况，制定合理的总体战略和发展目标，通过工作计划将组织战略和目标逐层展开，形成分工明确、协调有序的战略实施和资源分配方案。其步骤包括：选定目标；确定前提条件；发掘可行方案；评估方案；选定方案；拟定辅助计划；进行相应的预算，用预算使计划数字化；执行计划。经济计划的原则包括：长期计划、中期计划与短期计划相结合；稳定性与灵活性相结合；可行性与创造性相结合；量力而行与留有余地相结合。

4. 控制职能

经济控制，是指为了保证决策目标的实现和计划的完成，而对经济活动过程进行检查、监督和调节的管理活动。经济控制必须具备三个前提条件，即控制要围绕目标、控制要按标准进行、控制要有组织机构。经济控制，按控制的系统关系可分为自力控制和他力控制；按控制的实施方式可分为直接控制和间接控制；按控制活动和经济运行过程中实施的时间不同，可分为预防控制、现场控制和反馈控制。以上三种控制方式的具体内容不同，因而实施控制的效果和要求也是不同的。经济控制的方法有会计控制、预算控制、审计控制、人员行为控制等。

5. 监督职能

经济监督，是指对经济活动的监察或督导。监察就是监督和检查经济活动参与者的经济行为是否符合各种法律、政策、制度等有关规定；考察经济活动是否符合原定目标的要求，如不符合，则需要查明出现偏差和导致失误的原因。督导就是对经济活动的督促和引导，纠正偏差，确保经济活动的有效运行。

对社会经济活动实行经济监督，有其客观的必要性。这种必要性可以主要从生产力和生产关系两个方面来考察。在我国市场经济发展的现阶段，要保持正常的经济活动的进行，仍需要进行经济监督。因为在我国目前还存在着多种所有制形式，而不同的所有制经济组织之间必然存在着不同的经济利益；在分配方面，我国贯彻的是"各尽所能，按劳分配"的原则；从我国的现实情况看，在发展社会主义市场经济的整个过程中，还会有各种破坏社会主义经济秩序的违法犯罪活动发生；等等。

经济监督的内容是多方面的，就当前我国的实际情况来看，经济监督的主要内容有计划监督、财政监督、银行监督、工商行政监督、质量监督、安全监督、财务监督、审计监督等。

经济监督的实施过程中需要注意以下问题：要加强经济监督的组织建设、制度建设和思想建设；要严格按照经济监督的过程进行监督；要在经济监督过程中，搞好计划、核算、分析和检查四个环节。

6. 激励职能

激励职能，就是管理者运用各种刺激手段，唤起人的需要，激发人的动机，调动人的内在积极因素，使其将储存的潜能发挥出来的管理活动。

激励职能的特点：作用的普遍性和持续性，变化性和差异性，不可测定性。激励职能的类型有：目标激励、奖罚激励、支持激励、关怀激励、榜样激励。

(二) 要正确定位政府在经济活动中的地位

在以市场经济为主要资源配置方式的社会经济中，政府的主要责任是以弥补市场失灵而确定的配置、稳定和分配等的责任。政府的资源配置职责是由政府介入或干预所产生的。它的特点和作用是通过本身的收支活动,为政府供给公共产品提供财力,引导资源的流向,弥补市场失灵的缺陷,最终实现社会资源的最优效率状态。政府的宏观调控与市场调节都是调节经济的手段,在一般情况下,社会主义市场经济体系中是以市场调节为主,国家宏观调控为辅的。国家的宏观调控是为了弥补市场调节的不足,政府对经济的干预不能被认为是调节经济的唯一手段。但是在市场失灵的情况下,政府宏观调控的作用就处于主导地位。因为有些在市场经济运行中出现的问题,如市场垄断等是不可能凭借市场调节就能解决的,要使市场正常运转,就必须要有政府的干预,此时政府就要发挥国家对市场经济的宏观调控的作用。政府宏观调控的手段主要有经济手段、法律手段和必要的行政手段。在市场失灵的情况下,就要综合运用政府宏观调控的各项手段,稳定经济,促进经济的发展。正确定位政府在经济活动中的地位是政府对经济管理"有所为,有所不为"的必要条件。

(三) 完善监督制度,充分发挥行政体系内部和外部的监督作用

通过监督可以及时反映政府"越位"或"错位"等的行为,使相关部门能早发现、早纠正。通过完善监督制度,使政府相关部门在干预经济时始终保持警惕心理,牢牢把握其经济管理的权限,在经济发展过程中,把该管的管好,不该管的就不要管,不至于造成政府干预经济发展过多的局面;同时也能促使政府工作人员提高工作效率,在处理经济问题时保持高效。这是政府在经济管理时做到"有所为,有所不为"的重要保证。

(四) 政府在进行宏观调控时要抓好软硬两个环境的优化

一方面,抓好行政环境建设。通过建设良好的服务环境、法制环境、市场环境、政策环境、社会诚信度等软环境,着力营造"亲商、安商、尊商、富商"氛围。为行政相对人提供满意的服务是党的宗旨决定的,是参与全球经济竞争和市场经济发展的客观需要。随着改革开放的深入、民主建设进程的加快,行政相对人的民主意识、法制意识、竞争意识和参政意识不断增强,对政府提供公共产品的要求也越来越高。政府要切实负担提供治安、教育、交通、国防、外交、医疗、环保、民政、社保等公共服务职责,保证为行政相对人提供全程配套到位的服务。提高政府办事效率,搞好勤政廉政建设,要做到不只批条子,不认条子,一切按规矩去办,提高办事透明度,反对权钱交易,以良好的形象树立县级政府领导经济建设的权威。政府的实体管理和程序管理都必须公开、透明,特别是与人民群众利益密切相关的行政事项,除涉及国本、国家机密、经济安全和社会稳定的以外,

都应向社会公开，给行政相对人以更多的知情权和监督权，增强透明度和公众参与度。特别是要加强政策法规的透明度，包括对政策法规的宣传力度，建立统一有效的政策信息网络，做到政策法规信息的及时发布、及时宣传、及时更新。行政管理的手段要以便捷、多元化为标准，充分利用现代科技和联络方式，如邮寄、电话、传真、网络等，实现具体行政行为，如行政审批、许可、确认、给付的管理高效。在行政审批制度改革中，要遵循低成本、高效率的原则，把多级审批改为一级审批，把多部门分别审批改为整体联动审批，把数次审批改为一次审批，并提供规范的标准化流程。另一方面，要抓好基础设施硬环境的改善。本着"规划超前、布局合理、功能完善"的原则，加快城区建设，提升城市品位，完善城市功能，增强对外吸引力。搞好水、电、路和通信等基础设施建设，高标准、高起点地建设行政区、文体活动区、商住区、工业区、商贸区，建设成一个具有现代气息的新型城市格局，为招商引资创造良好条件。这是政府在经济管理中发挥高效能的重要途径。

三、经济管理的内容

（一）对人力的管理

人力资源的概念：人力资源有狭义和广义之分。从狭义上讲，人力资源是指一个国家或地区在一定时期内所拥有的处在劳动年龄阶段、具有劳动能力的人口。从广义上讲，人力资源是指一个国家或地区在一定时期内的客观上所存在的人口，包括在该时期内有劳动能力的人口和无劳动能力的人口。研究人力资源要防止表面化和简单化，要对人力资源进行全面的动态的研究。

人力资源的特点：能动性和创造性，时效性和连续性，动态性和消费性，再生性和适度性。

我国搞好人力资源开发与管理工作应采取的措施：实行计划生育，为人力资源开发创造良好的先决条件；发展教育事业，提高人口质量；广开就业门路，以创业带动就业，发挥人力资源潜力；建立人力资源开发的市场机制，达到人尽其才；挖掘企业劳动者潜力，充分调动其生产积极性。

（二）对财力的管理

财力及其运动：财力是指在一定时期内的一个国家或地区所拥有的社会总产品的货币表现。财力的运动过程可以概括为：财力的开发（生财）、财力的集聚（聚财）和财力的分配使用（用财）三个环节。财力运动的这三个基本环节，相互联系，相互制约，相互促进。生财是运动的起点和归宿，是聚财和用财的前提；聚财是运动的中间环节，是生财和用财的制约因素；用财是为了生财，用财和生财互为目的。财力的集聚与使用：财力集聚的对象，就是国内社会总产品的价值和国外资金市场中的游资，其中国内社会总产品价值中"M"部分是国家财力集聚的重要对象。财力集聚的主要渠道有财政集资、金融机构集资和利用外资。在我国目前的市场经济发展中，除了搞好财政集资外，尤其应重视金融机构集资和利用外资。财政集资的主要特点是强制性和无偿性，金融集资的主要特点是有偿性和周转性。财力使用应坚持的原则：统筹兼顾，全面安排；集中资金，保证重点；量力而行，留有余地；搞好财力平衡。

（三）对物力的管理

物力的概念和物力管理的内容：物力是能够满足人类生产、生活需要的物质的总称，包括物质资料和自然资源两大部分。物力管理的内容有两方面：一是物力的开发、供应和利用；二是自然资源的保护。

物力管理的基本任务：遵循自然规律和经济规律，按照建设资源节约型、环境友好型社会的要求，结合经济发展和人民生活的需要，开发、供应、利用和保护好物力资源，形成节约能源资源和保护环境的增长方式、消费模式，以合理地、永续地利用物力，促进经济和社会事业的不断发展，推动人类文明和进步。

对自然资源开发利用与管理工作的要求：根据国家主体功能区的划分，制定自然资源开发利用与管理规划；按照可持续发展要求，适度开发利用；发展循环经济，综合利用资源，提高资源利用效率；建设生态文明，有效保护自然资源，搞好环境保护工作。

（四）对科学技术的管理

科学技术的概念：科学是人类实践经验的概括和总结，是关于自然、社会和思维发展的知识体系。技术是人类利用科学知识改造自然的物质手段和精神手段的总和，它一般表现为各种不同的生产手段、工艺方法和操作技能，以及体现这些方法和技能的其他物质设施。

科学技术管理的主要内容：制定科学技术发展规划，着力突破制约经济社会发展的关键技术；组织科技协作与科技攻关，积极推广应用科研成果；注重提高自主创新能力，抓好技术改造与技术引进；加强创新型科技人才队伍建设。

（五）对时间资源的管理

时间资源的特性：时间是一切运动着的物质的一种存在形式。时间资源具有不可逆性，具有供给的刚性和不可替代性，具有均等性和不平衡性，具有无限性和瞬间性。

时间资源管理的内容：时间资源的管理，是指在同样的时间消耗的情况下，为提高时间利用率和有效性而进行的一系列控制工作。时间资源管理的内容，概括地说包括对生产时间（即从生产资料和劳动力投入生产领域到产品完成的时间）的管理和对流通时间（即产品在流通领域停留的时间）的管理。

时间资源管理的基本途径：规定明确的经济活动目标，以目标限制时间的使用；制定详细的计划，严格控制时间的使用；优化工作程序，提高工作效率，充分挖掘时间潜力；保持生产、生活的整体合理安排休息和娱乐时间。

（六）对经济信息的管理

经济信息的概念与特征：经济信息是指反映经济活动特征及其发展变化情况的各种消息、情报、资料的统称。经济信息的特征：社会性、有效性、连续性和流动性。

经济信息的分类，按照经济信息的来源，可以分为原始信息和加工信息，按照经济信息所反映的内容，可以分为内部信息与外部信息，又分为有关过去的信息和有关未来的信息，按照经济信息取得的方式，可以分为常规性信息和偶然性信息。

经济信息管理的基本程序：广泛收集、认真加工、及时传递、分类储存。经济信息管理的要求：准确、及时、适用。

第二章　市场机制与企业的经济管理

第一节　需求、供给与市场机制

一、需求

需求和供给是构成市场的两个基本要素，在探讨市场的运行机制之前，有必要首先对与这两个要素有关的一些概念进行界定。

(一) 需求量与需求函数

1. 需求量

一种商品的需求量是指，在一定时期内、一定条件下，消费者在各种可能的价格水平下愿意而且能够买得起的某种商品的数量。"愿意而且能够买得起"，指消费者不但要有主观的购买欲望，还要有客观的支付能力。

2. 影响需求量的因素

消费者对一种商品的需求数量是在多种因素的影响下由消费者决定的。影响某种产品需求量的主要因素有：该商品的价格、消费者的收入水平、相关商品的价格、消费者的偏好、广告费和消费者对未来的预期等。

(1) 商品的价格

一般来说，某种商品的需求量随其价格的变化而呈反方向变化。一种商品的价格越高，该商品的需求量就会越小。相反，商品的价格越低，该商品的需求量就会越大。

(2) 消费者的收入水平

通常情况下，某种商品的需求量与消费者收入呈正方向变化。当消费者收入水平提高时，就会增加对商品的需求量。相反，当消费者的收入水平下降时，就会减少对商品的需求量。例如，这些年来，居民对家用汽车的需求量增加很快，就是因为居民的收入水平提高了。但对某些产品来说，消费者收入的增加反而会导致其需求量的减少。例如，随着人们收入的增加，人们对黑白电视机的需求量反而是减少的。

（3）相关商品的价格

当一种商品本身的价格保持不变，而与它相关的其他商品价格发生变化时，这种商品本身的需求量也会发生变化。

相关商品包括替代品和互补品。如果两种商品是替代品，说明二者对消费者来说有相似的用途，可以相互代替使用，如苹果和梨、火车与汽车等。替代品之间具有正相关关系。例如，在其他条件不变的前提下，当苹果的价格不变而梨的价格上升时，人们往往会增加对苹果的购买量，从而使得苹果的需求量上升。互补品是指两种商品只有共同使用才能更好地发挥各自的功能和效用，如汽车和轮胎、剃须刀刀架和刀片等。互补品之间具有负相关关系。例如，在其他条件不变的前提下，当剃须刀刀架的价格不变而刀片的价格上升时，人们往往会减少对剃须刀刀架的购买量，从而使得剃须刀刀架的需求量下降。

（4）消费者的偏好

除了客观因素对商品的需求量有影响外，人们的主观因素也对商品的需求量有影响。消费者的爱好或偏好就是一种主观因素。人们的偏好会因为商品的风格变化而变化，也会因为品位、时尚和习惯的变化而变化。在其他因素保持不变的情况下，消费者对一种商品的偏好增加，会提升市场上此类商品的需求量；消费者对一种商品的偏好减少，会导致此类商品的市场需求量降低。

比如，在我国，人们不习惯喝咖啡，对咖啡的需求量较少，而对茶叶的需求量却很大，这是因为我国居民普遍具有饮茶的习惯和爱好。人们的偏好是变化的，企业要经常研究这种变化，并根据这种变化不断改进老产品、开发新产品，只有这样，才能保持人们对产品的高需求。

（5）广告费

广告影响人们的偏好和选择，进而影响到商品的需求量。一般来说，某种商品广告费支出越大，人们对该商品的需求量也就越大。但这里有一个限度，因为起初增加广告费的投入会使产品的需求量增加较快，但当广告费增加到一定程度以后，再增加广告费而引起的需求量的增加将会递减，这时再增加广告费就不一定合算了。

（6）消费者对未来的预期

消费者对自己的收入水平和商品价格水平的预期往往会改变他们当期的购买决策。如果预期未来收入水平上升，商品价格也看涨，则当期需求量通常会增加；反之，则当期需求量通常会减少。例如，如果消费者预测房价会下降，则不太可能在现阶段去购房，房产的需求量会下降。消费者如果预测某些生活用品的价格将上涨，则会在涨价前多买一些回来，结果导致需求量急剧上升。

（7）人口的数量与结构

一般而言，人口数量的增加会使商品的需求量增加，人口数量的减少会使商品的需求量减少。人口结构的变动主要影响需求的结构，进而影响人们对某些商品的需求量。例如，人口老龄化会减少对碳酸饮料和时髦服装等的需求量，但会增加对保健用品、社区养老服务的需求量。

（8）政府的经济政策

如偏紧的财政政策和货币政策会抑制消费需求，反之，鼓励消费的政策则会刺激消费需求。

以上只是影响商品需求量的一般因素，不同的商品往往还有影响其需求量的特殊因素。如雨具、啤酒、空调等商品的需求量与季节有关。对这些影响商品需求量的因素进行分析，有助于企业管理者了解需求量的影响因素及其变化在现实生活中的作用，及时准确预测这些变化，并不断对企业产品结构和产品数量作出调整，使企业获得最大的利益。

3. 需求函数

如果把影响需求量的各种因素作为自变量，把需求量作为因变量，则可以用函数关系来表示"影响需求量的因素与需求量之间的关系"，这种函数称为"需求函数"。

（二）需求曲线

需求函数是对需求量与影响需求量的诸因素之间多维关系的数学描述。这些因素可归纳为价格因素和非价格因素两类。在这里，由于一种商品的价格是决定需求量最基本的因素，所以我们假定其他因素保持不变，只考虑商品本身的价格对该商品需求量的影响。

任何需求曲线都有一个共同的规律，即其总是一条自左向右，向下倾斜（斜率为负）的曲线。也就是说，某种产品价格上涨，需求量就减少；价格下降，需求量就增加。即产品价格与其需求量呈相反方向变化，这种变化规律是普遍存在的，经济学称之为需求法则。

一般来说，需求曲线向右下方倾斜是替代效应和收入效应共同作用的结果。以价格降低为例，替代效应指价格降低后，人们会把对替代品的需求量转移到这种商品上来，因而使这种商品的需求量增加；收入效应指价格降低后，消费者可以用同样的钱买到比以前更多的东西，这意味着消费者实际收入提高，使其需求量增加。同样的道理，价格上涨，消费者对商品的需求量就会减少。

(三) 需求的变动和需求量的变动

需求和需求量是两个不同的概念。需求量是指消费者在一定时期内,所有非价格因素不变的条件下,按某一特定价格想买且能够买得起的某种产品或劳务的数量。在非价格因素不变的情况下(此时需求曲线维持不变),当价格发生变化时,需求量也随之发生变化。价格上升,需求量减少;价格下降,需求量增加。这种变化被称为需求量的变动。

需求指需求量与价格之间的关系,其表现形式或是一个方程,或是一条需求曲线,或是一个需求表。当非价格因素(如消费者收入、消费者偏好等)发生变化时,这种关系就会变动,表现为消费者按每一可能的价格愿意买且能买得起某产品和劳务的数量发生变动,这种变动就是需求的变动。显而易见,即使价格保持不变,当需求发生变动时,需求量也会发生变动。

二、供给

(一) 供给量与供给函数

1. 供给量

供给量是指在一定时期、一定条件下,生产者愿意并有能力提供某种商品或劳务的数量。在这里,"一定条件"是指生产者的供给量往往受到很多因素的影响,是在统筹考虑这些因素的基础上决定的。"愿意并有能力提供"是指生产者既要有向市场提供商品的愿望,又要有生产这种商品的能力,二者缺一不可。

2. 影响供给量的因素

(1) 商品的价格

一般情况下,当影响供给量的其他因素不变,某种商品价格提高,商品的供给量越多。反之,供给量会随之减少。其原因是,当某种商品的价格提高,原有的生产者更有利可图,会进一步扩大生产,同时又会吸引新的企业加入这个行业里来投资生产,使得企业和行业的供给量有所增加,反之亦然。

(2) 生产中相互替代的产品的价格

这里讲的不是消费中的替代品,而是生产中的替代品。这是指生产者利用相同或相似的生产要素、生产技术和工艺等可生产出不同的商品。当某种商品的替代品价格上涨时,生产者被吸引到相关商品的生产中去，从而减少对这种商品的生产与供给；相反，当某种商品的相关替代商品价格下降时，更多的生产者被吸引到该商品的生产中来，从而增加对这种商品的生产与供给。

例如，农民利用同样的土地资源，既可以种小麦，又可以种花生，小麦和花生就是生产中可以相互替代的产品。如果小麦涨价，而花生价格不变，人们就会多生产小麦，少生产花生，结果是小麦供给量增加，而花生的供给量减少。

(3) 生产的成本

在商品自身价格不变的情况下，生产成本降低，单位商品的利润就会增加，因而企业愿意提供商品的数量也会增加，这样企业就能获得更多的利润。反之，生产成本提高，商品的供给量会减少。

需要说明的是，生产成本的高低是由生产技术水平、原材料价格和工资率水平等因素决定的。如果技术水平提高，或原材料降价，或工人工资水平下降，都能使产品成本降低。如果原材料涨价，或工人工资水平提高，就会使产品成本提高。因此，这些因素的变动都会通过成本的变动影响供给量。

(4) 企业对未来产品价格的预期

如果企业对某产品未来价格的预期是上升的，就会增加该产品的供给量。反之，如果企业对未来产品价格预期是下降的，则会减少该产品的供给量。

以上因素是影响供给量的主要因素。此外，其他诸如政府的税收、补贴等因素，也会影响产品的供给量。

3. 供给函数

如果把影响供给量的各种因素作为自变量，把供给量作为因变量，则可以用函数关系表示影响供给量因素与供给量之间的关系。这种函数关系称为供给函数。

(二) 供给曲线

在影响供给量的因素中，价格是最灵敏、最重要的因素。如果假定其他因素不变，仅研究价格与供给量之间的关系，就要使用供给曲线。

供给曲线可以分为企业供给曲线和市场供给曲线，它们分别表示企业和市场对某种产品的供给量与价格之间的关系。市场供给曲线可以由行业内诸企业的供给曲线横向相加而得出。

同理，任何供给曲线都有一个共同规律，即其总是一条自左向右，向上倾斜（斜率为正）的曲线。即价格上涨，供给量增加；价格下降，供给量减少。两者呈正方向变化，经济学把供给量与价格之间的这种变动规律称为供给法则。

之所以价格上涨,供给量会增加,其原因是产品价格上涨后,能产生以下效果:原来亏损得不愿意生产这种商品的企业有可能扭亏为盈,变得愿意生产这种商品了;原来盈利的企业更有利可图,因而会扩大生产规模,增加供给量;企业会把原来用于生产替代品的资源转为生产这种商品,也会使这种商品的供给量增加;会吸引新的企业加入这个行业中来,从而也增加了该商品的供给量。

(三)供给量的变动和供给的变动

与需求量的变动和需求的变动一样,供给量的变动和供给的变动也是两个不同的概念。如果其他因素保持不变,供给量是指某一价格水平所决定的一个特定的供给量。供给指供给量与价格之间的关系,其表现形式或是一个方程,或是一条供给曲线,或是一个供给表。

供给量的变动是指供给曲线不变(所有非价格因素不变),因价格变化,供给量沿着供给曲线而变化。

三、市场均衡

(一)市场竞争

正如我们在前面提到的,市场是解决资源稀缺性的重要途径。也就是说,在市场经济中,市场通过价格调节来协调单个经济主体的决策。而市场经济的主体则主要由需求方(买方)和供给方(卖方)组成。买方和卖方的相互作用决定了市场上的产品价格,产品价格反过来对需求量和供给量产生影响。这就是所谓的市场机制。

市场机制的形成离不开买方与卖方的相互作用,而这种相互作用的主要形式是竞争。市场交易的最终结果取决于买方和卖方相对竞争力量的较量,竞争力量的相对强弱决定了买方和卖方讨价还价的相对地位。任何市场中都存在着多种竞争,在一个市场中,一般存在三种形式的竞争力量,即消费者与生产者之间的竞争、消费者与消费者之间的竞争和生产者与生产者之间的竞争。任何形式的竞争都在不断引导市场过程,调节着市场需求与市场供给。因此,企业管理者为了达到企业的经营目标,就需要了解企业产品竞争的主要来源及其影响程度。

1. 消费者与生产者之间的竞争

消费者与生产者之间存在利益冲突,消费者试图谈判锁定较低的价格,生产者试图谈判抬高价格。但是，每一方达到其目标的能力都受到一定的限制。如果消费者的出价过低，生产者会拒绝出售该产品给消费者。同样，生产者的要价如果超过消费者对产品的估值，消费者也会拒绝购买该产品。这两种力量为市场过程提供了一种自然的平衡力量，为买卖双方达成均衡交易提供了基础。即使在只有一家企业（完全垄断）提供产品的情况下，这种力量也对该企业的定价能力产生了限制。

2. 消费者与消费者之间的竞争

第二种市场竞争的来源发生在消费者之间。消费者与消费者之间的竞争降低了市场中消费者的谈判力量，这是由于市场中资源的稀缺性属性造成的。当可以获得的产品数量有限，消费者将为这个可以获得的产品购买权而竞争。为了稀缺产品愿意支付最高价的消费者将战胜其他想获得该产品的竞争者。消费者与消费者之间竞争的典型例子是拍卖。此外，消费者与消费者之间竞争的形式还包括排队。

3. 生产者与生产者之间的竞争

这种竞争形式只有在市场中一种产品存在多个卖者的情况下才可能发生。假定消费者是稀缺的，生产者将彼此为能够向消费者提供服务权而竞争，其中以最低价格提供最优质产品的企业将赢得为顾客服务的权利。

如在电视机市场上，每个电视机的生产者都希望本地区只有一个卖者，这样他就可以将电视机以最高价卖出。但是由于存在许多生产者，在产品基本同质的情况下，每家生产者都不敢把价格定得过高。在产品过剩的情况下，生产者甚至把价格定得低于生产成本，以便争夺更多的市场份额。

4. 政府与市场

当市场中一方代理人发现他们在市场交易过程中处于不利地位时，他们就会试图劝说政府代表他们去干预市场。例如，在电信市场上，如果只有一个本地电信服务商，这样就不存在生产者与生产者之间的竞争。在没有管制的情况下，生产者可能会制定更高的价格。这时消费者组织就可能要求政府出面，限制生产者在定价方面的势力。因此，在存在垄断产品的市场上，就存在政府对市场价格的管制。同样，生产者也会寻求政府的帮助，使他们相对消费者或国外的生产者处于更有利的地位。

除了上述几种主要的竞争力量以外，如果从价值链和更广阔的角度看，市场上还存在生产者与供应商之间的竞争，以及生产者与替代品生产者之间的竞争。市场竞争力量的存在，可以抑制买卖双方对市场的控制，从而形成市场买卖双方的均衡。

(二) 市场均衡的形成

需求与供给构成了两股市场力量，需求函数与供给函数提供了对市场中买者与卖者进行分析的基本框架。在市场中，生产者与消费者相互联系、相互影响，并形成了市场均衡。市场均衡是指市场上供求平衡的状态。从几何意义上讲，一种商品市场的均衡出现在该商品的市场需求曲线与市场供给曲线相交的交点上，该交点被称为均衡点。均衡点上的价格和相等的需求量与供给量分别被称为均衡价格和均衡数量。

市场均衡的形成是市场上两种相反的力量即供求双方相互竞争、自发调节的结果。由于供过于求，市场价格就会有下降趋势，从而导致供给量减少而需求量增加，直至恢复到市场均衡时为止；如果市场价格低于均衡价格，供给与需求的相互作用也最终导致市场均衡。这时既没有商品短缺，也没有商品过剩。

显然，市场均衡只是一种理想状态，并且是市场竞争的结果。通常，市场中的买卖双方总是希望降低或提高价格，但是，市场中总是会有一种力量，使价格回归到市场均衡。只要市场价格高于均衡价格，就会出现超额供给，生产者之间的竞争将迫使价格下降；同样，只要市场价格低于均衡价格，就会出现超额需求，致使一部分需求更强烈的买者提高其出价，从而迫使价格上升。在现实生活中，尽管市场价格与均衡价格相同的情形极为罕见，但由于市场上供给和需求的相互作用与自发调节，市场价格总是围绕均衡价格上下波动，使背离均衡价格的市场价格向均衡价格回归，并进而趋向于市场均衡。

市场均衡一经确定，只要没有外力的作用使供给曲线或需求曲线发生移动，价格就不会有进一步变动的趋势。

(三) 市场均衡的变动

在以上市场均衡的分析中，假定影响市场供求的其他因素不变而仅考察价格和供求量之间的关系。而如果价格以外的因素发生变化，需求曲线和供给曲线就会移动，原有市场均衡会发生相应变动，并在新的环境下达到新的市场均衡。

1. 供给不变，需求变动

一般来说，当供给不变时，需求增加会使需求曲线向右平移，从而使均衡价格上升、均衡数量增加；需求减少则会使需求曲线向左平移，从而使均衡价格下降、均衡数量减少。

2. 需求不变，供给变动

与上述情形相反，如果需求不变，则供给增加会使供给曲线向右平移，从而使均衡价格下降、均衡数量增加；而供给减少会使供给曲线向左平移，从而使均衡价格上升、均衡数量减少。

3. 需求和供给同时变动

如果市场供求同时发生变动，则新的供求曲线的交点决定新的均衡价格和均衡数量。至于均衡价格和均衡数量究竟如何变动，则取决于需求和供给变动的方向和相对幅度。

显然，在需求和供给同时增加时，需求量是增加的，价格变动方向具有不确定性。若需求曲线和供给曲线的斜率为既定的，则均衡价格的变动方向取决于需求供给增加的相对幅度。如果需求增加幅度小于供给增加幅度，则均衡价格下降；反之亦然。若供求增加幅度相等，则均衡价格不变。

可以看出，在自由竞争的市场上，供给和需求的力量一般总会把价格推向均衡水平，在均衡价格下供给量与需求量相等。以上规律即供求法则。需要说明的是，上述供求法则一般适用于完全竞争市场。所谓完全竞争市场是指，行业内企业数目很多，且生产同质产品。任何企业都是市场价格的接受者，单个企业行为对市场的影响微不足道。

4. 价格机制及其作用

均衡价格的形成过程表明，供给、需求和价格是相互依存的，即供给、需求因价格的变动而变动，而供给和需求相互作用又决定价格，价格因供给和需求的变动而变动。在这个过程中，竞争性的价格机制处于核心地位，就像一只"看不见的手"指引着社会生产的协调运行。

在市场经济中，价格机制调节经济的功能或作用主要表现在以下几个方面。

第一，作为指示器反映市场的供求状况。市场的供求状况受各种因素的影响，每时每刻都在变化。这种变化是难以直接观察到的，但其反映在价格的变动上，人们可以通过价格的变动来确切了解供求的变动。某种商品的价格上升，就表示这种商品的需求大于供给；反之，这种商品的价格下降，就表示其需求小于供给。价格这种作为供求状况指示器的作用是不能被代替的。

第二，调节消费者的需求和企业的供给。消费者和企业作为独立的经济实体，以"最大化"的原则（即消费者追求满足程度最大化，企业追求利润最大化）来作出自己的消费或生产决策。一方面，消费者按照价格的变动来调节其需求，增加对价格下降商品的购买量，而减少对价格上升商品的购买量；另一方面，企业按照价格的变动来调节供给，增加对价格上升商品的生产量，减少对价格下降商品的生产量。价格的这种作用也是不能被代替的。

第三，合理配置资源的功能。通过价格对需求与供给进行调节，最终会使需求与供给相等或均衡。当需求等于供给时，消费者的欲望得到了满足，企业的资源得到了充分利用。价格变动的引导使得社会资源在各种用途之间有序流动和合理配置，从而实现消费者的效用最大化和企业的利润最大化。

具体来说，价格调节经济运行的机制是，当市场上商品供大于求的时候，该商品的价格就会下降，从而一方面刺激了对该商品的需求，另一方面又抑制了对该商品的生产（供给）。当对该商品的供求大致相等时，资源也就得到合理配置了。同理，当某种商品供不应求时，也会通过价格的上升来使供求相等。价格的这一调节过程，把各个独立的消费者与企业的活动有机地联系在一起，使得整个经济和谐运行。

（四）价格管制

在市场经济中，经济的运行是由价格这只"看不见的手"调节的。但在一些情况下，为调节和稳定某些产品的供求关系，政府通常会采取一定的价格管制政策对市场价格进行干预。下面我们将分析政府价格管制对资源配置的影响。

1. 限制价格

限制价格（最高限价）是指政府对某种商品制定的低于均衡价格的最高市场价格。政府实行最高限价的目的在于，限制某些行业尤其是垄断性较强的行业的产品价格，以保护消费者的利益，保持经济秩序的稳定。在一般情况下，最高限价往往出现在一国的非常时期，如战争时期或通货膨胀比较严重的时期。在通货膨胀严重的时期，政府对于生活必需品、原材料实行最高限价，以保证经济秩序和社会稳定。

商品短缺可能在市场上引起一系列反常现象，如排队、走后门、搭配次货、黑市交易等。为了避免这些情况，保证公平分配，政府往往要实行配给制，凭票供应。

2. 支持价格

支持价格（最低限价）是指政府对某种产品制定的高于均衡价格的最低市场价格。政府采取最低限价的主要目的在于，扶持某一行业的生产，保护生产者的利益。比如，扶持农业的政策。政府为了扶持农业生产，常常实行农产品的最低限价。

四、消费者选择理论

（一）效用

所谓效用是指，消费者从商品的消费中所得到的满足程度，是消费者对商品使用价值的主观度量，反映了消费者的偏好。对特定消费者而言，一种商品效用的大小取决于消费者对该商品是否具有消费欲望以及该商品满足其欲望的能力大小。简言之，效用的有无、大小取决于消费者对该消费对象的一种主观心理感受。如果消费者感到某种商品能满足其欲望，则对他而言，该商品就有效用。满足程度越高，则效用越大；反之，就没有效用或效用不大。

由于人们的偏好和主观感受千差万别并不断变化，同一商品对不同的消费者，其效用会因时、因地而有差异。因此，我们仅能比较不同的商品对某一个人在同一时间的不同效用。

对效用的分析有两种分析方法，即基数效用分析与序数效用分析。基数效用分析认为，效用可以像基数（1、2、3……）那样计量，并能比较大小并加总求和。其假定每个消费者能通过主观心理感受，准确地知道并说出某种商品给他们带来的效用。序数效用分析认为，效用是一个有点类似于香、臭、美、丑那样的概念，其大小是不可计量和加总的，只能像序数（第一、第二、第三……）那样来表示人们从各种不同的商品消费中所获得效用的相对大小。

（二）总效用与边际效用

效用可以分为总效用和边际效用。总效用是指消费者在一定时间内从一定数量的商品的消费中所得到的效用量的总和。边际效用是指消费者在一定时间内增加一单位商品的消费所得到的效用量的增量。

（三）边际效用递减规律

边际效用递减规律的内容是，在一定时间内，在其他商品的消费数量保持不变的条件下，随着消费者对某种商品消费量的增加，消费者从该商品连续增加的每一单位消费中所得到的效用增量（即边际效用）是递减的。

例如，在一个人很饥饿的时候，对于食物的欲望会非常强，吃第一口食物给他带来的效用是很大的。此后，随着这个人所吃食物数量的连续增加，虽然总效用是不断增加的，但每一口食物给他所带来的边际效用却是递减的。当他完全吃饱的时候，食物的总效用达到最大值，而边际效用却降为零。如果他还继续吃，就会感到不适，这意味着食物的边际效用进一步降为负值，总效用也开始下降。

边际效用递减规律成立的原因是，随着相同消费品的连续增加，从人的生理和心理的角度讲，从每一单位消费品中所感受到的满足程度和对重复刺激的反应程度是递减的。这样，消费品的边际效用便随着消费品的用途重要性的递减而递减。

总之，边际效用递减规律是经济学在研究消费者行为时用来解释需求规律（定理）的一种理论观点。根据边际效用递减规律，消费者在对某商品的最初消费中所获得的效用最大，其欲望最强，消费者愿意付出较高的价格。随着消费数量的递增，边际效用在递减，消费者获得的欲望在递减，消费者愿意付出的价格越来越低。

第二节　企业的制度与主要经济目标

一、企业与现代企业制度

（一）企业的含义

企业是从事生产、流通、服务等经济活动的组织，是面向市场、以盈利为目的、自主经营、自负盈亏，独立承担民事责任和民事义务的具有法人资格的经济实体。一个企业应具备三个条件：第一，企业必须要有一定的组织机构，有自己的名称、办公和经营场所、组织章程等；第二，企业应自主经营、独立核算、自负盈亏，具有法人资格；第三，企业是一个经济组织。

（二）企业的特征

1. 自主经营

自主经营是指企业拥有经营的自主权。企业作为市场经济中独立的经营主体和交易主体，在法律允许的范围内，有权决定自己的经营方式、经营方向、经营范围、经营的目标，有权按效益最优化原则配置资源。不同类型的企业都要接受来自政府的不同程度的调节和干预，但政府不能深入企业内部，直接干预企业的合法经营。

2. 自负盈亏

自负盈亏是指扣除成本和税收后的盈利归企业所有，亏损由企业负责。只有自负盈亏，企业才能在市场经济活动中保持经营动力。当然，在市场经济国家，国家会对特殊行业中的个别企业给予必要的扶持，但这种扶持是有限的，不会在根本上改变自负盈亏的市场制度。

3. 自我发展

自我发展，即企业规模的扩展、经营链条的延伸、跨行业甚至跨国经营。企业自我发展取决于企业自身能力，并由企业根据市场状况及其预期的获利空间自主决策。企业的投资资金主要靠自我积累或凭借自身能力或信誉通过直接融资、间接融资等途径获得。企业规模扩张的预算约束是硬性的。

4. 自我约束

自我约束即企业自觉约束自身的行为。市场经济环境下，企业除要接受相关法律、市场规则等的外部约束外，还要自觉限制自身行为。企业应在成本、风险和收益的比较中，形成自觉约束机制和风险机制。

(三) 企业的使命

1. 企业目标

企业目标是企业在一定时期内要达到的目的和要求。企业目标可以定性描述也可以定量描述。定性描述一般阐明企业目标的性质和范围，定量描述阐明企业目标的数量和标准。

企业目标按目标体系可分为主要目标和次要目标、长期目标和短期目标、总体目标和局部目标；按具体内容可分为对社会贡献目标、市场目标、利益与发展目标、成本目标、技术能力目标、人员培训目标等；按具体表现可分为产品品种、产量、质量、固定资产规模、市场占有率、利润额、上缴税金和福利基金等方面的目标。

2. 企业责任

企业责任是指企业在争取自身生存发展的过程中，面对社会的需要和各种社会问题，为维护国家、社会和人们的利益所应该履行的义务。作为一个商品生产者和经营者，企业的义务就是为社会经济的发展提供各种所需要的商品和服务。

企业责任的内容主要包括：企业对员工的责任；企业对社区的责任；企业对生态环境的责任；企业对国家的责任；企业对消费者的责任。

(四) 企业经营目标

企业经营目标是指在一定时期内企业生产经营活动预期要取得的成果，是企业生产经营活动目的性的反映与体现。它是指在既定的所有制关系下，企业作为一个独立的经济实体，在其全部经营活动中所追求的、在客观上制约着企业行为的目标。企业经营目标是企业经营机制构建、创新的目的和方向。一个明确的经营目标应当顺应市场增长的客观要求，与当地国内生产总值和整个行业的增长相适应，应符合有利于企业机制持续、稳定、健康、快速发展的精神，符合企业的经营发展战略。

1. 经营目标的特点

（1）整体性

企业经营目标是统一实体构成的整体目标，不能简单地等同于企业经营者的目标，也不能等同于企业职工的目标。

（2）终极性

企业经营目标是贯穿于企业各种经营活动中、影响企业经营的深层目标，而不是简单的某一阶段上的具体目标。

（3）客观性

企业经营目标是由企业全部经济关系决定的客观存在，不属于主观范畴。

2. 经营目标的要求

（1）经营目标必须是先进的

如果经营目标不具有先进性，那么人们便失去了为之努力的热情，同时也意味着企业资源的浪费，即企业没有很好地把握能够取得更大成就的机会。

（2）经营目标必须是可实现的

目标的可实现性是目标能够真正起作用的关键。过高的目标会挫伤人们的积极性，影响组织各种功能的发挥。因此，在目标的制定过程中，领导者必须全面分析企业自身的条件与企业所处的外部环境，提出可行的、合理的经营目标。

（3）经营目标必须是具体化的

目标的具体性是指目标内容必须明确具体。一般来说，目标应尽可能量化，以便控制。

（4）经营目标必须有明确的时间期限

已经确定的目标必须要限定在一定时间内去实现，即在确定目标的同时必须确定实现目标的具体时间。

（五）企业经营机制

1. 决策机制

企业经济的关键在于决策，因此企业应建立良好的决策机制。面对复杂多变的市场，根据市场信号，企业在可以实现经营目标的多重可行方案中进行分析和决策。这一活动存在于企业生产经营的全过程。企业决策的主要内容包括：管理决策、战略决策和业务决策等。决策机制是指企业在充分享有法人财产权的情况下，对企业生产、经营等经济活动作出分析和抉择的机制。企业的决策机制主要包括：决策主体、决策组织、决策方案、决策方式等。

2. 约束机制

约束机制是一个企业提高效率、增加效益、持续稳定发展的保证。企业只有在搞好激励机制的同时，注重完善约束机制，才能在员工中营造一种学先进、争先进、弘扬正气的氛围，真正调动起员工的工作热情和积极性、创造性。没有约束机制，员工的步调就不会一致，行为准则就不会统一，就不能遏制那些违规违纪、侵害集体利益的行为。

3. 激励机制

激励机制是企业将其远大理想转变成具体事实的手段。企业应根据当前形势，结合企业的实际情况，深入了解员工的需求，将员工需求反映到政策当中，将物质奖励与精神奖励有机结合，根据不同的员工有所侧重，并通过合理途径来实现。企业只有建立良好激励机制，才能更好地调动员工的工作积极性，充分发挥他们的聪明才干，才能使企业具备充沛的活力，在市场竞争中取得优势。

只有好的约束机制而激励机制却不完善、不落实，企业中的见义勇为、助人为乐、好人好事等会无人闻问；在企业财产和利益遭受损失时，奋不顾身的牺牲精神就不会发扬光大。同时，在企业岗位、薪酬、用人等方面，也应当完善激励机制，鼓励员工学习钻研业务，诚实敬业工作，为企业发展作出贡献。实行竞争上岗，打破那种能上不能下、能进不能出的状态。

4. 创新机制

企业的创新机制是指企业在生产经营和资本经营的过程中将各种经济要素进行全新组合的机制。对各种要素进行全新组合，必然要作出相应的变革。企业的创新机制是一个经济组织高峰状态的良性运行系统，它能合理配置各种要素，打破陈规陋习，激发企业生机活力，争取超常效益。根据国内外企业创新机制领先者的启示，依据系统组织规律，可将企业创新机制的运行系统分为六大要素，即人才、决策、保障、激励、信息、技术。这六大要素之间有一种瓶颈制约的关系，即当某一要素的创新成为整个系统的薄弱环节，并影响和制约其他要素创新时，其瓶颈作用就凸显出来，成为需要重点创新的要素。

企业构建创新机制必须依托各级各类权力机关所营造的文化环境、竞争环境和政策环境。政策环境尤其重要，其主要包括人才政策、社会保障政策、决策规则、财政激励政策、风险投资政策、政府采购政策、中介发展政策以及产业政策等；依托社会性的"技术创新"，特别是体制创新，将为机制创新提供良好的组织结构、激励动因，提供市场体系和法律、行政及社会的制度框架，使机制和技术保持一种主动创新和持续创新的态势。这样看来，各层领导要运用经济杠杆刺激企业开发、应用创新成果的自觉性，要运用软、硬政策引导科研人员成果转化的主动性，要运用法律法规创造良好的环境，要协调投资融资，要确定主管部门的责任和权力等，这些都是十分必要的。

（六）现代企业制度的内容

1. 现代企业产权制度

产权制度是对财产权利在经济活动中表现出来的各种权能加以分解和规范的法律制度，它是以产权为依据，对各种经济主体在产权关系中的权利、责任和义务进行合理有效的组合的制度安排。

出资者对其投入企业的资产享有最终所有权，企业对出资者投入企业的资产享有法人财产权。出资者对资产的最终所有权随着它的股东化丧失了使用权、占有权、处置权、收益权等权利，剩下的是作为股东依法享有的参与重大决策权、股权转让权、资产收益、选择管理者等权利。而法人企业则享有对出资者投入资本而形成的资产的占有权、使用权、处置权与收益权。企业作为一个整体，要对出资者负资产保值增值的责任。因此，通过产权制度实现了对所有者和使用者的产权分割和权益界定，使产权明晰化，从而使资源的优化配置得以实现，这也是现代企业制度的核心内容。

2. 现代企业法人制度

建立现代企业制度，必须完善我国的企业法人制度。法人制度就是通过赋予企业或有关组织在法律上的独立的人格，使其独立承担民事责任、享有民事权利，也包括赋予企业法人地位的各项法律及规定。现代企业法人制度实现了最终所有权与法人财产权的分离，实行现代企业法人制度是企业具有有限责任的前提。

企业法人的设立必须有出资者，且出资者向企业提供不低于法定限额的注册资本，这些资本一旦注入企业，就不能随意撤出企业。企业法人必须有自己的法人财产、组织机构、章程、法定代表人。企业取得了法人资格，就建立了自己独立的信用，可以对外负债，同时要承担债务责任。

3. 现代企业组织制度

（1）股东大会

股东大会是企业的最高权力机构，有权选举和罢免董事会和监事会的成员，制定和修改企业政策，审议和批准企业的财务预算、决算、投资、收益等重大事项。

（2）董事会

董事会是企业的经营决策机构，有权决定企业的生产经营活动，执行股东大会的决议，任免总经理等。

（3）监事会

监事会是企业的监督机构，对股东大会负责，主要由股东和员工代表按比例组成。

（4）总经理

总经理负责公司的日常经营管理活动，对公司的生产经营进行领导，并对董事会负责。

现代企业组织制度具有的特征包括集体决策、经理负责执行、独立监督等。这种科学的公司治理结构在股东大会、董事会和经理人员之间形成了责、权、利分明的管理体系。

二、企业的主要经济目标

（一）利润最大化

在经济活动中，往往是以利润最大化来分析、评判企业的业绩的，因此，利润最大化就被设定为企业的目标。利润最大化是指企业通过有效地组织生产、销售等活动，使企业在一定时期的利润达到最大化。

利润是企业在一定时期的经营成果，是一定时期内获得的全部收入扣除该时期内耗费的全部成本后的余额。利润在一定程度上反映了企业经济效益的高低，是企业经济效益的重要指标。一个企业不仅要追求一定利润，而且要追求利润最大化。以利润最大化作为企业的目标是在19世纪发展起来的，其越来越被实行市场经济后的国有企业所接受，是具有合理性的。因为，利润代表了企业新创造的财富，它是增加投资者的投资收益、提供职工劳动报酬、增加积累、扩大再生产经营规模的源泉。把追求利润最大化作为企业的目标，可以促进企业加强经济核算、改善管理、改进技术、提高劳动生产率、降低产品成本。这些措施都是有利于企业资金的合理配置，有利于企业经济效益的提高的。

随着时间的推移，现代企业的环境是以有限责任和经营权与所有权分离为特征，今天的企业是由业主和债权人投资，由职业管理人员负责控制和指挥的。此外，还有许多与企业有利害关系的主体,如顾客、雇员、政府及社会。在企业结构发生了如此变化之后,职业经理必须协调所有与企业存在相互关联的主体之间的利害关系。在这种新的企业环境中,继续将利润最大化作为企业的最终目标已经不再现实。利润最大化受到限制,不能满足与企业有关联的利害主体的要求。这些限制主要包括以下几点。

第一,利润最大化往往会使企业在进行决策时有短期行为倾向,只顾实现目前的最大利润,而不顾企业的长远发展,并忽略了企业职工的福利待遇,没有履行应尽的社会责任。

第二,利润最大化目标没有区分不同时期的报酬,没有考虑资金的时间价值。企业投资项目效益的大小,不仅取决于其效益将来值总额的大小,还要受到取得效益的时间长短的制约。因为,早取得效益,就能提早进行下一次的投资,进而提早获得新的效益,利润最大化目标则忽视了这一点。

第三,没有考虑获取利润和所承担风险的大小。企业的利润流具有确定性和不确定性。两个企业的预期收益或许相同,但是如果一个企业较另一个企业各方面波动大得多,那么前者的风险将大一些。如果业主偏于稳健,那么他就宁愿得到较少的但较确定的利润,而不愿得到较大的但不确定性也大的利润。这样,利润最大化目标就不能满足企业业主的最大经济收益的要求。

(二) 资本利润最大化

资本利润最大化是指企业通过有效地组织生产、销售等活动,使企业资本利润最大限度地提高,或以每单位股本获得利润最大限度的增加,它反映的是资本的获利水平。资本利润率是税后净值利润与资本总额的比率,每股盈余是净利润与普通股数的比值。这两个指标把企业实现的利润额同投入的资本成本数比较,能够说明企业的利率,并可以对不同资本规模的企业的盈利水平,或同一企业的不同时期的盈利水平进行比较,揭示其盈利水平的差异,从而为盈利水平较差的企业加强和改进各项管理提供可靠的信息。

(三) 股东财富最大化

股东财富最大化是指企业通过有效地组织生产、销售等活动,为股东带来更多的财富。在股份制企业中,股东财富最大化由其发行在外的普通股股数和股票市价两个因素决定。当公司发行在外的普通股股数一定时,股票的市价就决定了股东财富的大小。股东财富最大化目标具有以下优点。

第一,考虑了资金的时间价值。股价的变动,既受当前盈利能力的影响,也会受到预期盈利的影响。只有预期经营良好，获利稳定的企业，其股价才会走高。该目标有利于克服企业的短期经营。

第二，考虑了风险。股价与其风险成正比，股价越高则意味着其面临的风险就越大，获得利润可能遭遇的意外也就越多。股价高低是在综合风险和收益后所得到的社会预期价格。

在股东财富最大化目标的引导下，企业不仅关心投资问题，还关心筹资问题和股利问题。筹资问题主要是考虑充分利用负债效应，保持合理的资本结构。股利问题既要考虑企业的短期利益又要兼顾企业的长期利益，增强企业股票在市场上的竞争力。

（四）企业价值最大化

现代企业是多边契约关系的总和，股东要承担风险，债权人和职工承担的风险也很大，政府也承担了相当大的风险。因而，企业目标应该与企业多个利益集团有关，是多个利益集团共同作用和相互妥协的结果，只强调一个集团的利益是不合适的。所以，以取得企业长期稳定发展和企业总价值不断增长的企业价值最大化为企业目标，比其他形式的目标更为科学。

企业价值最大化是指企业通过组织生产、销售等活动，充分考虑资金的时间价值和风险与报酬的关系，在保证企业长期稳定发展的基础上，使企业总价值达到最大化。企业价值最大化目标有以下优点。

第一，考虑了资本时间价值和风险因素。企业价值是一种社会预期，是该企业未来获利能力的体现，计算时就要充分考虑资金的时间价值和风险影响。

第二，有利于克服短期行为。该目标着眼于企业未来获利能力，有利于促使企业关注长远发展，而不会为短期利益放弃远期利益。

第三，有利于兼顾企业各利益集团的利益。企业长期稳定发展是各方面因素共同协调发展、共同获益的结果，其中包括投资者、债权人、企业职工和政府部门等。将企业价值最大化作为企业目标，有利于企业在关注自身价值增长的同时，兼顾各个利益集团的利益。

企业价值最大化目标存在的最大困难在于企业价值如何量化。因为企业价值最大化作为企业目标时，必须考虑其可操作性。对于上市公司而言，可根据公司总股数乘以股票市价而定。对于非上市公司而言，企业价值大小可以采用资产评估的方法确定，但用该方法会因评估方法、评估人等不同而可能有很大不同，同时资产评估一般只有产权发生变更时才采用。

第三节　企业的主要管理活动与在经济发展中的作用

一、企业的主要管理活动

(一) 企业经营管理

1. 企业经营的思想

企业的经营思想是指贯穿企业经营活动全过程的指导思想，它是由一系列观念或观点构成的对企业经营过程中发生的各种关系的认识和态度的总和。具体包括以下几个观念。

(1) 市场观念

树立市场观念，就是要以市场为导向，不断开发市场需要的产品，满足市场的需要，并创造市场的需求。

(2) 客户观念

客户是市场与消费者的具体组成部分，满足市场的需求要从研究客户入手，树立"用户至上"的理念。

(3) 竞争观念

在市场经济条件下，企业时刻面临着竞争，企业要敢于竞争又要善于竞争，要懂得竞争与合作并存，而不是盲目地竞争。

(4) 创新观念

企业的生命力在于创新能力。创新观念既包括产品创新、服务创新、技术创新，也包括经营理念与方式创新。

(5) 开发观念

开发观念要求企业经营者善于将企业中的资金、物质资源、人力资源、市场资源、技术资源、信息资源、管理资源等各种资源不断开发并合理利用。

(6) 效益观念

企业经营的根本目的包括社会效益和经济效益两个方面，也是企业经营的任务所在。企业的社会效益包括以产品或服务满足社会需求、为社会提供就业机会、树立价值典范等；经济效益是指企业经营中产生的利润。

2. 企业经营管理的职能

(1) 决策职能

经营管理在一定程度上就是决策，企业在经营管理过程中无时无刻不在进行着决策。决策是为了达到某一特定目标，在详细调查和分析的基础上，借助一定的方法和手段，确定实行方案，并付诸实施的过程。

(2) 计划职能

计划就是在调查研究和总结经验的基础上，预测未来，以一种合理的、经济的和系统的方式对企业未来的发展目标作出决策，然后把确定的目标进行具体安排，制订长期和短期计划，确定实现计划的措施和方法。

(3) 协调职能

协调职能是指减少企业经营管理过程中各环节之间不和谐的状态，加强各环节之间的合作，从而协调发展。协调可分为对内协调和对外协调，水平协调和垂直协调。对内协调是指企业内部各部门之间的协调；对外协调是企业与国家、市场与其他单位之间的协调。水平协调是企业内部各部门之间的横向协调；垂直协调是上下级之间的纵向协调。

(4) 开发职能

有效的经营管理必须善于有效地开发和利用各种资源。企业经营管理中开发职能的重点在于市场的开发、产品的开发、技术的开发、人才的开发等方面。

(5) 财务职能

企业的经营管理过程始终与财务活动相伴随。财务活动就是资金的筹措、运用。企业各项经营管理活动的计划与决策都离不开对财务因素的考虑，因此财务职能已经逐渐成为合格的管理者应具备的一项基本职能。

(6) 公关职能

企业是社会经济系统的一个子系统，是进行经济活动的基本单位。企业与社会经济系统的诸多环节保持协调一致的职能便是公关职能。公关职能要求管理者以企业为中心，有意识地进行积极的协调和必要的妥协，使各种利益团体根据各自的立场，对企业的生存与发展给予承认与合作。

3. 企业经营决策的程序

要作出正确的决策，必须有一个科学的决策程序，它主要分为：提出问题；确定决策目标；搜集资料；拟订多种方案；选择最满意方案；实施方案及反馈六个步骤。

4. 企业经营决策的方法

（1）确定型决策方法

确定型决策所处理的未来事件的各种自然状态是完全稳定而明确的。线性规划法和盈亏平衡分析法是两种常用的确定型决策方法。

（2）风险型决策方法

风险型决策的特点是对问题的未来情况不能事先确定，是随机的，但对未来情况发生的各种可能情况的概率是可知的。根据各种情况的概率和损益值计算得到各方案的期望值，对不同方案的期望值进行比较，期望值大的方案为最优方案。风险型决策可以采用决策表法和决策树法。

决策表法是利用决策矩阵表（又称期望值表），计算各方案的损益期望值并进行比较的一种方法。

决策树是把与决策有关的方案列成树枝形的图表，使管理人员能形象地分析要决策的问题，然后计算出决策树的各个方案的期望值，比较期望值的大小，就能找出较好的方案。

（3）非确定型决策方法

非确定型决策的特点是对问题的未来情况不但无法估计其结果，而且也无法确定在各种情况下结果发生的概率，在这种情况下，方案的选择主要取决于决策者的经验、对企业和环境状况的分析判断能力，以及审时度势的胆略。

（二）企业战略管理

1. 企业战略的分类

（1）企业总体战略

企业总体战略决定和揭示了企业目的和目标，企业重大的方针与计划，企业经营业务类型和人文组织类型以及企业应对职工、顾客和社会作出的贡献。总体战略主要是决定企业应该选择哪类经营业务，进入哪些领域。企业总体战略还应包括发展战略、稳定战略和紧缩战略。

（2）企业竞争战略

企业竞争战略主要解决企业如何选择其经营的行业和如何选择在行业中的竞争地位问题，包括行业吸引力和企业的竞争地位。行业吸引力和企业的竞争地位都可以改变企业。企业通过选择竞争战略，可以在相当程度上增强或削弱一个行业的吸引力。企业还可以通过竞争战略，增强或削弱自身在行业内的竞争地位。因此，竞争战略不仅是企业对环境作出的反应，还是企业从自身利益角度去改变环境的行为。

企业经营战略除应包括基本竞争战略外，还包括投资战略及其在不同企业行业中的经营战略等。其中基本战略主要涉及如何在所选定的领域内与对手展开有效的竞争，因此，它所研究的主要内容是应该用哪些产品或服务参与哪类市场的竞争等问题。

（3）企业职能战略

企业职能战略是为实现企业总体战略和经营战略，对企业内部的各项关键的职能活动作出的统筹安排。企业的职能战略包括财务战略、人力资源战略、研究开发战略、生产战略、营销战略等。职能战略应特别注重不同的职能部门如何更好地为各级战略部门服务，以提高组织效率的问题。

2. 企业战略定位

战略定位需要考虑的因素很多，如外部环境、内部资源、自身能力以及利益相关方的期望和影响等，由此产生的一系列问题对企业制定未来发展战略至关重要。企业生存在复杂的政治、经济、社会和技术环境中。环境在不断地变化，而且不同的组织所处的环境也不尽相同，有些组织面临着比其他组织更为复杂的环境。管理者在研究环境变量对组织的影响时，必须考虑历史和环境对企业的影响以及环境中各种可变因素未来的或潜在的变化趋势。环境中的可变因素有些会给组织带来机遇，有些会产生威胁，或机遇与威胁并存。

企业的战略能力是由企业资源和能力构成的。正如企业及其战略选择要受到外部因素的影响一样，企业组织的内部因素也会对它们产生影响。有时候企业的特殊资源（如特定的地理位置）可能提供竞争优势，但是能为企业提供真正竞争优势的能力（也被称为核心能力）应是企业的业务活动、专长和技能的组合。核心能力为企业提供了竞争对手难以模仿的优势。

企业的目标也会受到很多因素的影响。实际上，公司治理结构就是一个很重要的因素，它需要回答诸如企业主要应该为谁服务、管理者如何承担相应责任等问题。利益相关方的不同期望也会影响企业的发展目标，并决定哪些发展战略可以被接受。

在企业中，哪一种观点占主导地位将取决于哪一个利益相关方具有最大的权力。尽管资本往往有决定性的话语权，但是有时候资本的权力也会让位于对企业生死存亡起到更大作用的其他因素。理解这一点非常重要，因为它有助于理解企业为什么选择现行战略。

企业文化也影响着企业对战略的选择，这是因为影响环境和资源的因素很有可能被转化后隐含在企业文化的一些假设条件里。此外，如文化对企业战略的影响、管理者和企业该做什么和为什么要做的道德问题等，通常都在目标陈述中得以体现。

现行战略不可能与未来愿景完全匹配，可能需要微调，也可能需要重大调整。这会涉及企业战略定位中的另外一个重要问题，即评估组织所需战略变革的重要性及企业实施战略变革的能力。

总之，管理者考虑企业文化、环境、战略能力、期望和目标等因素，能够为理解企业的战略定位奠定基础。若考虑企业的战略定位，还需要放眼未来，思考企业的现行战略是否能够应对企业环境的变化，是否能够实现具有影响力的利益相关方的期望等。

3. 企业战略决策

就组织原则而言，企业无论大小，从中小型公司到大型公司，从结构简单的小型企业到结构复杂的大型企业，战略决策都可以分为三个层次，即公司层、战略性业务单位层和运营层。在进行战略决策前，必须首先把企业战略决策的层次和特点搞清楚，择优取舍，以便减少决策失误。

（1）企业战略决策的层次

企业组织可以分为三个决策层次，即公司层、战略性业务单位层和运营层。对于一个企业集团或者跨国公司来说，公司层是指整个企业集团或跨国公司的总部，战略性业务单位层是指二级子公司或事业部，运营层则是指基层的作业单位。

公司层和战略性业务单位层必须严格执行整个公司的战略规划，而运营层则根据公司的战略规划制订并实施具体的战术计划，以保证整个公司战略规划的落实并富有成效。管理者在定义企业的商业模式时，第一步就是确定公司层战略。公司层战略的核心是企业专有的一种商业模式，主要考虑企业发展的长期方向，帮助公司在同对手竞争中获得竞争优势，因而成为整个企业制定目标和计划的基础和依据。中小企业可以把自己的战略决策整体上看作一个层次，即公司层，待企业发展到一定规模后再逐渐过渡到三个层次的战略管理。

（2）企业战略决策的特点

在企业战略管理过程中，战略决策起着承前启后、继往开来的枢纽作用，对企业生存和发展将产生重大影响。其特点主要表现在以下几个方面。

①在竞争中以获取优势为目的。在一定条件下，企业的竞争优势可以通过不同的竞争方式获取，且表现在不同的竞争领域。其中，切合实际的有效的竞争定位是获取竞争优势的重要前提。

②以确定企业经营活动范围为首任。企业管理者必须明确选择企业是专业化经营还是多元化经营。对于这一问题的判断，直接影响到管理者如何界定企业的"界限"以及对企业现状和未来的期望，也会影响到有关产品范围和覆盖地域等问题的抉择。

值得注意的是，一个企业组织的资源和经营活动要与其运营环境"匹配协调"。这是一个战略适应问题。所谓战略适应是指设法识别经营环境中企业可以赖以生存的机会，对其配以相应的资源和能力，以充分利用这些机会，在此基础上，制定适宜的发展战略。为了实现这一目的，企业的正确"定位"（如企业现在何处、欲往何处以及如何前往等问题的定性）就显得特别重要。

③兼顾战略"适应"和战略"延伸"。战略"适应"是指对环境变化或游戏规则的一种适宜调整。例如，小型公司可能试图通过改变市场"游戏规则"来充分发挥自己的资源和能力优势，而这也是许多网络公司进入现有成熟行业时普遍采用的做法。大型跨国公司则更看重于为那些有发展潜力的业务制定发展战略。

战略"延伸"是指充分利用企业自身资源和能力，创造竞争优势或者产生新的机会。它强调的是在市场存在新契机时，能拥有相应的资源而从中受益，同时能识别创造新的市场机会的现有资源和能力。

④重视战略评价与更新调整。一是当需要对企业中的主要资源作出更改时，必须考虑公司现有资源能力与市场机会的适应程度，以及未来战略发展所需资源的可获得性和可控制性。二是要充分考虑战略决策对营运决策的影响。三是必须兼顾控股股东和有影响力的其他利益相关方（如金融机构、员工、客户、供应商和当地社区等）期望值的评议。

4. 企业战略选择

公司层考虑的战略问题主要有：公司的战略范围、各项业务之间的关系和公司总部如何为各项业务创造价值等。作为母公司，它可以通过以下几种方式来创造价值：一是通过开发业务单位间的协同效应来创造价值；二是通过资源调配（如财务）来创造价值；三是通过提供某种独特的能力（如市场营销或品牌建设等）来创造价值。

在这里，应该避免出现的一种现象，即公司层的价值不但没有得到体现，还成为公司的一种成本负担。解决这一问题可以有多种方式，如在中国的联想公司总部，仅作为一个很精干的公司战略中心，指导位于美国纽约的公司运营部和各地业务部门及运营单位，按照市场关系来协调经营，取得较高的经营实效。

同样，企业也面临着如何在业务单位层中开展竞争的战略选择。这就需要在了解市场和客户的基础上，识别企业所具有的竞争条件和特殊能力。

随着时间的推移和环境等因素的变化，未来的战略选择可能向不同的方向发展。由于市场状况和各自的特点差异，企业也面临着不同战略方法的选择。时代华纳所采用的方法是合并或收购，而不是内部自我发展或战略联盟。在过去，后两种方法往往是大多数企业所普遍采用的。战略发展方向和方法的选择非常重要，需要决策者仔细考虑。

事实上，在制定战略过程中，一个潜在的危险是管理者只考虑显而易见的行动方案，而对那些习以为常、关系微妙的方案重视不够。事实证明，显而易见的方案往往不是最好的方案。这要看其符合实际情况的程度和评判标准如何。其评判标准主要有三个：一是战略的适宜性，是否解决了企业的战略定位问题；二是战略的可行性，是否具备实施战略所需的资源和能力；三是企业的利益相关方对战略的接受程度，是否符合各方的共同利益并被理解。

5. 企业战略管理过程

战略是对重大问题的对策结果，是企业将要采取的重要行动方案。战略管理则是决定企业将采取何种战略的决策过程，它还涉及如何对所选战略进行评价和实施。也就是说，企业战略管理包括战略制定、评价和实施的全过程。

战略管理过程的基本思路是：企业领导者根据企业的战略目标，分析企业生产经营活动的内外部环境，发现经营机会和风险，评估企业内部的条件，认清企业及其竞争对手的优势和劣势。在此基础上为企业选择一个适宜的战略。管理人员要尽可能多地列出可供选择的战略方案。设计战略方案是进行战略决策的重要环节，在此基础上依据一定的标准对各个方案进行评估，以决定哪一种方案最有助于实现企业的目标，作出决策。战略实施就是要将备选战略转化为行动方案，根据战略计划，科学调整企业结构和分配管理工作，合理配置企业资源，通过计划、预算等形式实施既定战略。在战略执行过程中，企业管理人员要对战略的实施成果进行评价，还要根据实施过程中出现的变化，及时修改原有战略或制定新战略。战略管理是一个不断发展的整体性管理过程。

综上所述，战略管理过程是指对一个组织的未来发展方向制定决策并实施这些决策。战略管理过程大致可以分为两个阶段：战略分析与选择，即战略规划阶段和战略实施与评估阶段。

(三) 企业生产管理

1. 生产管理

(1) 生产环境

用户的需求是生产环境中最重要的影响因素。企业若不提供产品，或者所提供的产品品种、质量或其他问题不为消费者所接受，企业就不能满足消费者的需求，不会得到社会的认可。因此，企业生产管理的结果应是其所生产的产品必须能够满足市场需求。

(2) 生产过程

①生产过程的空间组织。生产过程的空间组织主要是研究企业内部各生产阶段和各生产单位的设置及运输路线的布局问题，即厂房、车间和设备的布局设置。企业内部基本生产单位的设备布置，通常有工艺专业化设备布置、对象专业化设备布置和混合式设备布置三种基本形式。

第一，工艺专业化。工艺专业化也叫工艺原则。它是按照生产过程的工艺特点来设置生产单位形式的。在工艺专业化的生产单位内，配置同种类型的生产设备和同工种的工人，对企业生产的各种产品零件进行相同工艺方法的加工。每一个生产单位只完成产品生产过程中部分的工艺阶段或工艺加工序，不能独立地生产产品。

第二，对象专业化。对象专业化也叫对象原则。它是按照产品零件、部件的不同来设置生产单位的形式。在对象专业化的生产单位里，配置了为制造某种产品所需的各种不同类型的设备和不同工种的工人，对其所负责的产品进行不同工艺方法的加工。其工艺过程基本上是封闭的，能独立地生产产品、零件、部件，如汽车制造厂的发动机车间等。

第三，混合形式。混合形式也叫混合原则、综合原则。它是把工艺专业化和对象专业化结合起来设置生产单位形式的。它有两种组织方法：一种是在对象专业化的基础上，适当采用工艺专业化形式；另一种是在工艺专业化的基础上，适当采用对象专业化形式。这种形式灵活机动，综合了工艺专业化和对象专业化的特点。因此，许多生产单位都是采用这种形式来设置的。

②生产过程的时间组织。生产过程组织在时间上要求生产单位之间、各工序之间能够相互配合、紧密衔接，保证充分利用设备和工时，尽量提高生产过程的连续性，缩短产品生产周期。如果同时制造一批相同的产品，各工序在时间上的衔接方式有以下几种。

第一，顺序移动方式。一批零件在前工序全部加工完成以后，才整批地运送到下道工序加工。

第二，平行移动方式。在一批再制品中，每一个零件在上一道工序加工完毕后，立即转移到下道工序继续加工，形成各个零件在各道工序上平行地进行加工作业的方式。

第三，平行顺序移动方式。这是将前两种移动方式结合起来，取其优点，避其缺点的方式。零件在工序之间移动有两种情况：一是当前道工序的单件作业时间大于后道工序的单件作业时间时，则前道工序完工的零件并不立即转移到后道工序，而是积存到一定的数量，足以保证后道工序能够连续加工时，才将完工零件转移到后道工序去。二是当前道工序的单件作业时间比后道工序的单件作业时间短或相等时，则前道工序上完工的每一个零件应立即转移到后道工序去加工。

(3) 生产方式

企业的生产方式一般按专业化程度和工作地专业化程度可划分为大批量生产、成批生产和单件生产。

①大批量生产的特点是生产同一种产品的产量大，产品品种少，生产条件稳定，经常重复生产同种产品，工作地固定加工一道或几道工序，专业化程度高。

②成批生产的特点是产品品种较多，各种产品的数量不等，生产条件比较稳定，每个工作地要负担较多的工序，各种产品成批轮番生产，工作地专业化程度比大量生产要低。

③单件生产类型的特点是产品品种很多，每种产品只生产单件或少数几件之后不再重复或虽有重复但不定期，生产条件很不稳定，工作地专业化程度很低。

2. 质量管理

产品质量的形成不是市场部门宣传出来的，也不是生产部门生产出来的，更不是依靠检验部门检验出来的，而是对产品实现全过程质量管理的结果，这一过程的每个环节都直接影响到产品的质量。

全面质量管理的原理是基于对质量形成全过程，即质量环的控制。全面质量管理是为了能够在最经济的水平上，兼顾顾客要求，将企业内部的研制质量、维持质量和提供质量的活动构成一个有效体系。

在推行全面质量管理时，要求做到"三全一多"，即全面的质量管理、全过程的质量管理、全员参加的质量管理所采用的方法是科学的、多种多样的。

二、企业在经济发展中的作用

(一) 促进经济发展

企业的大量存在是经济发展的必然结果，是保持市场活力、维持经济运行、保障充分就业、保证正常价格的重要条件。无论在发达国家还是发展中国家，企业都是促进经济增长的重要组成部分。加快企业发展，能为我国经济长久稳定发展奠定坚实的基础。

企业是我国国民经济的重要组成部分，是国民经济发展中的重要力量。作为市场竞争机制的参与者，企业可以说是经济发展的基本动力，反映了经济多样化、分散化的内在要求。企业分布在国民经济的各个领域，对国民经济发展起到了补充和辅助的作用。

(二) 扩大社会就业

当前各国都把就业作为宏观经济的主要目标。只有实现充分就业，才能为经济发展创造一个有序的环境，才能保持社会基本稳定。企业是增加就业的基本场所，是维持社会稳定的重要基础。企业具有面广量大、经营灵活、竞争激烈等特点，能创造大量的就业机会。

就业问题始终是制约我国经济发展和社会稳定的一个重要因素。我国人口众多，工业化发展水平较低，属于发展中国家。解决好劳动力就业问题是实现国家长治久安的根本保障。因此，形成企业在国民经济中的合理地位，有利于矫正现行的就业结构和产值结构的偏差，促进资源的合理配置，充分发挥我国人力资源数量多的特点，以此缓解就业压力。

中小企业是社会就业的主要承担者。随着现在企业的优化重组，大企业难以提供大量新的就业岗位，且会有很多下岗人员和失业人员。因此，需要靠中小企业来解决这批人员的就业或再就业问题。推动中小企业的稳定发展，建立一支庞大的产业队伍，有利于缓解我国经济增长方式转变与扩大就业之间的矛盾，推动整个社会的政治、经济、文化的发展。

（三）促进地方发展

乡镇企业是增加地方财政收入，推动农村经济发展的重要财源。农村问题是我国经济发展中的重要问题，促进农村和农业发展对我国具有重要意义。乡镇企业能吸纳大量农村劳动力，将分散的农户集中起来实现大规模生产，这推动了我国农村城镇化进行，有利于社会稳定。农村城镇化、工业化是任何一个现代化国家在发展过程中不可逾越的历史阶段。从西方发达国家来看，城镇化和工业化都离不开乡镇企业的推动。

（四）推动科技创新

企业是科技创新的重要源泉，是国家科技进步的重要载体，是使科技尽快转化成生产力的重要推动力。当前我国企业正呈现出从传统劳动密集型向知识和技术密集型发展的趋势。企业经济较为灵活高效，能较快地把科学技术转换为现实生产力。尤其是我国的高新技术企业，在科技创新等方面的意识强、行动快、效果好，是名副其实的科技创新主力军。

改革开放以来的实践表明，哪个地区的中小企业发展快，哪个地区的市场就相对活跃。这是因为中小企业在创新中起到重要作用。充分利用中小企业灵活善变的优势，能对活跃市场起到事半功倍的效果。中小企业在经济改革中起到"试验田"的作用。中小企业改革成本低、运行简单、见效快、社会震动小，诸如兼并、租赁、承包、拍卖等企业改革的经验，往往是中小企业试行取得成效后，再逐步向大型企业推广的。因此，要重视中小企业的科技创新。

第三章　宏观经济管理与调控

第一节　宏观经济分析概述

一、宏观经济分析的意义和内容

宏观经济分析的研究方法主要是总量分析方法。经济总量是指反映国民经济整体运行状况的经济变量，包括国民收入、总消费、总投资、总储蓄、总供给、总需求、通货膨胀率、失业率、利率、经济增长率等。总量分析方法就是研究经济总量的决定、变动及其相互关系，以及以此为基础说明国民经济运行状况和宏观经济政策选择的方法。

作为一个开放的经济体，宏观经济运行涉及居民、企业、政府和国外四个部门的经济变量。宏观经济分析就是结合四大部门的运行来揭示一国经济的总国民收入、总消费、总投资、总储蓄、总供给、总需求、通货膨胀率、失业率、利率、经济增长率等宏观变量是如何变动的。在经济运行和经济管理过程中，要求管理者必须对国家的宏观经济有一定的认识，能够较为清楚地分析当前的国民经济运行状况，理解国家的宏观政策导向和未来变动趋势，以及对管理的影响，从而更好地进行管理。

二、国民收入核算体系指标

（一）国内生产总值

1. 国内生产总值的概念

国内生产总值（GDP）是指一个国家或地区在一定时期内（通常指一年）所生产出的全部最终产品和劳务的价值。GDP 常被公认为是衡量国家经济状况的最佳指标，能够反映一个国家的经济表现和一国的国力与财富。正确理解 GDP 要把握以下几方面。

第一，GDP 是一个市场价值概念。GDP 计入的最终产品和劳务的价值应该是市场活动导致的价值。市场价值就是所生产出的全部最终产品和劳务的价值都是用货币加以衡量的，即用全部最终产品和劳务的单位价格乘以产量求得的。非市场活动提供的最终产品和劳务因其不用于市场交换，没有价格，因而就没有计入 GDP。例如，农民自给自足的食物、由家庭成员自己完成家务劳动、抚育孩子等，这些人们自己做而不雇佣他人做的事情，就没有计入 GDP。但如果非市场活动（自己做家务）变成市场交易（雇保姆做家务），就计入 GDP 了；抚育孩子过去不算 GDP，现在孩子日托就要算进 GDP。社会分工越细，非市场行为就会更多地市场化，这对 GDP 的贡献可是很大的。

第二，GDP 衡量的是最终产品的价值。GDP 核算时不能计入中间产品的价值，否则就会造成重复计算。中间产品是指生产出来后又被消耗或加工形成其他新产品的产品，一般指生产过程中消耗掉的各种原材料、辅助材料、燃料、动力、低值易耗品和有关的生产性服务等；最终产品是指在本期生产出来而不被消耗加工，可供最终使用的那些产品，具体包括各种消费品、固定资产投资品、出口产品等。

第三，GDP 衡量的是有形的产品和无形的产品。GDP 计入的最终产品不仅包括有形的产品，而且包括无形的产品（劳务），如旅游、服务、卫生、教育等行业提供的劳务，这些劳务同样按其所获得的报酬计入 GDP 中。

第四，GDP 计入的是在一定时期内所生产而不是销售的最终产品价值。计算 GDP 时，只计算当期生产的产品和劳务，不能包括以前生产的产品和劳务，即使是当年生产出来的未销售出去的存货也都要计入进去。

第五，GDP 是一个地域概念。GDP 是指在一国范围内生产的最终产品和劳务的价值，包括在本国的外国公民提供生产要素生产的最终产品和劳务的价值，但不包括本国公民在国外提供生产要素生产的最终产品和劳务的价值。这是 GDP 区分于后面提到的国民生产总值的关键点。

第六，GDP 是流量而不是存量。GDP 核算的是在一定时期内（如一年）发生或产生的最终产品和劳务的价值，是流量，而不是存量（存量是指某一时点上观测或测量到的变量）。

2. 国内生产总值的计算

CDP 是一个国家或地区在一定时期内经济活动的最终成果，为了把 GDP 核算出来，有三种方法可供选择——支出法、生产法和收入法。

支出法又叫产品支出法、产品流动法或最终产品法。它是从产品的使用去向出发，把一定时期内需求者购买最终产品和劳务所支出的货币加总起来计算 GDP 的方法。

生产法也就是增加值法，即先求出各部门产品和劳务的总产出，然后从总产出中相应扣除各部门的中间消耗，求出各部门的增加值，最后汇总所有部门的增加值得出 GDP。

收入法是从生产要素在生产领域得到初次分配收入的角度来进行计算的，也称分配法。把生产要素在生产中所得到的各种收入相加来计算的 GDP，即把劳动所得到的工资、土地所有者得到的地租、资本所得到的利息以及企业家才能得到的利润相加来计算 CDP。这种方法又叫要素支付法、要素成本法。在没有政府参与的情况下，企业的增加值，即创造的 GDP 就等于要素收入加上折旧（企业在支付其生产要素前先扣除折旧）；当政府参与经济后，政府往往征收间接税，这时的 GDP 还应包括间接税和企业转移支付。

（二）宏观经济分析中的其他总量指标及其关系

在国民收入核算体系中，除了国内生产总值以外，还有国民生产总值、国内生产净值、国民生产净值、国民收入（狭义）、个人收入以及个人可支配收入等相关概念。这些概念和国内生产总值一起统称为广义的国民收入，这样就能够更全面地衡量一国经济发展的总体水平和国民生活水平。

1. 国民生产总值

与 GDP 不同，国民生产总值（GNP）是按照国民原则来计算的，即凡是本国国民（包括境内公民及境外具有本国国籍公民）所生产的最终产品价值，不管是否发生在国内，都应计入国民生产总值。国民生产总值同国内生产总值一样都有名义和实际之分。

2. 国民生产净值

国民生产净值（NNP）是指经济社会新创造的价值。国民生产净值等于国民生产总值减去资本（包括厂房、设备）折旧的余额。

国民生产净值是一个国家一年中的国民生产总值减去生产过程中消耗掉的资本（折旧费）所得出的净增长量。从概念上分析，国民生产净值比国民生产总值更易于反映国民收入和社会财富变动的情况。但由于折旧费的计算方法不一，政府的折旧政策也会变动，国民生产总值比国民生产净值更容易确定统计标准，因此，各国实际还是常用国民生产总值而不常用国民生产净值。

3. 国民收入

国民收入（NI）定义为一国生产要素（指劳动、资本、土地、企业家才能等）所获收入的总和，即工资、利息、租金和利润之和。国民收入等于国民生产净值减去企业间接税。间接税也称流转税，是按照商品和劳务流转额计算征收的税收，这些税收虽然是由纳税人负责缴纳，但最终是由商品和劳务的购买者即消费者负担，所以称为间接税，包括增值税、消费税和营业税等。

这里的国民收入定义是一个狭义的概念。国民收入是反映整体经济活动的重要指标，因此，常被使用于宏观经济学的研究中，也是国际投资者非常关注的国际统计项目。

4. 个人收入

个人收入（PI）是指个人从经济活动中获得的收入。国民收入不是不会成为个人收入，这三个主要项目就是公司未分配利润、公司所得税和社会保险税；另一方面，国民收入没有计入在内，但实际又属于个人收入的部分，这里指并非由于提供生产性劳务而获得的其他个人收入，如政府转移支付、利息调整、红利和股息等，虽然不属于国民收入（生产要素报酬）却会成为个人收入。因此，个人收入等于国民收入减去非个人接受的部分，再加上并非由于提供生产性劳务而获得的其他个人收入。PI是预测个人的消费能力、未来消费者的购买动向及评估经济情况好坏的一个有效的指标。

5. 个人可支配收入

个人可支配收入（DPI）是指一个国家所有个人（包括私人非营利机构）在一定时期（通常为一年）内实际得到的可用于个人消费和储蓄的那一部分收入。个人可支配收入等于个人收入扣除向政府缴纳的各种税收和费用的余额。如个人缴纳的所得税、遗产税和赠与税、房产税等以及交给政府的非商业性费用。个人可支配收入被认为是消费开支的最重要的决定性因素，因而，常被用来衡量一国生活水平的变化情况。

三、价格水平指标

宏观经济分析中，用当前市场价格来计算的各种变量被称为名义变量。从一定意义上说，名义变量只解决了将不同种类的产品和劳务加总的问题。但是，比较两个不同时期的同一宏观经济变量的变化情况时，人们往往要分清楚这种总量的变化，有多少成分是由于物品和劳务量的增加所带来的，多少是由价格的变化所引起的。

宏观经济分析中，为了分析国民财富的变化，往往需要剔除价格因素的变动，只研究物品和劳务的数量变化。常用的方法是用不变价格来衡量经济变量，即用以前某一年（称为基年）的价格为基准，衡量经济变量的数值。

宏观经济分析中，用不变价格衡量的GDP被称为实际的GDP。宏观经济分析中，把剔除价格变化后两个经济总量对比的结果叫作价格指数。

宏观经济分析中常用的价格指数主要有GDP折算数、消费者价格指数、生产者价格指数和农产品生产价格指数。

（一）GDP 折算数

假定某一年的名义 GDP 增加了，但该年的实际 GDP 没有变动。直观上容易理解，这时名义 GDP 的增加一定是由于经济中价格增加导致的。这一考虑就引出了 GDP 折算数的定义。所谓 GDP 在第 t 年的折算数为名义 GDP 与同一年实际 GDP 的比率，即 GDP 折算数=名义 GDP/实际 GDP。

（二）消费者价格指数

消费者价格指数（CPI）是用来衡量城市居民购买一定的有代表性的商品和劳务组合的成本变化的指数。也就是说，消费者价格指数是反映消费者生活成本的变动情况。在计算中，消费商品采取抽样的方式，抽样的范围仅限于有代表性的商品。大多数国家都编制居民消费价格指数，反映城乡居民购买并用于消费的消费品及服务价格水平的变动情况，并采用它来反映通货膨胀程度。

（三）生产者价格指数

生产者价格指数（PPI）是用来衡量生产成本变化的指数，它的计算中仅考虑有代表性的生产投入品，如原材料、半成品和工资等。

（四）农产品生产价格指数

农产品生产价格指数是反映一定时期内，农产品生产者出售农产品价格水平变动趋势及幅度的相对数。该指数可以客观反映全国农产品生产价格水平和结构变动情况，满足农业与国民经济核算需要。

四、就业与失业指标

在宏观经济运行过程中，失业是具有相当重要性的经济现象，也是宏观经济运行中的一种病态，是困扰各个国家发展的一大难题。解决失业问题与降低通货膨胀率一起成为社会关注的重点和政府宏观经济政策的目标。

（一）劳动力、就业与失业

就业和失业是反映劳动力市场状况最主要的两个指标，关系到社会稳定和经济发展，是各国政府制定经济政策时密切关注的依据。

1. 劳动力

一个经济中一定时点的总人口可以划分为劳动年龄人口和非劳动年龄人口。劳动年龄人口可以进一步划分为劳动力人口和非劳动力人口。劳动力人口简称劳动力，是指一定时点内具有劳动能力的劳动适龄人口。劳动力概念的界定要考虑两个因素：一是具有劳动能力的人口；二是劳动适龄人口。根据各国劳动就业统计的惯例，下列人员一般不属于劳动力：军队人员；在校学生；家务劳动者；退休和因病退职人员以及劳动年龄内丧失劳动能力、服刑犯人等不能工作的人员；特殊原因不愿工作的人员；在家庭农场或家庭企业每周工作少于15个小时的人员。由此可见，在劳动年龄人口中减去以上六类非劳动力人口的余下部分称为劳动力。在我国劳动力统计中，把超过或不足劳动年龄，但实际参加社会劳动并领取劳动报酬和收入的人口也计算在内，主要包括农业中经常参加劳动的超过或不足劳动年龄的人口、退休后参加社会劳动领取工资补差或劳动报酬以及领取其他经济收入的人口。

2. 就业

就业是指具有劳动能力的公民，依法从事某种有报酬或劳动收入的社会活动。就业人员不分所有制结构（国有、集体、外资、个体等）和不分用工形式（固定工、合同工、临时工等），只要从事劳动并取得合法劳动报酬或经营收入都是就业人员。但不包括从事义务性劳动、社会性救济劳动、家务劳动或从事非法劳动的人员。充分就业已经成为我国宏观经济政策的重要标志。

3. 失业

在宏观经济分析中，失业是指有劳动能力符合工作条件、有工作愿望并且愿意接受现行工资的人没有找到工作的一种社会现象。按照国际劳工组织的标准，失业者是指在一定年龄之上，在参考时间内没有工作，目前可以工作而且正在寻找工作的人。这个定义包括两个方面：一是失业者应是符合工作条件的人；二是如果一个人未寻找工作或不愿意接受现行市场工资，他也不能被认为是失业者。

按照这个定义，衡量是否失业，必须有四要素：第一，在一定年龄之上。国际劳工组织对年龄没有严格限制，各国家根据自己本国国情，对年龄作出了不同的规定，我国规定年龄下限为16周岁，美国、法国也是16周岁，日本、加拿大、韩国、新加坡等是15周岁。第二，确认至少在过去的一周内已经没有工作。第三，目前可以工作，即有劳动的能力和可能性。第四，正在寻找工作，即本人有工作的要求，在最近特定时期内已经采取明确步骤寻找工作或自谋职业者。上述条件必须同时成立，才能构成完整的失业内涵。失业包括就业后失去工作转为失业的人员和新生劳动力中未实现就业的人员。例如，因离职、被解雇等原因没找到工作和大学毕业没找到工作的人员等。

（二）失业的类型和成因

1. 摩擦性失业

摩擦性失业是人们在转换工作时、刚进入或离开后重新进入劳动力市场时所经历的短期失业，也称求职性失业。这种失业是由于经济运行中各种因素的变化和劳动力市场的功能缺陷所造成的临时性失业。在现实世界中，求职者找工作是需要时间和有一个过程的，即"准备简历—调查工作单位情况—投简历—等候反应—明智选择"等；同样，雇主也要花时间考察求职者的技能和资格，以决定是否录用。这样求职者想要适合自己的工作与得到工作之间的时间消耗就产生了失业。因此，由于经济运行中就业信息不完备、劳动力市场功能不健全等诸多原因，社会上总是存在着大量摩擦性失业。摩擦性失业的特点是行业广且涉及人员多、失业期限较短，是一种正常性失业，与充分就业不相矛盾，它只给那些受其影响的失业者带来不多的艰辛。

2. 季节性失业

季节性失业是与天气、旅游者的行为方式或其他季节性因素有关的失业，在农业、旅游业、建筑业中这种失业最多。例如，我国北方大多数滑雪教练在每年的四五月份失去工作，每个冬天都有很多建筑工人被解雇。与摩擦性失业一样，季节性失业也是正常的、良性的、短期的，而且是完全可以预测的，失业人员通常会预先收到淡季失业补偿。这些失业是由生产时间性或季节性等客观条件或自然条件决定的，所以很难改变。

3. 结构性失业

结构性失业是由于经济结构变动使劳动力的供求不匹配所造成的失业。结构性失业在性质上是长期的，往往"失业与空位"并存。有些时候，有很多可得的工作岗位，也有很多失业者愿意得到这些工作岗位，但是找工作的人和雇主在技能或地域等方面不匹配。例如，21世纪初，旧的夕阳产业被高新技术产业所替代，像计算机硬件和软件设计、人造卫星技术及通信，有大量工作岗位，然而，很多失业者没有在这些产业中工作的技能，也没有受过这方面的培训，这就是他们具有的技能与所要求的技能不相适应。这种不适应也可能是地域性的，再如，我国北方存在着大量的失业人员，而南方却存在严重的"技工荒"。对结构性失业者来说，想就业就得重新在国内其他地方安家或学习新技能，结果要花费相当长的时间找工作，结构性失业经常持续几年甚至更长时间。

4. 周期性失业

周期性失业是指经济周期中的衰退或萧条时，因社会总需求不足而造成的失业。当经济进入衰退或萧条期，很多以前就业的人员失去了工作，而且很难再找到新工作。与此同时，工作岗位更少了，劳动力市场的新进入者在被雇用前必须花费比通常"摩擦性失业"更长的时间来找工作。周期性失业对于不同行业的影响是不同的，一般来说，需求的收入弹性越大的行业，周期性失业的影响越严重。也就是说，人们收入下降，产品需求大幅度下降的行业，周期性失业情况比较严重。

（三）失业的测算

1. 失业人数的测算

预计未来调查失业率将成为国家调控的主要目标。关于失业率的测算各个国家使用的方法不完全一致。一定时期的就业水平是用失业率来衡量的。失业率是指正在寻找工作的劳动力占总劳动力的百分比。

通过失业率这个指标可以判断一定时期内全部劳动人口的就业情况。一直以来，失业率数字被视为一个反映整体经济状况的指标，而它又是每个月最先发表的经济数据。我国的失业率统计主要采用两种方法，即城镇登记失业率和调查失业率，对外发布的是城镇登记失业率。城镇登记失业率仅包括城镇劳动力中的登记失业人员，排除了国有企业下岗未就业人员和农村户口的失业人员，这种方法存在一定局限性。

2. 自然失业率与充分就业

前面分析失业类型中的摩擦性失业、结构性失业和季节性失业，都是由微观经济引起的。也就是说，它们归因于特殊产业和特殊劳动力市场的变化，而不是总体经济变化。这种失业是不能消除的，因为总是存在花些时间找新工作，经济中总是有季节性产业、结构性变化。因此，它们也被统称为自然失业。自然失业人数与总劳动力人数的比率就是自然失业率，它是一个国家能够长期持续存在的最低失业率。经济学家们认为当经济中不存在周期性失业时，所有失业都是摩擦性、结构性、季节性时，这样就认为经济达到了充分就业，充分就业时的失业率就是自然失业率，自然失业率是指经济社会在正常情况下的失业率。这就是说充分就业并不是没有失业，充分就业时的失业率不是零而是大于零的。

自然失业率在当代宏观经济学和就业经济学中是一个非常重要的概念。劳动力市场存在一种长期的均衡失业率，即使在充分就业的状态下也难以消除。所以，有时自然失业率又被有些学者矛盾地称作"充分就业下的失业率"。当实际失业率等于自然失业率时，一国经济处于长期均衡状态，所有的经济资源都得到了充分利用，即实现了充分就业均衡，政府就不会采取有关措施来干预劳动市场的运行。

（四）失业的成本

失业是有成本的，失业的成本包括经济成本和非经济成本。

1. 经济成本

经济成本是指可以用货币测算的成本。失业者不能找到工作，不能生产，失去了产出的机会成本，其实质是劳动者不能与生产资料相结合进行社会财富的创造，是一种经济资源的浪费。这个损失必须由社会来承担，具体体现在以下几方面。

第一，失业者的收入损失。对失业者个人来说，失业最明显的经济成本是就业收入损失。这部分就业收入损失由社会承担，如失业津贴、实物券或其他政府转移支付等，使失业者的收入损失部分地得到补偿。但各国的经验表明，这些津贴要少于就业收入的损失，一般只相当于就业收入的50%~60%。

第二，失业者的人力资本损失。工作可以保持和提高劳动者的工作技能和工作态度，特别是技术进步迅速的今天，长期失业不仅会浪费现有的工作技能，也无法积累新的工作技能，从而会丧失在未来劳动力市场上的竞争力和生产力，进而丧失获得较高收入的机会。

第三，经济资源的浪费或产出的减少。对社会来说，失业的经济成本之一是资源的浪费或产出的减少。失业者如果不失业，或者说人力资源得到充分有效的利用，即在潜在就业量（指在现有激励条件下所有愿意工作的人都参加生产时所达到的就业量）的条件下，就可以增加产出，然而由于失业使产出减少。国际上通常用GDP的缺口来反映这种损失，即GDP的缺口等于潜在的GDP减去实际的GDP。所谓潜在的GDP是指当非劳动力资源得到充分利用和劳动力处于充分就业状态时的GDP产出水平。

第四，消费需求减少。失业导致正常消费缩减以及对未来就业预期的悲观心理，导致居民消费倾向降低，储蓄倾向增强，消费需求不足。

2. 非经济成本

非经济成本是指很难或不可能用货币测算的成本。这种成本虽然难以估计和测量，但人们很容易感受到。失业，特别是当它持续好几个月甚至是几年时，能严重影响人们的心理和生理状况。失业还阻碍了公平社会目标的实现。大多数人都想要一个公平和公正的社会，有平等的机会改善自我，但人们并不是平等地承担失业的负担。在衰退中，不是所有人的工作时间都减少了，而是有些人被彻底解雇，其他人则与从前几乎一样继续工作。而且，失业的负担不是在不同的人群中平等分担的。总之，失业是造成家庭和社会不稳定的因素之一。

第二节　通货膨胀与经济周期

一、通货膨胀

(一) 通货膨胀的类型

通货膨胀的产生必须具备两个条件：一是纸币流通和物价总体水平的持续上涨。资源短缺、商品质量提高等原因引起的物价上涨，不能理解为通货膨胀，必须是纸币发行量超过了宏观经济的实际需要量，才能称为通货膨胀。二是必须是大部分商品的价格在一段时间内持续地上涨。局部或个别产品的价格上涨以及季节性、偶然性和暂时性的价格上涨，不能认为是通货膨胀。通货膨胀的类型根据不同的分类方式可以分为多种。

1. 按价格上升的速度分类

按价格上升的速度，通货膨胀可以分为以下几种。

第一，温和的通货膨胀。这是指年物价水平上升速率在10%以内，也称爬行式的通货膨胀，它的特点是价格上涨缓慢并且可以预测，是始终比较稳定的一种通货膨胀。实际上许多国家都存在着这种通货膨胀。此时物价相对来讲比较稳定，人们对货币比较信任，乐于持有货币。许多经济学家认为这种温和而缓慢上升的价格对经济的增长有积极的刺激作用。

第二，奔腾的通货膨胀。奔腾的通货膨胀也称为疾驰的或飞奔的通货膨胀、急剧的通货膨胀。它是一种不稳定的、迅速恶化的、加速的通货膨胀。在这种通货膨胀发生时，年物价水平上升速率在10%~100%，人们对货币的信心产生动摇，公众预期价格还会进一步上涨。此时需要采取各种手段减少损失，否则随着通货膨胀更为加剧，经济社会将产生动荡，所以这是一种较危险的通货膨胀。

第三，恶性通货膨胀。在经济学上，恶性通货膨胀是一种不能控制的通货膨胀，在物价很快地上涨的情况下，就使货币失去价值。恶性通货膨胀没有一个普遍公认的标准界定，一般认为年物价水平上升速率超过了100%。发生这种通货膨胀时，价格持续猛涨，货币购买力急剧下降，人们对货币完全失去信任，以致货币体系和价格体系最后完全崩溃，甚至出现社会动乱。产生这种通货膨胀的原因是货币供给的过度增长。

2. 按照对不同商品的价格影响分类

按照对不同商品的价格影响，通货膨胀可以分为以下几种：①平衡的通货膨胀。即每种商品的价格都按相同的比例上升。②非平衡的通货膨胀。即各种商品价格上升的比例并不完全相同。如近年来，我国房地产价格上升迅速，而一般日用消费品如家电、电脑、汽车等商品的价格反而有下降趋势。

3. 按照人们的预期程度分类

按照人们的预期程度，通货膨胀也可以分为两种：①未预期的通货膨胀。即人们没有预料到价格会上涨，或者是价格上涨的速度超过了人们的预期。②预期的通货膨胀。即人们预料到价格会上涨。

(二) 通货膨胀的成因

通货膨胀是现代经济社会中常见的一种经济现象，其产生的原因是多方面的，但一般可归纳为三类。

1. 需求拉动

需求拉动的通货膨胀，又称过度需求通货膨胀，是指由于总需求的增加超过了总供给而引起的价格水平持续、显著上涨的经济现象。由于总需求是和货币供给量联系在一起的，所以需求拉动的通货膨胀又被解释为过多的货币追逐过少的商品。

需求拉动型通货膨胀还可能由货币因素引起。经济学意义上的需求都是指有支付能力的需求。上述实际因素引起的过度需求虽然最初在非金融部门中产生，但如果没有一定的货币量增长为基础，就不可能形成有支付能力的需求。换言之，过度的需求必然表现为过度的货币需求。

2. 成本推动

成本推动的通货膨胀理论与需求拉动的通货膨胀理论的出发点正好相反，它是从总供给而不是从总需求的角度出发。假设在不存在过度需求的情况下，由于供给方面成本的提高所引起的价格水平持续、显著上升的一种经济现象。

引起成本增加的原因有以下几个方面：①工资成本推动的通货膨胀。许多经济学家认为，工资是成本中的主要部分。工资的提高会使生产成本增加，从而价格水平上升。②利润推动的通货膨胀。西方的经济学者认为，工资推动和利润推动实际上都可操纵价格的上升,其根源在于经济中的垄断,即工会的垄断形成工资推动,厂商的垄断引起利润推动。③原材料成本推动的通货膨胀。如石油价格的上升,或者是某种进口原材料价格上升等。

3. 结构失调

结构失调是指在没有需求拉动和成本推动的情况下,只是由于经济结构、部门结构失调引致的物价总水平持续上涨的现象。导致结构性通货膨胀的根源是国民经济各部门的经济结构存在很大差异,如劳动生产率提高快慢不同,所处的经济发展阶段不同,对外开放程度不同等。但是,货币工资的增长速度通常是由生产率较高的部门、处于发展上升阶段的部门和开放度较高的部门决定的。在追求工资均等化和公平原则的压力下,在劳动市场竞争的作用下,那些劳动生产率较低的部门、发展缓慢处在衰退阶段的部门和非开放的部门,其工资的增长速度会向生产率提高较快、正处于上升期和开放度高的先进部门看齐,使整个社会的货币工资增长速度具有同步增长的趋势。这样势必会导致全社会的工资增长率高于社会劳动生产率的平均增长率,这必然会导致价格水平的普遍上涨,从而引发通货膨胀,这种通货膨胀就是结构性通货膨胀。

(三) 通货膨胀的成本

通货膨胀是一种货币现象,是每一个国家政府、经济学家和普通百姓都关注的问题,高的通货膨胀率的确给整个社会及其社会成员带来一系列问题,向整个社会及其每个成员征收成本。经济学家们总结出了几种通货膨胀的成本。

1. 通货膨胀的再分配成本

再分配成本是指通货膨胀在全社会范围内对真实收入进行重新分配。其包括以下几个方面:①通货膨胀降低固定支付方的支付成本,损害了固定收入方的购买力。对于固定收入方来说,其收入为固定的名义货币数额,物价上涨后,他们的名义收入不变,即收入不能随通货膨胀率变动,那么他们真实的购买力下降,其生活水平必然下降。而对于支付方来说,支付的实际支付成本自然比通货膨胀前低,这样通货膨胀就把真实的购买力从收入方转移到了支付方。②通货膨胀造成财富在债务人和债权人之间的财富再分配。

2. 通货膨胀的资源成本

通货膨胀的资源成本是指人们为了应付通货膨胀,被迫在日常生活中耗费额外的时间和资源,支付了机会成本,因为原本人们可以用这些时间和资源进行其他活动。其包括以下几个方面。

第一,"皮鞋成本"。它是指人们为减少货币持有量所付出的成本。由于通货膨胀降低了货币的实际价值,为避免损失人们一般会减少持有货币,可能会更多地跑去银行,把持有的现金放入高利息的银行账户中,或者把现金变换为实物。在这些过程中,磨损了鞋底,这就是皮鞋成本的最初来源。可是,更重要的成本是人们在这个过程中牺牲了时间和精力,这原本可使人们做更多有意义的事情。初看起来皮鞋成本是微不足道的,但是在高通货膨胀时,这将是一个严重的社会问题。

第二,"菜单成本"。它包括印刷新清单和目录的成本,把这些新的价格表送给中间商和顾客的成本,为新价格做广告的成本,以及改变价格对市场影响的不确定造成的风险成本,甚至包括处理顾客对新价格抱怨的成本。这期间不仅消耗时间,而且消耗纸张、油墨、打印机损耗等。

第三,资源配置不当。市场经济依靠价格机制来配置资源,企业依据价格制定其经营策略,消费者依据各种商品和服务的质量和相对价格来比较购物。如果发生通货膨胀,人们往往没有足够的时间和能力来判断是绝对价格的上升还是相对价格的上涨,其结果,生产者和消费者都可能出现决策失误,造成资源浪费。

第四,税收负担扭曲。许多国家实行累进税率,税收具有稳定性、固定性,如果发生通货膨胀,为维持不变的实际工资,根据预期调整劳动者的名义工资水平,而名义工资的增加使纳税人进入更高的纳税等级,使得税后的实际工资反而减少了。又如,银行付给储户的利息是名义利息,发生通货膨胀,名义利息会低于实际利息。而利息税却是按照名义利息来征收,结果储户多纳税。因此,通货膨胀扭曲了所征收的税收。

总之,通货膨胀会引起一系列问题,社会为此要付出一定的代价,恶性通货膨胀可能会造成政治的动荡。

(四)通货膨胀的治理

由于通货膨胀会引起一系列问题,影响经济的正常发展,所以许多国家都十分重视对通货膨胀的治理。在宏观经济分析中,主要用衰退来降低通货膨胀和收入政策等来治理通货膨胀。

1. 用衰退来降低通货膨胀

这种方法主要针对需求拉上的通货膨胀。由于需求拉上的通货膨胀是总需求超过总供给产生的,因此,要治理这种通货膨胀,调节和控制社会总需求是个关键。有效途径是采取紧缩的财政政策和货币政策。在财政政策方面,通过紧缩财政支出,增加税收,实现预算平衡、减少财政赤字;在货币政策方面,主要是紧缩信贷,控制货币投放,减少货币供应量。

财政政策和货币政策相配合，综合治理通货膨胀，其重要途径就是通过控制固定资产投资规模和控制消费基金过快增长来实现控制社会总需求的目的。但这种政策会导致投资减少，产出回落，其代价是经济衰退。

2. 其他降低通货膨胀的方法

第一，收入政策。收入政策主要是针对成本推动的通货膨胀，因为成本推动的通货膨胀来自供给方面，由于成本提高，特别是工资的提高，从而引起价格水平的上涨。收入政策又称为工资物价管制政策，是指政府制定一套关于物价和工资的行为准则，由劳资双方共同遵守。目的在于限制物价和工资的上涨，以降低通货膨胀率，同时又不造成大规模的失业。具体可以采用三种形式：确定工资、物价指导线，以限制工资物价的上升；管制或冻结工资措施；政府以税收作为奖励和惩罚的手段来遏制工资、物价的增长。

第二，控制货币供应量。由于通货膨胀是纸币流通条件下的一种货币现象，其产生的最直接的原因就是流通中的货币量过多。所以各国在治理通货膨胀时所采取的一个重要对策就是控制货币供应量，使之与货币需求量相适应，减轻货币贬值和通货膨胀的压力。

第三，增加商品的有效供给，调整经济结构。治理通货膨胀时如果单方面控制总需求而不增加总供给，将严重牺牲经济增长，这样治理通货膨胀所付出的代价太大。因此，在控制需求的同时，还必须增加商品的有效供给。一般来说，增加有效供给的主要手段是降低成本，减少消耗，提高经济效益，提高投入产出的比例。同时，调整产业和产品结构，支持短缺商品的生产。治理通货膨胀的其他政策还包括限价、减税、指数化等措施。

二、经济周期

经济周期（又称商业循环），是指经济活动沿着经济发展的总体趋势所经历的有规律的扩张和收缩。

（一）经济周期的类型

按照周期波动的时间长短不同，经济的周期性波动一般有三种类型，即短周期、中周期和长周期。短周期又称短波或小循环，它的平均长度约为 40 个月，这是由美国经济学家基钦（Kichen）提出来的，因此又称基钦周期。中周期又称中波或大循环，每个周期的平均长度为 8~10 年。这是由法国经济学家朱格拉提出来的，因此又称朱格拉周期。长周期又称长波循环，每个周期的长度平均为 50~60 年。这是由苏联经济学家康德拉耶夫（Kondrayev）提出来的，因此又称康德拉耶夫周期。在现实生活中，对经济运行影响较大且较为明显的是中周期，人们最关注的也是中周期，经济学和国内外经济文献中所提到的经济周期或商业循环大都指中周期。

按照一国经济总量绝对下降或相对下降的不同情况，经济周期又可分为古典型周期和增长型周期。如果一国经济运行处在低谷时的经济增长为负增长，即经济总量绝对减少，通常将其称为古典型周期；如果处在低谷时的经济增长为正增长，即经济总量只是相对减少而非绝对减少，则为增长型周期。

（二）经济周期的成因

经济周期是各宏观经济变量波动的综合反映。经济周期的成因是极为复杂的、多方面的，西方经济学家们很早就关注宏观经济繁荣与衰退交替出现的经济周期现象，并且在经济学发展历程中提出了不同的理论。

1. 外生经济周期论

外生经济周期理论认为，经济周期的根源在于经济制度之外的某些事物的波动，如战争、革命、政治事件、选举、石油价格上涨、发现新能源、移民、科技发明和技术创新，甚至太阳黑子活动和气候等。外生经济周期论主要包括太阳黑子周期理论、创新周期理论和政治周期理论等。

（1）太阳黑子周期理论

太阳黑子周期理论是由英国经济学家杰文斯（Javins）父子提出并加以论证的。太阳黑子理论认为太阳黑子周期性地造成恶劣气候，使农业收成不好，而农业生产的状况又会影响到工商业，从而使整个经济周期性地出现衰退。

（2）创新周期理论

创新周期理论是由熊彼特提出来的。经济学家熊彼特（Schumpeter）关于经济周期的解释是：建立在创新基础上的投资活动是不断反复发生的，而经济正是通过这种不断反复发生的投资活动来运转的。但这个过程基本上是不平衡的、不连续的并且是不和谐的。熊彼特理论的核心有三个变化过程——发明、创新和模仿。

（3）政治周期理论

政治周期理论认为，政府交替执行扩张性政策和紧缩性政策的结果，造成了扩张和衰退的交替出现。政府企图保持经济稳定，实际上却在制造不稳定。为了充分就业，政府实行扩张性财政和货币政策。但是，在政治上，财政赤字和通货膨胀会遭到反对。于是，政府又不得不转而实行紧缩性政策，这就人为地制造了经济衰退。这是政府干预经济所造成的新型经济周期，其原因在于充分就业和价格水平稳定之间存在着矛盾。

2. 内生经济周期理论

内生经济周期理论在经济体系之内寻找经济周期自发地运动的因素。这种理论并不否认外生因素对经济的冲击作用，但它强调经济中这种周期性的波动是经济体系内的因素引起的。内生经济周期理论主要有以下几个。

（1）纯货币理论

纯货币理论是由英国经济学家霍特里提出的。这种理论认为，经济周期纯粹是一种货币现象，货币数量的增减是经济发生波动的唯一原因。所有具有现代银行体系的国家，其货币供给都是有弹性的，可以膨胀和收缩。经济周期波动是银行体系交替扩张和紧缩信用造成的。当银行体系降低利率，放宽信贷时就会引起生产的扩张与收入的增加，这就会进一步促进信用扩大。但是信用不能无限地扩大，当高涨阶段后期银行体系被迫紧缩信用时，又会引起生产下降，危机爆发，并继之出现累积性衰退。即使没有其他原因存在，货币供给的变动也足以形成经济周期。

（2）投资过度理论

投资过度理论主要强调了经济周期的根源在于生产结构的不平衡，尤其是资本品和消费品生产之间的不平衡。人们把当期收入分成储蓄和消费两部分。消费部分直接购买消费品，储蓄的部分则进入资本市场，通过银行、保险公司、证券等各种金融机构到达各企业经营者手中，被投入资本品购买和生产之中，这一过程就是投资。如果利率政策有利于投资，则投资的增加首先引起对资本品需求的增加以及资本品价格的上升，这样就更加刺激了投资的增加，形成了繁荣。但是这种资本品生产的增长要以消费品生产下降为代价，从而导致生产结构的失调。当经济扩张发展到一定程度之后，整个生产结构已处于严重的失衡状态，于是经济衰退不可避免地发生了。

（3）消费不足理论

消费不足理论一直被用来解释经济周期的收缩阶段，即衰退或萧条的重复发生。这种理论把萧条产生的原因归结为消费不足，认为经济中出现萧条是因为社会对消费品的需求赶不上消费品的增长。而消费需求不足又引起对资本品需求不足，进而使整个经济出现生产过剩危机。强调消费不足是由于人们过度储蓄而使其对消费品的需求大大减少。消费不足理论的一个重要结论是，一个国家生产力的增长率应当同消费者收入的增长率保持一致，以保证人们能购买那些将要生产出来的更多的商品。这一思想对于当今西方国家的财政货币政策仍然有影响。

（4）心理周期理论

这种理论强调心理周期预期对经济周期各个阶段形成的决定作用。在经济周期的扩张阶段，人们受盲目乐观情绪支配，往往过高估计了产品的需求、价格和利润，而生产成本，包括工资和利息则往往被低估了。并且人们之间存在这一种互相影响决策的倾向，如某企业经营者因对未来的乐观预测会增加他对有关的货物和服务的需求，于是带动其他企业经营者也相应增加需求，从而导致了过多的投资。根据心理周期理论，经济周期扩张阶段的持续时间和强度取决于酝酿期间的长短，即决定生产到新产品投入市场所需的时间。当这种过度乐观的情绪所造成的错误在酝酿期结束时显现出来后，扩张就到了尽头，衰退开始了。企业经营者认识到他们对形势的预测是错误的，乐观开始让位于悲观。随着经济转而向下滑动，悲观性失误产生并蔓延，由此导致萧条。

（5）乘数—加速数相互作用原理

诺贝尔经济学奖获得者、美国经济学家保罗·萨缪尔森（Paul Samuelson）用乘数—加速数相互作用原理来说明经济周期，并因此成为现代经济周期理论的代表之作。投资的增加或减少能够引起国民收入倍数扩张或收缩，且同方向变化，即乘数原理；同时，国民收入的增加或减少又会反作用于投资，使投资的增长或减少快于国民收入的增长或减少，这是加速原理。可见，投资影响国民收入，国民收入又影响投资，二者互为因果，从而导致国民经济周期性波动。

经济周期波动的原因有很多，归根到底都是总需求与总供给的不一致。两者不一致的情况多通过总需求作用于经济运行过程。在短期内，当总需求持续增加时，经济运行便可能进入景气上升阶段。当总需求的持续增加致使经济活动水平高于由总供给所决定的趋势线，从而使经济运行进入繁荣阶段时，就可能出现经济过热和通货膨胀，这时的总需求大于总供给。反之，当总需求持续收缩时，经济运行就可能进入景气下降阶段。当总需求的持续收缩致使经济活动水平跌到趋势线的下方，从而使经济运行进入萧条阶段时，就会出现经济过冷和严重失业，此时总需求小于总供给。因此，总需求与总供给的不一致，是经济周期波动的直接原因。

（三）经济周期的预测指标

预测宏观经济走强还是衰退，是决定资产配置决策的重要因素。如果预测与市场的看法不一致，就会对投资策略产生很大的影响。经济周期具有循环特征，所以在某种程度上周期是可以预测的。为了预测和判别经济的波动，可以运用各种指标来进行分析。这些指标由于具有与经济周期平行变化的一致性，因此，能够反映出总体经济活动的转折点与周期波动的特点。这些指标按照与经济周期变动先后之间的关系可分为三类——先行指标、同步指标和滞后指标。

1. 先行指标

先行指标是指那些在经济活动中预先上升或下降的经济指标。这一组指标主要与经济未来的生产和就业需求有关,主要包括货币供给量、股票价格指数、生产工人平均工作时数、房屋建筑许可的批准数量、机器和设备订货单的数量以及消费者预期指数等。

先行指标对经济周期波动较为敏感。因此,可以先于其他经济指标反映出短期的、不稳定的波动。当许多先行指标都显现下降趋势时,预示着衰退将会来临;反之,当许多先行指标都显现上升趋势时,预示着经济扩张即将来临。

2. 同步指标

同步指标是指那些与经济活动同步变化的经济指标。这组指标到达峰顶与谷底的时间几乎与经济周期相同,它们既不超前也不落后于总体经济周期,而是与总体经济周期变动几乎一致。主要的同步指标包括国内生产总值、工业生产指数、个人收入、非农业在职人员总数以及制造业和贸易销售额等。

同步指标可以用来验证预测的准确性。如果在先行指标已经下降的情况下,同步指标也在下降,人们就有把握相信衰退已经来临;如果先行指标已经下降了,而同步指标并没有下降,那么就要考虑先行指标是否受到了某些干扰,经济是否真正进入衰退阶段。

3. 滞后指标

滞后指标是指那些滞后于经济活动变化的经济指标。这些指标的峰顶与谷底总是在经济周期的峰顶与谷底之后出现。这些指标主要包括生产成本、物价指数、失业的平均期限、商业与工业贷款的未偿付余额、制造与贸易库存与销售量的比率等。滞后指标反映了经济波动的程度,也可以用来验证预测的准确性。

在运用先行指标、同步指标和滞后指标进行经济周期预测时,还要综合考虑其他的信息工具。只有结合经验判断,对经济现象进行观察,对各种指标的当前状况进行解释,才能得到较好的预测效果。

(四) 经济周期波动的对比分析

1. 波动的幅度

波动的幅度是指每个周期内经济增长率上下波动的差,表明每个经济周期内经济增长高低起伏的剧烈程度,其计算方法最直接、最直观的是计算每个周期内经济增长率峰顶与谷底的落差。根据落差的大小,将波动分为三种类型:落差大于或等于 10 个百分点的为强幅型;落差大于或等于 5 个百分点而小于 10 个百分点的为中幅型;落差小于 5 个百分点的为低幅型。

2. 波动的高度

波动高度是指每个周期内峰顶年份的经济增长率，它表明每个周期经济扩张的强度，反映经济增长力的强弱。根据各周期峰顶年份经济增长率的高低，可以分为三种类型，即峰顶年份经济增长率大于或等于15%的高峰型，峰顶年份经济增长率小于10%的低峰型和处于二者之间的中峰型。

3. 波动的深度

波动深度是指每个周期内谷底年份的经济增长率，它表明每个经济周期收缩的力度。按照谷底年份经济增长率的正负可以分为古典型和增长型，即谷底年份经济增长率为负的古典型和为正的增长型。

4. 波动的平均位势

波动的平均位势是指每个周期内各年度平均的经济增长率。

5. 波动的扩张长度

波动的扩张长度是指每个周期内扩张的时间长度，它表明每个周期内经济扩张的持续性。改革开放后的平均扩张长度比改革开放前延长了，表明我国经济的增长由短扩张型向长扩张型转变，扩张期有了更强的持续性。

（五）经济周期与行业投资策略

结合经济周期的不同阶段确定相应的行业投资策略，是规避投资风险、稳定投资收益非常有效的途径。结合经济周期性的波动，行业投资策略选择的关键在于依据对经济周期各阶段的预测，当对经济前景持乐观态度时，选择周期型行业，以获取更大的回报率；而当对经济前景持悲观状态时，选择投资防守型行业以稳定投资收益；同时，选择一些增长型的行业加以投资。

第三节 宏观经济政策

经济理论是经济政策的基础与依据，经济政策是经济理论的运用与实践。宏观经济政策的任务是要说明国家为什么必须干预经济，以及应该如何干预经济，以保持社会总供给与总需求平衡，实现宏观调控目标。严格地说，宏观经济政策是指财政政策和货币政策，以及收入分配政策和对外经济政策。

一、宏观经济政策目标及相互关系

(一) 宏观经济政策的目标

宏观经济政策是国家和政府为了增强社会经济福利而制定的解决经济问题的指导原则和措施，是政府为了达到一定的经济目标而对经济事务所做的有意识有计划地运用一定的政策工具来调节和干预宏观经济运行的行为。宏观经济政策是根据一定的经济目标制定出来的，宏观经济政策的目标有充分就业、物价稳定、经济持续稳定增长和国际收支平衡四种。宏观经济政策就是为达到这些目标而制定的政策和措施。

1. 充分就业

一般来说，充分就业是指包含劳动力在内的一切生产要素都有机会以自己意愿接受的报酬参与生产活动的状态。充分就业包含两种含义：一是指除了摩擦失业和自愿失业之外，所有愿意接受各种现行工资的人都能找到工作的一种经济状态；二是指包括劳动力在内的各种生产要素，都按其愿意接受的价格，全部用于生产的一种经济状态，即所有资源都得到充分利用。由于测量各种经济资源参与生产的程度十分困难，因此，西方经济学家通常以失业与否作为衡量充分就业与否的尺度。

由于失业会给社会及失业者和家庭带来损失，失业意味着稀缺资源的浪费或闲置，从而使经济总产出下降，社会总福利受损。因此，失业的成本是巨大的，降低失业率，实现充分就业，常常成为制定宏观经济政策所要考虑的首要的或重要的目标。

2. 物价稳定

物价稳定是指物价总水平的基本稳定。由于通货膨胀对经济有不良影响，所以物价稳定也是国家宏观经济政策的重要目标之一。需要指出的是，在市场经济条件下，由于各种经济因素和非经济因素的影响，物价不可能是一直不变的。一般用价格指数来衡量一般价格水平的变化，物价稳定也不是指每种商品的价格固定不变，而是指价格指数的相对稳定。这种物价相对稳定并不是通货膨胀率为零，而是允许保持一个低而稳定的通货膨胀率，也就是通货膨胀率在1%~3%，一般把这种温和的通货膨胀的存在看作是基本正常的经济现象。

3. 经济持续稳定增长

经济增长一般是指一个国家或地区在一个特定时期内所生产的产品和劳务产出数量的

增加，通常用一定时期内实际国民生产总值增长率来衡量。经济增长一是指维持一个高经济增长率；二是指培育一个经济持续增长的能力。

一般认为，经济增长和失业常常是互相关联的，经济增长与就业目标是一致的，如何维持经济较高的增长率以实现充分就业，是国家宏观经济政策追求的目标之一。尽管经济增长会增加社会福利，缓解失业压力，但有可能诱发通货膨胀，因而并不是经济增长越快越好，经济增长率的高低要与具体情况相符合。这是因为经济增长一方面要受到各种资源条件的限制，不可能无限地增长，尤其是对于经济已相当发达的国家来说更是如此。另一方面，经济增长也要付出代价，如造成环境污染等。因此，经济增长就是要实现与本国具体情况相符的适度增长率。

4. 国际收支平衡

随着国际经济交往的增多，如何平衡国际收支也成为一国宏观经济政策的重要目标之一。国际收支平衡具体分为静态平衡与动态平衡。一国的国际收支状况不仅反映了这个国家的对外经济交往情况，还反映出该国经济的稳定程度。当一国国际收支处于失衡状态时，就必然会对国内经济形成冲击，从而影响该国国内就业水平、价格水平及经济增长。国际收支平衡的目标要求做到汇率稳定，外汇储备有所增加，进出口平衡。适度增加外汇储备被看作是改善国际收支的基本标志。

（二）宏观经济政策目标之间的关系

宏观经济政策的四个最终目标要同时实现，是非常困难的事。在实际经济活动中，上述宏观经济政策目标之间并不总是一致的，而是存在着各种各样的矛盾。因此，除了明确政策目标的一致性以外，还必须了解政策目标之间的矛盾性，分析和认识这些矛盾有利于宏观经济政策的制定和运用。宏观经济政策四个目标之间也存在着矛盾，主要表现在以下几方面。

第一，充分就业与物价稳定是矛盾的。这是因为充分就业时货币工资增长快，而货币工资增长快就会引起工资成本推动的通货膨胀，在实际决策中，要维持充分就业就要采取扩张性财政政策与货币政策，而这种扩张政策必然引起通货膨胀。所以说，充分就业以通货膨胀为代价，物价稳定以存在失业为代价，充分就业与物价稳定难以两全其美。

第二，充分就业与经济增长有一致的一面，也有矛盾的一面。充分就业与经济增长之间的一致性是较大的，因为随着经济增长，会提供更多的就业机会，有利于充分就业。但它们之间也并非没有矛盾，经济增长并非一定能解决就业问题。在现代社会中，经济增长一般以技术进步为前提，技术进步又会引起资本对劳动的替代，而采取资本密集型生产方式,相对地缩小对劳动力的需求,使部分工人尤其是文化技术水平低的工人失业,引起技术性失业。再者,经济增长率越提高、经济结构的变动越大,造成结构性失业的可能性也就越大。

第三,国际收支平衡与充分就业、物价稳定这些国内经济目标之间也存在矛盾。国内充分就业与物价稳定被称为内在均衡,国际收支均衡被称为外在均衡。内在均衡与外在均衡之间往往并不一致。在国内充分就业的情况下,工资与收入水平上升,这就引起对商品的需求增长和短期资本输出增加,从而使国际收支状况恶化。国际收支状况改善使外汇增加,国内货币量增加,从而不利于物价稳定。同时,消除失业的扩张性政策和制止通货膨胀的紧缩性政策都会破坏原来的外在平衡;在前一种情况下,是国际收支赤字增加;在后一种情况下,是国际收支盈余的增加。两者都不是国际收支的均衡。

第四,物价稳定与经济增长之间也存在矛盾。资源未得到充分利用时,经济增长不会引起严重的通货膨胀,但资源接近充分利用时,或某种资源处于制约整个经济发展的"瓶颈"状态时,经济增长就会使生产要素价格上升,从而导致通货膨胀。正因为如此,一些国家在经济增长较为迅速时,往往会出现不同程度的通货膨胀。

要实现既定的经济政策目标,政府运用的各种政策手段必须相互配合,协调一致。否则会带来经济上和政治上的副作用。

此外,还要考虑政策本身的协调和时机的把握问题。上述这些都影响政策的有效性,即关系到政府经济目标实现的可能性和实现的程度。因此,政府在制定经济目标和经济政策时应做整体上的宏观考虑和安排,必须对经济政策目标进行价值判断,权衡轻重缓急和利弊得失,确定目标的实现顺序和目标指数高低,同时使各个目标能有最佳的匹配组合,使所选择和确定的目标体系成为一个和谐的有机整体。在确定政策目标时就不是使每项政策目标都达到最优化,而是使各项政策目标的总和能带来社会福利的最大化。

二、财政政策

财政政策是国家干预经济的主要政策之一。财政政策是指政府为实现宏观经济目标而对政府支出、税收和借债水平所进行的选择,或对政府收入和支出水平所作出的决策。财政政策对经济的干预过程是通过财政制度的自动稳定器功能和斟酌使用的财政政策进行的。

(一) 财政政策工具

1. 政府支出

政府支出按支出方式可以分为政府购买和转移支付两部分。

政府购买是指政府对商品和劳务的购买支出，一定时期内政府购买性支出的规模与结构，对市场物价、产业发展都有重要的调控作用，是决定国民收入大小的主要因素之一，其规模直接影响到社会总需求量的增加。由于政府购买有着商品和劳务的实际交易，直接形成社会需求和社会购买力，因而是国民收入的一个组成部分，作为计入 GDP 的四大需求项目（消费、投资、政府购买和净出口）之一。一般而言，发展中国家社会生产力水平低，基础设施落后，政府财政支出中购买性支出占较大比重。当总需求水平过低时，政府可提高购买水平，如举办公共工程，刺激经济回升；当总需求水平过高时，政府可减少对商品和劳务的需求，降低购买水平，抑制通货膨胀。

政府转移支付是指政府对社会保障支出、财政补贴、债务利息支出及捐赠支出等方面的支出。政府转移支付发生时，政府并不能相应地得到商品与劳务，只是一种单方面的价值转移，整个社会的总收入并没有发生改变，因此，政府转移支付不计入 GDP 中。在经济发达国家，市场发育程度高，社会基础设施比较完善，政府一般不直接参与经济活动，政府支出重点倾向于社会福利支出，因而转移性支出占有较大的比重。在经济衰退，失业增加时，政府应增加社会福利支出，提高转移性支付的水平，从而增加人们的可支配收入和消费支出，刺激经济回升；反之，总需求水平过高，政府应减少转移性支出，从而减少人们的可支配收入和消费支出。

2. 税收

税收是政府收入中最主要的部分，是政府支出的主要资金来源，也是实施财政政策的重要手段。由于政府在经济中发挥越来越重要的作用，因而税收作为提供资金支持的来源，在国民收入中所占的比重也呈上升的趋势。税收具有调节社会经济的作用。政府凭借国家强制力参与社会分配，必然会改变各社会成员在国民收入分配中所占的份额，减少了其可支配的收入。但是这种减少是有差异的，这种利益得失将影响社会成员的经济活动能力和行为，进而对社会经济结构产生影响。一般来说，降低税率，减少税收，可引致社会总需求增长和国民收入增加；提高税率，增加税收会导致社会总需求下降。因此，在需求不足时，可采取减税政策抑制经济衰退；在需求膨胀时，可采取征税措施抑制通货膨胀。政府正好利用这种影响，有目的地对社会经济活动进行引导，从而合理地调整社会经济结构。

3. 公债

公债是国家为了筹措资金而向投资者借入的，承诺在一定时期支付利息和到期还本的债务，它包括中央和地方政府的债务。中央政府的债务被称为国债。公债是政府取得资金的来源之一。从时间长短上划分，可有短期、中期和长期公债三种类型。短期公债的期限在1年以内，短期公债不仅是弥补政府支出大于税收差额的一种筹资方式，也是调节市场上货币供给量的一种政策手段；中期公债的期限通常为1~5年；长期公债的期限为5年以上。中长期公债不像短期公债那样以国库券形式流通，而是以记账凭证形式在市场上流通。公债的发行、流通、使用、偿还在客观上能够起到调节国民收入分配比例、影响社会总供求关系、调节经济运行的作用。公债的发行，既可以筹措财政资金，弥补财政赤字，又可以通过公债发行与在其资金市场上的流动来影响货币的供求，从而调节社会的总需求水平，对经济产生扩张或抑制效应。

（二）财政制度的内在稳定器功能

内在稳定器也称自动稳定器，是在宏观经济不稳定情况下，财政制度自身所具有的能够调节经济波动，维持经济稳定发展的作用。也就是说，财政政策本身存在的无需借助外力就可直接产生调控效果，即能够在经济繁荣时期自动抑制膨胀，在经济衰退时期自动减轻萧条。

1. 累进所得税的自动变化

大多数国家的公司所得税或个人所得税都采用累进税率。累进税率具有调节收入分配实现分配公平的功能。累进税率是把征税对象的数额划分若干等级并设计不同等级的税率，征税对象数额越大的等级，税率越高。采用累进税率时，表现为税收收入的增长快于经济的增长，具有更大的灵活性，有利于自动地调节社会总需求的规模，保持经济的相对稳定。

其具体表现为：当经济繁荣时，随着生产扩大、就业增加，企业和个人的收入随之增加，纳税人的收入自动进入较高的纳税档次，通过累进税率所征收的税额也自动地以更快的速度增加，政府税收上升幅度也会超过收入下降幅度，结果企业和个人的可支配收入的增幅相对较小，使消费和总需求增幅也相对较小，遏制了总需求扩张和经济过热；当经济衰退时，国民产出水平下降，个人收入和企业利润也普遍随之下降，在累进税率不变的条件下，政府税收会自动减少，纳税人的收入会自动进入较低的纳税档次，税收下降幅度也会超过收入下降幅度，企业和居民可支配收入就会自动相对增加，结果消费和投资也自动地相对增加，有助于缓和由于需求紧缩而引发的经济衰退。税收这种因经济变动而自动变化的内在机制具有减轻经济波动和稳定经济的作用。

2. 政府公共支出的自动变化

这里主要是指政府的转移支付的变化，政府的转移支付主要是指政府在失业救济和其他福利方面的支出。在健全的社会福利、社会保障制度下,各种社会福利支出一般会随着经济的繁荣而自动减少,这有助于抑制需求的过度膨胀;也会随着经济的萧条而自动增加,这有助于阻止需求的萎缩,从而促使经济趋于稳定。如果经济衰退,收入水平下降,失业率上升,符合救济条件的人数增加,失业救济金和其他福利转移支付会自动增加,这会遏制消费与投资的下降,有助于缓和衰退的程度;如果经济繁荣,收入水平上升,失业率下降,失业者可重新获得工作机会,失业救济金和其他福利转移支出会自动减少,在总需求接近充分就业水平时,政府就可以停止这种救济性的支出,使总需求不致过旺,有助于缓和通货膨胀。

3. 保持农产品价格稳定的政策

经济萧条时,国民收入下降,农产品价格下降,政府按照农产品价格保护制度,按支持价格收购农产品,可使农民收入和消费保持在一定水平上;经济繁荣时,国民收入水平上升,农产品价格上升,政府减少对农产品的收购并抛售农产品,限制其价格上升,就可抑制农民收入增长,从而减少总需求的增加量。

内在稳定器只能减轻经济波动,其作用是有局限性和辅助性的,而不能完全消除经济波动。因此,它被认为是对付经济波动的第一道防线,而要消除经济波动,必须靠财政政策和货币政策的干预,即变动政府支出、税收和公债发行规模以稳定总需求水平,使之接近物价稳定的充分就业水平。当出现经济衰退,总需求量下降时,政府应通过削减税收、增发公债和增加支出的措施以刺激总需求;当经济高涨,总需求量不断上升时,政府应通过增加税收,减少公债和削减政府支出的措施以抑制总需求。前者称为扩张性财政政策,后者称为紧缩性财政政策。这种交替使用的扩张性和紧缩性财政政策,被称为补偿性财政政策。究竟什么时候采取什么政策,要对经济形势加以分析并斟酌使用。

三、货币政策

中央银行通过控制货币供给量以及通过货币供给量来调节利率,进而影响投资和整个经济以达到一定经济目标的各项措施就是货币政策。货币政策的直接目标是利息率,最终目标是总需求变动。货币政策和财政政策一样,都是宏观经济的重要政策,二者不同之处在于,财政政策直接影响总需求的规模,这种直接作用是没有中间变量的,而货币政策则是通过利率的变动来对总需求发生影响,是间接发挥作用的。所以,一般来说财政政策见效快,而货币政策见效慢。

(一) 货币政策工具

中央银行实施货币政策的一般性政策工具是公开市场业务、再贴现率和法定存款准备金率。

1. 公开市场业务

公开市场业务是中央银行控制货币供给量最重要也是最常用的工具,是指中央银行在公开的金融市场上买进或卖出有价证券,以增加或减少商业银行准备金,从而达到调节货币供给量及利息率的政策工具。在多数发达国家,公开市场操作是中央银行吞吐基础货币、调节货币流动的主要政策工具,通过中央银行与指定交易商进行有价证券和外汇交易,实现货币政策调控目标。

公开市场业务和其他货币政策工具相比具有以下明显的优越性:①灵活性。中央银行利用公开市场业务可以灵活地改变货币供给方向,可以按任何规模进行,既可以大量也可以小量买卖有价证券,从而主动地使货币供给量发生较大的或迅速的变化。②主动性。公开市场业务操作的主动权在中央银行,中央银行可根据经济情况的需要自由决定买卖有价证券的数量、时间和方向,可以通过买卖政府债券把银行准备金控制在自己希望的规模范围内。而且可以及时调整,具有较强的弹性。③前瞻性。中央银行可以根据买进或卖出有价证券的数量,依据货币乘数估计出货币供给量增加或减少了多少,即这一业务对货币供给的影响可以比较准确地预测出来。

中央银行可以根据总需求状况有选择地买进或卖出有价证券。

当经济出现衰退或萧条时,失业因总需求不足而增加,中央银行则买进有价证券,如果出售有价证券的是商业银行,其银行准备金将随中央银行支票的兑付而增加;如果出售政府债券的是社会公众,获得中央银行支票的个人或企业则把支票存入商业银行,增加商业银行的活期存款,商业银行的准备金也会增加。因此,中央银行买进有价证券最终会导致商业银行准备金的增加,商业银行为了自身利益就会扩大信贷规模,在货币乘数的作用下,整个市场的货币供给量将会倍数增加。货币供给量增加会导致利息率下降,投资需求增加,并通过投资乘数的作用引起总需求扩大,引起国民收入、就业及价格水平的相应提高。同时,中央银行买进有价证券,还将导致债券价格上涨,进而引起利息率下降,有利于投资,增加总需求。

2. 再贴现率政策

再贴现是指商业银行或其他金融机构为解决一时资金短缺,将贴现所获得的未到期票据,向中央银行转让的融资行为。再贴现率是中央银行对商业银行及其他金融机构的放款利率。由于商业银行转让的是未到期票据,所以,中央银行要从票面面额中扣除一定的利息作为商业银行的融资代价,利息是按票面面额的一定利率计算的贴现日到票据到期日的利息，计算利息使用的利率就是再贴现利率。再贴现实际上就是商业银行和中央银行之间的票据买卖和资金让渡的过程。再贴现的结果，中央银行买进票据，支付货币，扩大货币供应量，贴现的商业银行融通了一定数量的资金，融通资金的多少则取决于再贴现利率的高低。现在商业银行可以拿客户借款时提供的票据来办理再贴现，也可以用中央银行同意接受的政府债券或经审查合格的商业票据作抵押品申请贷款，相应的贷款利率都称为再贴现率。

中央银行通过调整再贴现率来调节货币供给量的表现是：当经济出现衰退或萧条时，中央银行降低贴现率以鼓励商业银行向中央银行借款。这样商业银行的准备金增加，就可以扩大其信贷规模；同时商业银行的利息率也伴随贴现率的降低而降低，进而刺激投资，提高国民收入水平。当经济出现通货膨胀时，中央银行提高贴现率以限制商业银行向中央银行借款，这样商业银行难以增加准备金就要紧缩信贷，货币供给量减少；同时伴随贴现率的提高，商业银行的利息率也会相应上升，进而抑制投资，降低国民收入和物价水平。

运用再贴现率调节货币供给量并不是一个理想的控制工具，因其本身存在一定的局限性。主要表现在商业银行是否愿意到中央银行申请贴现，或者贴现多少，都是由其自身利益决定的，中央银行处于被动地位。另外，如果再贴现率随时调整，通常会引起市场利率的经常性波动，这会使企业或商业银行无所适从，再贴现率不随时调整，又不利于中央银行灵活地调节市场货币供应量。因此，再贴现政策缺乏弹性。

3. 法定存款准备金率

为了防止商业银行为追求利润而使其保存的现金过少而导致挤兑风波，也为了控制银行贷款的速度和数量，从而控制货币供给量，各国中央银行对商业银行和金融机构吸取的存款，规定一个必须具有的在中央银行的准备金，称为法定存款准备金。中央银行要求的法定存款准备金与银行全部存款的比率叫法定存款准备金率。中央银行调整法定存款准备金率能够直接影响货币供给量，进而调节经济。当经济出现通货膨胀时，中央银行提高法定存款准备金率，以降低商业银行信贷能力，减少经济中货币供给量，进而利息率会上升，达到抑制投资、降低国民收入与物价水平的目的；当经济出现衰退或萧条时，中央银行则降低法定存款准备金率，商业银行产生超额准备金，扩大了商业银行的信贷能力，货币供给量增加，利息率下降，会刺激投资，使经济走出衰退或萧条。

从理论上讲，变动法定存款准备金率是中央银行调整货币存储量的最简单方法，然而中央银行一般不会使用这一手段，因为变动法定存款准备金率的作用十分猛烈。变动法定存款准备金率会使货币供给量成倍地变化，不利于货币供给和经济稳定。同时，中央银行如果频繁地改变法定存款准备金率也不利于它对银行的管理，会使商业银行和所有金融机构因其正常信贷业务受到干扰而感到无所适从。所以，变动法定存款准备金率是一个强有力但又不常用的货币政策工具。

除了以上三种货币政策工具以外，我国还有几种特殊的货币政策工具，包括中央银行再贷款政策、利率政策和汇率政策。

(二) 货币政策的其他工具

货币政策除以上主要工具外，还有一些其他工具作为辅助性措施。这些措施主要有道义劝告、调整法定保证金限额、规定抵押贷款利率的上限和下限。

1. 道义劝告

道义劝告，即中央银行运用自己在金融体系中的特殊地位和威望，通过对商业银行及其他金融机构的劝告，影响其贷款和投资方向，以达到控制信用的目的。如在经济衰退时期，鼓励银行扩大贷款；在通货膨胀时期，劝阻商业银行不要任意扩大信用，也往往收到一定的效果。但这种道义上的说服方法没有可靠的法律地位，因而并不是强有力的控制措施。

2. 调整法定保证金限额

西方国家的证券交易所，对有价证券交易，是可以凭信用买空卖空的。政府为了稳定金融市场和物价，规定购买证券必须支付一定比例的现款，谓之法定保证金。很明显，法定保证金愈高，所需现款愈多，就会压低证券价格，提高利率；反之，如果保证金限额降低，所需现款减少，就会促使证券价格上升，利率下降。

3. 规定抵押贷款利率的上限和下限

抵押贷款是用于购买房屋、土地等不动产的。这种贷款利息率提高，就会限制对房屋等不动产的购买，从而压低社会有效需求；反之，这种贷款利率降低，就会刺激对不动产的购买，提高社会有效需求。因此，政府规定抵押贷款利率的上限和下限，在一定程度上有助于对需求的管理。

四、财政政策与货币政策的配合使用

财政政策与货币政策各有其特点：首先，它们的猛烈程度不同。政府增加支出和调整法定准备金率对经济的影响比较猛烈，而政府税收的改变与公开市场业务操作的影响就比较缓和。其次，政策效应"时滞"不同。财政政策内在时滞长，外在时滞短，货币政策外在时滞长，内在时滞短。再次，政策发生影响的范围不同。每项政策手段都有其发挥作用

的领域。例如，政府支出政策影响面大一些，公开市场业务影响面则小一些。最后，政策阻力因素不同。如增税与减少政府支出的阻力较大，货币政策一般来说遇到的阻力较小。

（一）财政政策的运用

财政政策的运用，主要是通过调整政府财政税收、政府支出以及其他相关财政措施来全面调节影响社会的总需求，从而达到预期的经济目标。因此，根据不同的经济形式，各国的财政政策概括起来有以下几种措施：一是扩张性财政政策；二是紧缩性财政政策；三是平衡性财政政策。

1. 扩张性财政政策

当一国经济处于萧条时期时，社会总需求小于社会总供给，储蓄大于投资，使一部分产品卖不出去，价格下降，市场上资金短缺，利率上升，经济中存在着失业，经济增长速度减慢。这时，政府就应主动采取增加财政支出、减少税收的政策，以增加有效需求。这种积极增加财政支出，使之超过财政收入的政策被称为扩张性财政政策，也叫赤字财政政策。

税收的减少可以增加企业和个人可支配收入，结果导致企业乐于增加投资，居民愿意增加消费，这样社会总需求水平就会上升，从而有助于克服萧条，使经济走出低谷。政府扩大支出包括政府增加公共工程支出、政府购买和转移支付，以增加居民的消费和企业投资，从而刺激总需求的增长，增加就业，同样有助于克服萧条。

这种减税和扩大支出的结果必然引起财政赤字，财政赤字的弥补主要靠发行公债，但公债的发行不一定都能达到刺激需求的目的。如果直接卖给居民和企业，可能会减少居民和企业的消费和投资，结果扩张性财政政策达不到增加社会总需求的目的。如果把公债卖给商业银行，由于商业银行本身资金有限，它们买了公债，就会减少或抽回对企业的贷款，结果也不能扩大总需求。如果政府把公债卖给中央银行，中央银行向政府支付货币，政府就可以用这些货币的准备金，也可以在金融市场上卖出，这样既可以弥补财政赤字，又可以扩大政府支出，从而扩大总需求。扩张性财政政策是一把"双刃剑"，如果公债发行合理适度，并且能够有效地刺激经济恢复和发展，就能达到促进经济增长和扩大就业的目的；反之，就会使经济进一步恶化。

2. 紧缩性财政政策

当一国经济繁荣，存在通货膨胀，经济增长速度过快时，投资大于储蓄，总需求大于总供给，此时政府要用紧缩财政支出和增加税收的办法，使财政收支有盈余，以此来抑制有效需求，稳定物价，这就是紧缩财政政策。

增加税收能够减少企业和个人可支配收入，从而使居民消费和企业投资下降，总需求水平下降，有助于消除通货膨胀。政府减少公共工程支出、政府购买和转移支付能够压低居民的消费和限制企业的投资，以抑制消费和投资，达到抑制总需求、减轻通货膨胀的目的。

紧缩性财政政策是政府多收少支，财政盈余。这时政府不能动用财政盈余，应把财政盈余作为财政部的闲置资金冻结起来，待萧条时再使用，否则会使通货膨胀更加严重。

3. 平衡性财政政策

平衡性财政政策是财政的收支活动对社会总需求既不产生扩张性后果，也不产生紧缩性的后果，也称中性财政政策。这种政策一般是通过严格规定财政收支的预算规模，并使之在数量上保持基本一致来实现的，只有在现实社会总供求基本平衡的条件下使用平衡政策，其效果才较明显。如果财政收入总量与支出总量的平衡是建立在社会生产力严重闲置的基础上的，平衡性财政政策所维持的总供求平衡就是一种低效率的平衡，其结果必然是生产的停滞和资源的浪费。所以，平衡性财政政策能否有效发挥作用的关键，是合理确定财政支出的总规模。

选择哪种类型的财政政策，一般由政府根据本国国情、当时经济运行状况以及国际经济环境来决定。由于一国经济经常处于一种非均衡运行状态，因此，使用中性财政政策是比较少的，较多的是使用扩张性或紧缩性财政政策，而且一般是根据经济的周期变化交替选择使用。

(二) 货币政策的运用

货币政策的类型有三种，即扩张性货币政策、紧缩性货币政策和均衡性货币政策。

1. 扩张性货币政策

在经济萧条时，总需求小于总供给，为了刺激总需求，就要采用扩张性的货币政策；扩张性货币政策的主要措施是在公开市场买进有价证券，降低贴现率并放松贴现条件，降低法定存款准备金率等。其目的是让企业和居民更容易获得生产资金和消费资金，意在通过投资需求和消费需求规模的扩大来增加社会总需求，刺激经济恢复增长，直至达到复苏、繁荣局面。

2. 紧缩性货币政策

在经济繁荣时，总需求大于总供给，为了抑制总需求，就要采用紧缩性的货币政策。

紧缩性货币政策的主要措施是在公开市场卖出有价证券,提高贴现率并严格贴现条件,提高法定存款准备金率等。其目的是减少货币流通量,将过高的社会总需求降下来,缓解通货膨胀的压力。

3. 均衡性货币政策

在社会总供求基本平衡、物价稳定、经济增长以正常速度递增的情况下,中央银行应采取均衡性货币政策,亦即中性货币政策。均衡性货币政策就是按照国内生产总值增长率确定货币供应量增长率,以使货币供应量形成的社会需求与总产出之间保持一种对等的关系。

货币政策类型的选择主要看社会总供给与社会总需求是否平衡,看经济发展处在何种阶段。在确定采用何种类型货币政策之前,一般要预测今后一个时期的经济增长幅度,确定货币供应量的增减幅度并出台相应的货币调控措施。

(三)财政政策和货币政策的配合使用

财政政策和货币政策的搭配对产量和利率会有不同的政策效果。政府可以根据具体情况和不同目标,选择不同的政策组合。同时,财政政策和货币政策中的具体手段也往往有不同的效果。因此在配合使用两种政策时,也要根据经济状况,选择相应的手段。

如果是要刺激总需求,还要看是刺激总需求中的哪一部分。如果是刺激私人投资,最好采用财政政策中的投资补贴;如果要刺激消费,则可以增加转移支付和减少所得税,等等。因此,在选择具体政策手段时,要根据具体的情况,对症下药,政策才能收到最大的效果。同时,政策的选择要考虑具体的政治情况。因为政策的后果往往影响到不同社会群体的利益及不同的经济部门。

第四章 经济管理战略创新

第一节 动态复杂环境下的企业战略敏捷度

一、动态环境下的战略领导力

战略是指导我们行动的一种思维方式,它指引我们在动态的竞争中获胜。作为国际战略领导力知名学者、斯坦福商学院管理学教授、斯坦福高级经理人项目执行主任,伯格曼教授一直致力于研究战略在企业发展过程中的作用、企业内部创业、技术与创新的战略管理等。

(一)用战略眼光看世界

战略是一种心智模式和审视世界的方式。人们总是在思考战略,用战略的眼光来看这个世界。伯格曼教授指出,做一个有战略领导力的领导者,在一个快速变动的环境中特别重要。大胆和勇气是优秀战略家应具备的特点,利用快速、灵活、出其不意的手段,利用和发挥传统力量的优势,并将其变为新的动力,令对手措手不及。

领导者需要用战略来帮助他们的团队和组织获得持续的成功,帮助公司成长。战略领导力就是帮我们定义什么是成功,然后找到识别成功的指标,使之出现双赢的局面,动员整个公司做得更好。伯格曼教授总结出战略领导的四条规则:贯彻战略以把握命运,利用战略中的矛盾,深度同时实施两种不同的战略,管理好战略变化的周期。

一旦作出一个战略决策之后,要再改变这个战略,返回到没有做这个战略之前的状态是非常困难的,所以战略意味着承诺。战略不仅是公司最高领导者的事情,整个组织的各级领导者都需要战略思维,因为战略变革的各种迹象往往最早出现在第一线。美国著名战略管理专家罗伯特·A. 伯格曼(Robert Bergman)教授非常强调文化在战略制定过程中的重要性,认为应该建立战略领导力文化,没有文化的战略毫无力量,没有战略的文化缺少目标，因此成功战略的制定需要与文化进行有机结合。

改变各级领导者的心智领域要分两步走：第一步是识别，有些人迫不及待地希望改变，有些人永远不能改变，还有一类观望者；第二步需要树立榜样，告诉他们成功的案例以激发他们改变的兴趣，对于永远不想改变的人，可能要考虑将其替换掉或者解雇。不同组织的战略决策模式各有特点，大致可分为理性行为者模式、官僚组织模式、内部生态模式和"垃圾桶"模式。伯格曼教授认为，每家企业都是一个均衡的生态环境，战略创新以固定的模式产生，在大多数情况下，是由最高管理层推动大部分创新，但是组织上下各级领导人也在促成创新。这些创新竞争有限的组织资源，以提升自身的相对价值。变化是由组织中的个体或小团队通过各种各样的战略创新，来寻求表现他们的特别技能与改进职业生涯所引起的。

战略领导力能够补充领导者的直觉和愿景，帮助领导者分清竞争中的指向性信号和噪声，从而使其作出正确的战略决策。愿景就是我们想实现的未来，作为领导者，首先要把具有挑战性的愿景有效传达给团队，让他们付出努力去迎接这个挑战。当大家从情感上、理性上都认同这个愿景时，通过挖掘潜能把员工的能力推到极限，并从他们身上反馈到实现愿景的承诺。伯格曼最推崇的一句话是，领导力就是能够使你的下属非常有激情地做他们不愿意做的事情。如果能够达到这一点，就是一个非常成功的领导者。

（二）动态环境与命运选择

罗伯特·伯格曼指出，动态环境一方面是指自然规律，另一方面就是相对于中国的"天时、地利、人和"，总是有一个正确的时间、地点以及做什么样的事情，知道在什么时间做这个事情非常重要。在商业环境比较良好的情况下，领导力的作用不会太突出，而在一个动荡的环境下，领导力强弱会显示出较大差别。一个强有力的领导能更好地处理危机，领导力强的公司有可能把领导力弱的公司兼并掉。

在一个变动的环境中，领导者需要用长远的眼光去确定他们的命运所在，但是为了使公司不断发展并维持对其命运的控制，必须制定相应的游戏规则，使公司能够稳步地向前发展。战略就是实现这一目的的手段。战略使领导者们不仅了解哪种力量影响一家公司在某一时期的成功机遇，也使他们善于利用这些因素来发挥公司的优势。

（三）战略警觉

战略警觉在难以预见未来动态变化的行业中尤为重要。在这些行业中，非常重要的一点就是，要对战略有一种基于直觉的认识，正确理解迅变演化力、先后措施和相应结果之间的关系。这样，当按照前因后果关系采取相应措施，使得公司地位提高、竞争力增强时，领导者们便能清楚地领略到战略的有效性。战略性的警觉会迫使领导者通过各种渠道了解潜在业务的优劣，还能让他们看到何时会有良好的机遇。

将信息转变为一个战略决策，甚至变成战略行动，这就是战略识别。就是说有识别目前情况的能力，而且比别人更早意识到这种现象发生的情况及其变化，并基于这种洞察力而采取行动。

二、动态环境下的企业战略变革

20世纪90年代以来，全球经济环境带给企业的深刻感受是复杂、动态与不确定性。中国企业不仅受到经济体制转轨与经济结构转型的双重约束，还受到以信息技术为核心的知识经济浪潮的冲击。这些都使得企业所面临环境的不确定性更为显现，同时也导致了企业价值转移与范式改变，由此带来了产业升级、战略变革与创新等问题。战略作为协调企业与环境的适应性关系以有效管理不确定性环境的有机系统，在企业环境发生变化时会提出转换或变革原有战略的要求，因而战略变革正是基于环境挑战所作出的一种反应，是企业与变化的环境相结合的产物。在激烈的市场竞争中，只有那些善于改变自己的企业才有可能获取更多的发展机会和生存空间。近年来，战略变革越来越成为中国企业在动态、复杂与快速变化的环境条件下，追求"做强、做大"，成功"二次创业"，增强企业竞争力，追求持续竞争优势过程中不可回避的现实问题。

（一）动态环境下企业战略变革影响因素

战略变革就是企业在经营发展过程中对过去选择的、目前正在实施的战略方向或线路进行的改变。原来选择的战略在实施过程中遇到企业发展的环境发生了重要变化，企业对环境特点的认识产生了变化或企业自身的经营条件与能力发生了变化等情况时，会提出调整要求。不论是何种原因，企业能否及时进行有效的战略调整与变革，都决定着企业在未来市场上的生存和发展水平。战略调整与变革作为企业实施动态战略管理的追踪决策。这种动态战略管理受到企业核心能力、企业家的行为以及企业文化等因素的影响。

1. 企业核心能力

改变、调整或变革企业的经营领域或方向，首先需要分析企业已经形成的核心能力及其利用情况。在竞争市场上，企业为了及时出售自己的产品并不断扩大自己的市场占有份额，必须形成并充分利用某种或某些竞争优势。竞争优势是竞争性市场中企业绩效的核心，是企业相对于竞争对手而言难以甚至无法模仿的某种特点。其目的是不断争取更多的市场用户，同时为顾客创造价值。是什么因素决定了企业能够形成某种竞争优势？我们认为是企业的核心能力。核心能力是组织中的积累性学识，特别是关于如何协调不同的生产技能和有机结合多种技术的学识。从这个意义上说，核心能力不仅超越了企业的产品或服务，而且有可能超越企业内任何业务部门。核心能力的生命力要比任何产品或服务都强。由于核心能力可以促进一系列产品或服务的竞争优势形成，所以能否建立比竞争对手领先的核心能力会对企业的长期发展产生根本性的影响。只有建立并维护核心能力，才能保证企业的长期存续。核心能力是未来产品开发的源泉，是竞争能力的根源。

2. 企业家的行为

作为动态战略管理的追踪决策，战略调整、变革和企业其他类型的决策一样，受到企业家行为特征的影响。甚至可以认为，动态战略管理中的战略调整、变革是企业家行为选择的结果。因为企业是在企业家的领导下从事某种生产经营活动的，企业家的行为选择对企业的绩效和发展起着至关重要的作用。这种作用主要体现在以下方面。首先，企业家的行为选择直接制约着企业的行为选择，企业行为选择不仅是企业家行为选择的直接映照，甚至是企业家行为选择的直接结果，从而直接决定着企业未来的行动是否有意义。企业经营领域与方向的选择或调整从某种意义上说，主要是企业家个人的事，因为在企业进行重大决策的过程中，最终的方案确定主要取决于企业家。其次，企业家的行为不仅影响着员工的行为能否转变成对企业有效的贡献，而且其行为倾向也直接影响着员工对于行为方式和行为力度的选择。企业家对员工的影响要通过日常的直接管理，更多的则是通过塑造一定的企业文化来完成的。企业家行为对企业经营绩效以及战略调整、变革的影响还可以从企业家行为特点对企业行为选择影响的角度来进行分析。企业家行为长期化或短期化的特点会影响企业是强调现有生产经营能力的利用，还是偏重于未来经营能力的再造或创造，从而影响企业的持续发展。企业家的价值观念和行为偏好不仅会影响企业对不同经营领域或方向的评价与选择，而且会影响企业在既定方向下技术路径与水平以及职能活动重点的选择，从而不仅影响企业对市场环境的适应程度，而且影响企业在适应过程中活动的效率。

3. 企业文化

作为企业或企业家行为选择结果的企业战略调整、变革决策必然要受到企业文化的影响。企业文化是企业员工普遍认同的价值观念和行为准则的总和，这些观念和准则的特点可以通过企业及其员工的日常行为而得到表现。因为文化对企业经营业绩、企业成长与发展水平存在着影响是一个不争的事实。其对企业经营业绩以及战略发展的影响主要有：导向功能、激励功能以及协调功能。企业文化影响着企业员工，特别是影响着企业高层管理者的行为选择，从而影响着企业战略调整方向的选择及其组织实施。正是由于这种影响，与企业战略制定或调整和组织实施过程中需要采用的其他工具相比，文化的上述作用的实现不仅是高效率的，而且可能是成本最低、效果持续时间最长的。从这个意义上说，文化是企业战略管理的最为经济的有效手段。

（二）动态环境下战略变革应对对策

在动态环境下，研究企业战略变革的决定因素尤其重要。有学者认为，企业有效推行战略变革其决定因素主要由动态能力、组织学习、持续创新等要素组成。

1. 构建企业动态能力

动态能力是指企业保持或改变其作为战略能力基础能力的能力。能快速进行产品创新且具有整合和配置企业内外部资源的战略管理能力的企业，在全球性的竞争环境中更容易获得成功。由过去静态能力到动态能力，代表了一种战略观的转变。如果说对稀缺资源的控制是利润的源泉，那么诸如技能的获取、知识的管理以及学习就成为根本性的战略问题。因而动态能力成为战略变革的基础和获取竞争优势的源泉。为此，企业动态能力需要通过组织和管理过程、位置以及发展路径这三个关键要素加以构建，来满足战略变革的需要。

2. 建立企业学习力

学习力是学习动力、学习毅力和学习能力的总和，企业员工必须具有较强的学习力，才能比竞争对手学得更快，才能获得持久的竞争力。因为企业唯一持久的战略能力，就是比其竞争对手学习得更快的能力。企业动态战略能力的形成离不开知识的创新、积累、转移和共享。这就要求企业成为一个学习型企业和知识型企业，在不断发展中增加企业的专用性资产和隐性的不可模仿性知识等。在新的竞争时代，光靠雄厚的资源和扩大的规模并不能保证企业在市场中获得生存和发展的机会，学习的能力才是企业突破生存不利格局、实现永续发展的根本，只有重视学习、用心学习，企业才能适应已经发生了重大变化的市场，才能获得持续战略能力。在一个充满不确定性因素的动态环境中，企业获得战略能力的关键在于如何利用所拥有的知识和能以多快的速度获取新知识。现实中企业不能持续发展的原因是企业在学习能力上有缺陷，这种缺陷使企业在环境改变时不能迅速应变，从而严重影响了企业的生存与发展。

3. 企业持续创新

在动态的环境中，如果企业只有一种竞争优势且无力创造新的竞争优势，那么企业将很难生存。在动态环境中，企业要想进行有效的战略变革来获得持续竞争优势，就要求企业能够深刻预见或洞察环境的变化并迅速地作出相应的反应。企业应该立足于持续性的创新，超越其所处环境和市场竞争。通过持续性创新，不断超越自己，从既有的竞争优势迅速地转换到新的竞争优势，超过竞争对手，从而获得基于整体发展的持续竞争优势。真正能够持续的竞争优势，就是没有人可参与或愿参与竞争的优势。

三、塑造企业的战略敏捷度

实现战略敏捷度，必须考虑到三个关键范畴——战略敏锐性、共同承诺制和资源流畅性。这三个范畴相应地要求企业管理团队在企业管理方式上作出三个根本性的转变：首先，需要从以前瞻性驱动的战略规划，向以洞察力驱动的战略敏锐性转变；其次，企业管理团队要在工作方式上变革，从个人独立负责制转向相互依存的共同承诺制；最后，战略要在思维方式和行为方式上进行转变，从资源分配制和所有权制转向资源的共享与利用。这三个转变是企业实现从"战略管理"向"快战略管理"转变的关键所在。

（一）战略敏锐性

在复杂多变的形势下，企业比任何时候都需要战略思维，卓越的前瞻性依然重要，其可以对重大趋势的后果作出预期并辨清可能出现的突破与间断，可以使企业在快速战略博弈中很好地把握时机。但随着不稳定因素的增加，前瞻性必须与战略洞察力互为补充。战略洞察力能够随着事态的发展去感知、分析和认识复杂的战略局势，并随时准备加以利用。

要实现战略敏锐性，首先要实现企业与外界知识交流程度的最大化。由于战略合作与联合试验的最终价值取决于参与者的数量和质量，所以多触角的信息网络十分必要。企业的不同群体要在各个层面上与不同的外部利益关系人保持多维度的互动。主管、战略家、职能专家和部门经理都应积极参与其中，从而形成全面互动的架构。外部联系人包括主要顾客、新型顾客、终端用户、合作伙伴与互补配套商、实力专家与智囊团。

具备了解自己的智慧是实现战略敏锐性的前提条件之一。主管要对企业业务作出恰当界定，既能够准确阐释当前的具体业务及领域，又能够超越它们。同企业当下的业务相比，以更开放的态度来界定业务，会减少企业对当前业务的心理依赖，使之能够快速地介入和退出某一领域。在开发新商机时，企业要根据自身优势来选择，使开发新商机和运作核心业务实现互动。当然，企业还必须珍视新见解和新机遇，消除野心勃勃、不切实际的指标。

促进高质量的内部对话也是实现战略敏锐性的重要一环。可以通过内部咨询师为高级管理者会议和战略决策过程提供丰富的事实性与概念性知识,或者邀请选拔出来的重要专家和高潜质的领导人参加会议,增强认知的多元化。制订人人参与的战略计划,企业就可以针对重大的战略问题,将高质量的内部对话延伸至组织的各个角落。

战略过程的开放性为战略敏锐性奠定了基础,因为其将企业同外界广泛而持续地紧密联系起来。只有深入而广泛地扎根于周边环境,高度的战略警觉性和高质量的内部对话才具有价值。同样,只有通过高质量的内部对话,高度的战略警觉性才能够增进战略敏锐性。高质量的内部对话能够在集体层面构建流程,将个人的洞察力转变为共同的战略向导。

(二) 共同承诺制

共同承诺制是指企业管理团队要同心协力地在战略结构上作出选择。如果高级管理层就关键的战略重新定向或战略不能达成一致的看法,战略敏锐性将毫无意义。

要建立共同承诺制,必须建立四个管理机制:实现组织手段的相互依存性、实现共谋其政、实现企业管理团队的人事变动、建立首席执行官的首位平等制。

企业管理团队应放弃部门过于独立自治的组织原则,根据价值链或工作职能进行组织,使企业管理成员之间实现相互支持。企业可以正式指派企业管理成员负责价值链上的不同步骤或环节(而不是某种业务),决策必须由团队成员共同作出,承诺也必须由大家连带履行。企业要对交叉业务和职能部门的共同职能进行整合,对共同的价值创造逻辑进行整合。企业还可以通过为企业管理团队成员设计和分配各种不同职责来增强相互依赖性,但必须注意平衡担负企业职责的人员之间的权力间距。比如,赋予最小部门的领导最大的企业职责,不但能促使该部门的领导认真对待自己的职责,还有助于抵消较大部门的领导自然积累而成的权力优势。

企业管理团队应从下属部门烦琐的日常工作中解放出来,关注共同的挑战,集中研究影响到多种业务的政策问题,实现共谋其政。企业管理团队要确立明确的目标,正视冲突,保持流畅的对话方式,并能做到择时反思、随机应变。随着建设性对话的开展,企业管理团队的工作能力就会增强。

企业管理团队要及时进行人事变动,这是因为长时间地从事同一工作会导致团队沟通减少,个人热情减退。核心职责轮换制度是一种富有成效的变动机制,通过企业管理成员间的角色转换,可以使每个人的认知丰富而多元化,消除沟通障碍,促进共同承诺制发展。需要注意的是,由于新人容易被传统的思维模式和工作方式所同化,因此个别的变动并不能产生真正的变革。有效的操作方式是先对企业管理团队进行整体拆分，然后一次性更换数人。在人事调整中，要让"老英雄们"体面退出，实现从老领导向新企业管理团队的快速转移。

在企业高层，首席执行官是平衡团队运作与非团队运作差异的最终人物，要倡导首席执行官的首位平等制。在这种制度下，创建一支平等共事的团队，让团队的领导权在成员间动态转移成为可能。公司能实现群策群力，首席执行官也可"垂拱而治"，把更多精力用于思考公司的长期奋斗目标上。

"相互依存"是共同承诺制的基础，其为企业管理成员以团队方式行使职权提供了充分的依据。在企业管理团队人事更替的方式上，首席执行官面向团队的领导风格是改善企业管理团队协作精神的一个关键点。

（三）资源流畅性

资源流畅性是，商机形成时，为之快速重新配置资源的能力。没有资源流畅性，战略敏锐性和共同承诺制就毫无价值。

激活资本资源、激活人力资源、减少经营及市场进入与退出风险、对资源进行发掘和动态评估是实现资源流畅性的四种方法。

企业应弱化组织的森严性，像有机生命体一样，建立进行业务运营的多维组织，建立获取资源的多种渠道，通过多条线分配诸如产品、核心技术、顾客群体等多种资源，实现协作的灵活和快速。多渠道能够让各种力量保持均衡，能使主管提出不同看法，使所有人都能畅所欲言。真正意义的多维组织，结束了管理层所熟悉的双边管理关系。

另外，为了减少部门间的摩擦，多维组织要为关键部门提供一体化的绩效测评标准。统一的绩效测评数据为建设性对话提供了事实依据，让人们能够以不同的观点对同一数据进行比较，实现各部门工作的共时最优化，也就降低了对各个部门逐一优化的成本。多维组织还要将企业经营业绩同资源所有权分开，这意味着不会有任何一个部门和业务领域能够"拥有"经营其业务所需要的全部资源。此外，要激活资本资源，还要建立动态治理机制，通过制订可调整的计划流程和资源分配规则，平衡各部门发展差距，限制对核心业务的过度投入，完成任务和职责的动态配置。

尽管在公开场合主管都会空口高谈员工的发展与流动，但承受着高压的主管们总是很不愿意将自己最好的员工让给其他部门。在现任岗位工作出色的员工，有时也并不想流动。这就需要用新方法激活人力资源，如建立可计量的轮岗指标，或者在公司内部开办开放式就业市场，为个人职业发展潜力和机遇提供可见性等。就小处而言，要保证个体历史纪录和评价的公正性，实现内部人员的合理流动；就大处而言，可以实行人力资源的团体性流动，以保证其"轮换"以后的良好团队协作力，也可事先集中一批资深经理供首席执行官直接调动。

要降低经营风险和市场进入与退出频率，可以通过模块应用来实现。模块化组织结构可以用于创建和复制大型多维组织的小型单位，而且不会丧失全球化透明度和经济规模效益。模块化组织原理也可以应用于个体员工。许多企业目前正将其内联网改变为基于综合性作业和员工管理的网络环境。如果设计合适，这些网络能够把员工同岗位和任务相分离，使员工不受时间和地点的约束在各种岗位上作出卓越贡献。企业也可以摒弃烦琐的部门登记和监管措施，节约管理成本。

对资源进行发掘和动态评估也必不可少，资源的获取与利用不仅仅是资源分配和人员流动的静态问题，更是企业的资源库不断丰富和人才不断发展的动态过程。这就要求企业不断学习并开拓新业务，建立动态资源获取机制，适应瞬息万变的市场环境。

以上各种方法对资源流畅性产生着积极而直接的影响，与战略敏锐性和共同承诺制相反，方法之间不存在既定顺序。但是，模块应用可以增强支撑动态能力和资本资源分配的机制，资本和人力资源之间的流动可以相互强化。

在塑造战略敏捷度的过程中，战略敏锐性、共同承诺制和资源流畅性是三个核心要素。在企业发展过程中，要摆脱"慢公司病"，就需要分析企业所遭受的各种"毒副作用"，打破传统战略思维的束缚。只有让企业"快"起来，才能够更新竞争方式，开创新兴市场。

第二节 战略管理与社会责任

一、企业社会责任概述

进入 21 世纪，经济全球化趋势不断深入，履行社会责任日益成为全球企业的共同义务、挑战和追求。企业社会责任的倡导和研究主体不再局限于学者与企业家，国际组织成为推动企业社会责任理论和实践向前发展的重要力量。联合国与世界银行、欧盟、世界可持续发展工商理事会、世界经济论坛、国际雇主组织、国际标准化组织等都分别从不同角度对企业社会责任进行了定义。

二、竞争优势与社会责任的联系

如今，在政府、媒体和社会活动人士的压力下，企业社会责任已成了各企业领导者义不容辞的重要任务。但是，许多企业的所谓社会责任活动，仅仅是在做一些表面文章。事实上，我们很少看到企业的社会责任活动存在系统性，更不用说有一个战略性框架了。

企业在考虑社会责任问题时，通常会犯两个错误：①把企业和社会对立起来，只考虑两者之间的矛盾，而无视两者之间的相互依存性；②只泛泛地考虑社会责任，而不从切合企业战略的角度来思考该问题。这就导致企业内部的各项社会责任行动好似一盘散沙，既不能带来任何积极的社会影响，也不能增强企业的长期竞争力，造成了企业资源和能力的极大浪费。

没有一家企业会有足够的能力和资源来解决所有的社会问题，它们必须选取和自己的业务有交叉的社会问题来解决。其余的社会问题，则留给其他更有优势的组织来处理，如其他行业的企业、非政府组织或政府机构。而选取标准的关键也不是看某项事业是否崇高，而是看能否有机会创造出共享价值，既有益于社会，也有利于企业。

一些学者提议把影响企业的社会问题分为三类。第一类是普通社会问题，这些问题虽然对社会有重要意义，但是既不受企业运营的明显影响，也不影响企业的长期竞争力。第二类是价值链主导型社会问题，这些问题会受到企业经营活动的显著影响。第三类是竞争环境主导型社会问题，这些存在于企业外部运营环境中的问题会对企业竞争驱动力造成重大影响。某个社会问题具体归属于哪个类别，会因业务单元、所处行业和经营地点而异。

企业的社会责任可以分为两类：一类是反应型的；另一类是战略型的。反应型企业社会责任又分为两种形式：①做一个良好的企业公民，参与解决普通社会问题，如进行公益性捐助；②减轻企业价值链活动对社会造成的损害，如妥善处理排放的废物。战略型社会责任，是寻找能为企业和社会创造共享价值的机会，其包括价值链上的创新和竞争环境的投资。另外，企业还应在自己的核心价值主张中考虑社会利益，使社会影响成为企业战略的一个组成部分。

履行反应型社会责任虽然能给企业带来竞争优势，但这种优势通常很难持久。只有通过战略性地承担社会责任，企业才能对社会施以最大的积极影响，同时收获最丰厚的商业利益。企业承担社会责任不仅仅是要避免作出危害社会的事，也不应该只包括向当地慈善机构捐款、为救灾工作出力，或者救济社会贫困人口。诚然，这些贡献都非常有价值，但企业社会责任中最重要的任务，就是要在运营活动和竞争环境的社会因素这两者之间找到共享价值，从而不仅促进经济和社会发展，也改变企业和社会对彼此的偏见。

把承担社会责任看作创造共享价值的机会，而非单纯的危害控制或者公关活动，这需要我们具备全新的思维方式。不过我们相信，未来企业社会责任对于企业的成功将起到越来越重要的作用。

三、企业社会责任与战略目标管理的融合

社会的发展和激烈的竞争使得企业承担社会责任成为大势所趋。既然不得不面对，莫不如主动部署。但如果不考虑企业战略目标，企业社会责任（CSR）又会变成企业的经济负担，还可能引发矛盾，造成资源浪费。

要让CSR既有利于社会和谐发展，又能为企业持续发展服务，就要实现CSR实践与企业战略目标相结合，即将CSR与企业战略目标进行管理融合。这一发展看似简单，却要求企业实现从"被动地做好事"到"主动地去融合"的巨大跨越。

所谓CSR与企业战略目标管理融合，即将CSR纳入企业长期发展战略中来，使其成为独具企业特色的企业竞争力的提升器，为企业战略目标的实现和企业的长期稳定发展服务。依据科学管理原理，我们构建了CSR与企业战略目标管理融合的分析过程、设计过程、执行过程和控制过程。这四个过程又分别由对应的CSR战略管理工作和企业战略目标协调管理工作构成，两者的深入融合和循环推进共同构成了CSR与企业战略目标管理融合的过程。

（一）企业社会责任与企业战略目标管理融合分析

传统的企业社会责任的履行是离散的，即使具有一定连续性也不是企业规划的结果，自然不涉及CSR战略管理的问题。当企业要改变这种被动状况时，首先要进行的工作就是CSR与企业战略目标管理融合分析。对于某家企业来说，在现有的CSR主题中，有些适合、有些不适合，在适合发展的主题中，又有优劣的选择。CSR与企业战略目标管理融合的目的，自然是优中选优，选择最有利于企业持续发展的主题项目。

因此，企业首先要对普遍关注的社会问题进行深入理解，认清问题的本质，并在此基础上将林林总总的社会问题从某一角度进行分类。分类类型要与企业的产业类型、行业特征以及产品特点相联系，以便于企业依据上述特征在社会问题库中进行选择。企业在确定CSR主题前，还要进行可行性分析。在此环节中企业要理性审视企业使命、企业宗旨、企业战略等企业定位的体现要素，综合分析企业资源、运作能力等企业能力的体现要素，客

观描述企业规模、企业成长阶段、企业性质、企业文化等企业特征的体现要素，寻找企业利益与社会利益共赢的和谐区间，选择能有效推动企业发展和社会进步的相关主题。

（二）企业社会责任与企业战略目标管理融合设计

传统的企业社会责任带有一定的政治色彩，缺乏统一设计，从长期看来不具有整体性，也有很多是危机应对式的反应，企业自行设计的成分极少。如果只考虑对企业战略目标实现的支撑性，第一步的备选主题都是优秀的，但若作为一个投资项目来说，还是存在优劣之分的。因此，企业要在前述工作的基础上进一步选择相对最优的CSR投资主题，并将其纳入现有的战略规划中。

实际上，本环节中的CSR主题选择过程与一般投资项目的选择类似，即对CSR主题实施的主题背景、预计成本、预计收益、实施难度、实施风险以及实施成功率进行分析和对比，以科学有效地确定能最大限度地支撑企业战略目标实现、推动企业持续稳定发展的CSR主题。由于该工作处于战略层次，其中的定性分析和定量数据难以细化到较为具体的层面上，因此足以支撑选择结果即可。之后，要在现有的战略规划中添加CSR主题实施的战略规划，使其有利于企业阶段性目标和企业长期目标的实现。

CSR与企业战略目标管理融合设计是企业能否将CSR实践与企业的战略目标进行良好融合的关键环节。如果把CSR活动看作一个普通的投资项目，该过程就是在一系列适合企业投资的优秀项目中，选择一定风险程度下投资收益率相对较高的项目，并将其列入企业的长期发展规划。只有将社会责任问题纳入长期发展规划，企业才能将CSR对企业战略目标的影响提升到战略层次，从企业的资源分配和经营管理的各个环节对CSR进行统一设计，确保CSR和企业战略目标的深度融合，使CSR在最大程度上为企业战略目标实现服务。

（三）企业社会责任与企业战略目标管理融合执行

传统的企业社会责任活动，有些也包含策划的成分，但由于整体性和一致性较差，在活动方式、合作对象的选择方面缺乏科学性，基于持续发展的CSR与企业战略目标管理融合的执行过程则有效地保证了其实施的系统性。该阶段要对选定的CSR主题进行细化分解，进行活动方式的匹配和合作对象的选择，最后进行活动实施。与此同时做好企业资源的重新分配与调整工作，以及与正常经营活动的协调和配合。

该环节中主题的细化和分解，就是制定一系列支撑CSR战略的具体方案，并为其设定明确、可测量的目标。对于CSR活动的方式，企业社会责任活动的五种选择：企业的公益事业宣传、公益事业关联营销、企业的社会营销、企业的慈善行为以及对社会负责的商业实践。CSR 活动往往与其他非政府组织联合实施，合作对象的合理选择有利于企业通过 CSR 创造良好的企业效益和社会效益，并在社会舆论面前把握主动权。

（四）企业社会责任与企业战略目标管理融合控制

传统的企业在从事社会责任活动时，因为随意性很强，很少对实施过程和实施效果进行有计划的跟踪、控制与评估。而对于已逐渐演化为一种投资工具的 CSR 实践来说，对其实施过程和作用效果进行有效控制，不仅有利于阶段性目标的如期实现，更有利于将来的活动改善。并且在此过程中，企业应该遵循与控制商业投资一样严格的原则，以进行社会投资的视角对 CSR 项目进行过程控制和结果验收。

该环节的工作主要包括四个方面：①对 CSR 项目的实施过程和社会反应进行监控与评估，以有利于计划方案的有效实施，并对 CSR 造成的社会效果进行评估；②对 CSR 主题参与的管理过程进行实时监控并进行动态调整，以有利于及时调整管理方案；③对企业的正常经营活动进行实时监控，以有利于对 CSR 造成的企业效果进行评估，并对难以预见的负面影响进行及时控制；④对企业关键绩效指标进行实时监控和阶段性评估，以有利于定量评价 CSR 对企业业绩造成的影响。

CSR 与企业战略目标管理融合控制，对 CSR 实践能够在多大程度上支撑企业战略目标实现起着至关重要的作用。所谓控制就是对企业活动进行监控，以确保其能够依照计划的各项要求完成，并对任何偏离原有目标的重要活动进行纠正。由此可见，CSR 与企业战略目标管理融合控制的最终目的是实现 CSR 与企业战略目标的深度融合，确保 CSR 为企业战略目标实现服务，而非简单地对实施效果进行事后评价。发现存在问题、制定应对策略、提出改进建议是该过程中更重要的工作。

综上所述，基于持续发展的 CSR 与企业战略目标管理融合，将以往被视为善举的社会责任纳入企业长期发展战略中来，将对社会责任和企业目标的战略管理工作有机结合起来。从 CSR 实践的分析、设计、执行和控制等管理环节，实现对企业战略目标的有效支撑，解决了 CSR 承担与企业战略目标实现之间的矛盾。使得企业既以实际行动回应了社会的需求和公众的期望，又获得一种有效的管理策略来推动企业战略目标的实现。

第三节　长尾战略与跨界竞争战略

一、长尾战略

（一）长尾战略的优势

1. 长尾产品需求的范围经济效应

首先，效用与需求的同向依赖关系决定需求曲线向右下方倾斜。需求曲线向右下方倾斜是经济学的基本假设之一，其意指需求量与价格负相关。长尾理论通过摆脱现有市场中与对手的竞争和博弈，在现有产业之外开创蕴含庞大需求的利基市场空间，进入全新的领域。商品或服务所蕴含的效用价值成为影响需求的决定性因素，价格为次要因素。换句话说，在长尾利基市场里，消费者更多关心的是效用价值，而不是价格。

其次，范围经济属于特殊形式的长尾经济，但长尾经济却不完全等于范围经济。长尾经济专注于各种不同的消费需求，不是瞄准现有市场"高端"或"低端"顾客，而是面向大热门市场之外的潜在需求的买方大众。通过细分市场以及专注区分消费者的差别来满足其偏好，致力于大多数客户的个性化需求。最后通过整合细分市场，整合不同消费者需求的共同之处来重新定义自己的产品。与范围经济相比，长尾的"范围经济"不限于同一企业内部，可以是产业集群，也可以是非地域性的全球协作。长尾经济甚至可以不是范围经济，而是差异化经济、个性化经济、创意经济等异质性的经济。

最后，引导用户去探索，通过用户的个性化需求拉动产品消费。长尾理论通过在大众化产品之外提供众多的个性化定制，从而做到区别对待每一位客户，这就是推动型模式与拉动型模式之间、广泛性与个性之间的差别。如推荐是娱乐业一种非常有效的市场营销手段，其使得那些低成本电影和非主流音乐能够找到自己的观众群。推荐能让消费者得到性价比更高、更准确的其他产品信息，激发他们进一步探索的兴趣，从而创造出一个更大的娱乐市场。

2. 长尾产品供给的规模经济效应

（1）长尾产品是向右下方倾斜的供给曲线

一般产品的供给曲线都是朝右上方倾斜的，供给量与产品价格呈同向关系。长尾理论认为价格已经从第一位的影响因素退化为次要因素,并被成本取而代之,生产者更关心的是产品成本的多与少,而不是价格的高与低。成本越低,则供给越多;反之,成本越高则供给越少,两者呈反向背离关系。

(2) 长尾产品供给的正向回馈经济效应

传统的大规模生产,是生产方规模经济,是一种负向回馈经济,是一种牛顿式的制衡系统,是通过价格调整来恢复平衡的机制。长尾经济中则是一种达尔文式的制衡系统。当需求增加时,生产将具有更高的效率及更高的报酬,效率的提高导致价格下降,从而创造了更大的需求,更大的需求又创造更多的供给,这是一种正向回馈经济。正反馈与正外部性是需求方规模经济的基础,正反馈从需求角度理解就是需求曲线向右上方倾斜,即消费越多需求越大。

(3) 长尾理论个性化、差异化产品供给下的规模效应

传统经济理论认为,提高经济效益的根本途径是"规模经济"效应,即扩大生产规模,优化资源的配置,降低产品单位成本,扩大市场所占份额,然而市场达到一定规模后,边际成本呈递增态势。长尾理论向产品供应商灌输了这样一个理念,即在消费需求日益多样化的今天,应当重视消费者的个性化、差异化需求,并在低成本生产、渠道营销和有效传播方面加大力度满足这个需求。一方面要满足消费者个性化需求;另一方面要思考如何实现企业的经济增长,降低成本。

(二) 长尾战略在中小企业中的应用

1. 对企业客户群体的细分

传统的"二八定律"在企业市场营销中将主要精力集中在"二"上,而鲜少关注另外的"八",这显然是"丢了西瓜捡了芝麻",而长尾理论的提出是对企业的市场定位进行一次重新洗牌。为什么企业要更关注"八"呢?因为在存储和流通空间足够大的时候,更多的大众对象就像一片很广阔的分散的区域,如果可以把握这一块区域,收获将不一定比集中的区域少。长尾理论是基于信息技术兴起所带来的信息流储存、交流成本的急剧降低所形成的一种新的理念,为企业提供了新思路。

首先,企业对于市场需要重新细分,根据不同客户群体间的需求差异划分不同的市场,如可以划分为普通消费群体、贵宾消费群体、中低端消费群体、高端消费群体。其次,选择针对每一不同的消费群体开发一种适用的产品。最后,企业依据自身的情况选择服务于其中的一个或少数几个细分市场或利基市场。为不同的细分市场提供多种不同产品的企业可以更好地满足广泛的顾客需求。由此产生的结果则是,如果它对产品进行了正确

的定价，顾客需求将会上升，来自整个市场的收入比只生产一种产品时更多。

2. 对企业顾客关系有力的辅助

在现实的顾客关系管理过程中，除了与企业具体营销业务本身的成熟度有关外，还与企业所从事的具体营销业务所处的竞争环境相关。尤其是中小企业受到资源的限制，所获得的信息明显不对称，那么此时选择长尾理论无疑是扬长避短，中小企业可以以顾客数量为突破口，抓住顾客关系中占多数的"八"。

市场越接近于完全竞争状态，越要重视大多数包含中小顾客的利基市场。随着全球经济市场化程度的不断加深，长尾理论在顾客关系管理中起着越来越重要的作用。在具体的顾客关系管理中要求中小企业审时度势、抓大放小，短期内抓住重点，重视单个顾客业务的绝对数量以及大量中小顾客的利基市场，把服务做到最细微处。这要求企业不仅有充分的逆向思考的管理思想，更重要的是还应具有与实现这种管理逻辑相匹配的服务能力。

3. 对企业市场营销的重新定位

在网络经济下，由于技术、资源等诸多原因，中小企业在热门、大众市场的竞争中明显处弱势地位，无法与大企业抗衡。而热门市场的过分拥挤将导致产品的滞销以及市场的消亡。另外，在富足经济状态下，少数的大众主流产品不能满足消费者个性化的需求，大量利用市场生产的非主流、热门产品正走向消费者。

在传统工业经济下，由于行业供给未达到饱和，企业可以集中全部资源开发"热门市场"。但目前随着技术的发展，市场的供给日益饱和，企业的生产能力开始过剩，所谓的"热门市场""热门产品"变得并不"热门"，市场价值潜力渐失。相反，长尾市场在新的商务运营环境中的潜力日益凸显，因此开发长尾市场在中小企业的市场营销定位中显得尤为重要。

4. 推进企业信息化技术的应用

长尾市场具有的边缘化、小规模等特性都非常符合当前市场上中小企业及其产品的特征。中小企业由于其自身的劣势，要想抗击大企业，必须采用信息化技术帮助企业更快地掌握市场动态。同时，今天的信息技术使得企业之间可以较低的成本快速地传递信息，在某种程度上，这意味着过去的高度集中变得没有那么必要，企业可以选择专注于自己所擅长的领域与环节。所以，从这一点上看，大量的专业化的小企业会诞生。另外，长尾理论也促进了中小企业的信息化应用发展。

二、跨界竞争战略

(一) 跨界是个伪命题

跨界不可避免，人类商业史就是一部跨界史。跨界是企业成长的路径。作为市场竞争主体，企业经营只有三种结果：倒闭、立足本行业，以及做大做强并跨界渗透到其他行业。

1. 跨界现象

跨界给我们的常规印象似乎是无章可循的。从地产、采矿、食品、电影到金融，如今几乎每个行业都在上演着跨界与被跨界的大戏；从商业大佬、影视明星到创业大咖，几乎每个阶层都有经典的故事脚本。跨界已经成为一种潮流、一种时尚，甚至是一种生活方式。

随着各路"英雄"跨界搏杀的不断升级，跨界已经成为社会各界讨论、炒作和消费的焦点，关于跨界的争论也甚嚣尘上，而跨界给商界带来的焦虑感也越发强烈。跨界的内在逻辑是什么？跨界与互联网时代有无必然联系？同样是跨界，为什么有的人硕果累累，有的人却伤痕累累？在跨界与不跨界之间如何抉择？怎么建立跨界思维，从而在跨界竞争中赢得生存？总之，关于跨界的思考纷纷扰扰。

2. 跨界逻辑

破解跨界谜题的第一步是理清跨界乱象背后的逻辑。其实，当跨界成为常态，跨界就成为一个伪命题。其主要有以下两个理由。

(1) 跨界的实质是颠覆和创新

创新有两种：一种是层累式创新；另一种是破坏性创新。前者是在组织内部，按照既定的范式进行结构的完善和功能的拓展。瓦特改进蒸汽机就是一个典型的例子，瓦特并没有颠覆蒸汽机技术本身，而是在性能方面进行微创新，从而使之更容易推广。从蒸汽时代跨入电气时代则是典型的破坏性创新，即拆除了蒸汽机，创造了发动机和内燃机。

(2) 跨界是自由市场的天性

市场的"天性"来自所有公民的"人性"，用西方的话语来说，就是制度源自人性。如果市场是自由的，那么市场就没有边界，只有竞争壁垒。市场就是一个优胜劣汰的丛林世界，任何企业要想在市场中获得生存和发展就必须建立竞争壁垒，包括特许经营权（垄断地位）、技术壁垒、商业模式壁垒和资源壁垒（信息、规模、用户、渠道、基础设施）

等。然而只要是自由的非强权的竞争,任何壁垒都会被打破,尤其是那些资源配置效率较低的行业(国有垄断企业),跨界是自由市场的天性。

3. 互联网时代的跨界

互联网行业的跨界合作趋势正日益明显,不同领域之间展开的合作为企业带来了更多的机遇和发展空间。通过跨界合作,企业可以实现资源整合和优势互补,创造出更多创新的商业模式和服务方式。随着互联网技术的不断发展,互联网行业的跨界合作还将呈现出更广阔的前景和市场空间。互联网行业的跨界合作趋势将继续推动各个行业的创新和升级。

(二)从跨界到无界

1. 建立跨界思维

什么是跨界思维呢?用互联网的思维做手机,这就是跨界思维;用互联网的思维做金融,也是跨界思维;用媒体的思维做商业,也是跨界思维。跨界思维的核心是颠覆性创新,且往往来源于行业之外的边缘性创新,因此要跳出行业看行业,建立系统的、交叉的思维方式。

(1)跨学科

用不同学科的知识来思考一个具体实践应用问题。成功地研发和推广一部手机,需要哪一个学科的知识?答案是,所有学科。哲学家维特根斯坦(Wittgenstein)强调,事实大于知识。

(2)偶然性

人类历史的发生、发展是偶然的。人类历史首先充满了诸多事故,然后才有诸多故事。

(3)边缘性

人们不需要重新发明轮子,但可以发明汽车。从知识论上看,知识需要传承和创新,而且往往发生在不同学科的交界处。边缘性既强调了跨界,也强调了传承,就是"二生三,三生万物"。

互联网作为新技术革命的核心技术,已经在很大程度上重塑了人类的经济、社会、文化和技术的形态,从某种意义上来说网络就是社会、网络就是世界、网络就是未来。因此跨界思维在某种意义上就是互联网思维。建立跨界思维,要学会以用户思维、简约思维、迭代思维、免费思维、社会化思维、大数据思维、平台思维等互联网思维来分析和思考问题。

2. 边界是时空概念

跨界是一种时空概念，从某种程度上来说边界是企业和行业在某个发展阶段所抵达的时空范围，它会随着时空的推进而改变，而非一成不变的。企业应建立跨界思维，并完善跨界发展规划，在不同发展阶段做不同的事。例如，随着互联网的出现，无时间的空间（异步创新、异步创作）和无空间的时间（即时通信）都出现了。

企业实现跨界发展最核心的是要植入跨界基因。传统企业跨界发展成为互联网化企业需要植入互联网基因，或者用互联网基因改造传统基因，改造要从企业的领导者做起。

3. 心中无界，方能跨界

跨界是人类心智对企业时空边界的洞见和理解。跨界不仅仅需要超越行业的樊篱、偏见，也要超越人类自身思维的时空局限性。因此，要做到心中无界，方能跨界。

心中无界意味着跳出行业的边界看行业，意味着要用时空的观念理解跨界，意味着要用合作、共赢、创新的理念打破一切现存的守成、封闭、独占等思想观念，拆除妨碍自由竞争和公平交易的行政干预、信息不对称、不正当竞争等壁垒，使资源在市场中得到最优配置。

第四节　大数据战略与模块化战略

一、大数据战略

（一）传统战略思维回顾

战略思维是指企业决策者摆脱日常管理事务，获得对组织不同愿景规划以及环境变化的认识。战略思维的本质是企业决策者关于企业战略的决策思维，关系到企业战略决策的成败。战略思维的形成，始于战略决策者对企业及其所处的客观环境的认知。企业战略思维形成的认知要素，在不同发展阶段具有不同的侧重点。

（二）大数据对传统战略思维的影响

1. 对"以资源为本"战略思维的影响

企业的组织能力、资源和知识的积累，是企业获得并保持竞争优势的关键。企业是一系列资源的集合，企业所控制的有价值的、稀缺的、不可模仿的、不可替代的资源和能力，是企业获得持续竞争优势的关键。企业提供产品或服务的特殊能力是基于其核心能力的，企业核心竞争力是企业可持续竞争优势的来源。不应将企业看作不同资源配置下的不同业务组合，而应将企业看作隐藏于业务组合背后的、更深层次的核心能力的组合。企业只有基于所拥有的资源而不断构建、培育和巩固其核心能力，才能获得可持续的竞争地位。基于核心能力的战略思维，实质上是以资源为本的战略思维模式的扩展和动态化，虽然两者存在差异，但都强调竞争优势的内生性。在以资源为本的战略思维指导下，企业决策者越加重视企业是否拥有不同于竞争者的独特资源，是否具有超越竞争对手的核心能力。

掌握庞大的顾客信息数据，通过创建网络社区等方式与顾客进行实时互动，收集顾客想法、意见并给予及时回应，不断地满足顾客的不同需求，是小米公司快速成长的主要因素。可见，拥有和利用大数据，能够让现代企业获得竞争优势并快速成长。获取大数据和利用大数据创造价值，成为新经济环境下"以资源为本"战略思维需要关注的内容。

一些传统企业缺乏获取并利用大数据的战略思维，导致其在新的竞争环境中失掉了原有的竞争优势。以传统零售行业为例，很多零售企业的结账平台仅用于记录不同货物的销售量、销售金额等信息，缺乏对购买者信息的收集、分析与利用。又如，许多零售门店的监控摄像头仅用来防范偷窃，而不是用来记录顾客信息、分析顾客心理与行为的。万宝龙公司就曾利用监视录像记录进店顾客的不同表现，然后让有经验的销售人员分析和判断，并将相关的知识体系制成软件，协助一线销售人员进行销售，使一线销售人员知晓什么时候该与顾客攀谈，什么时候让顾客自己挑选等，结果使单个门店的销售额提升了20%以上。

在大数据背景下，企业与外界环境之间的边界日益模糊，信息共享和知识溢出成为企业与利益相关者之间合作竞争和协同演化的主要方式。在这样的竞争背景下，信息和知识成为企业管理中的重要生产要素，也是决定企业创新力的关键。基于大数据平台与外界建立社会网络，从外界获取有价值的信息，是企业获得竞争优势的关键。因此，重视大数据这种战略资源，积极获取、利用这种战略资源以获得竞争优势，是"以资源为本"战略思维需要拓展的重心。

2. 对"以竞争为本"战略思维的影响

"以竞争为本"战略思维的产生，源于20世纪80年代提出的竞争战略理论。在该理论的指导下，竞争成为企业战略思维的出发点。竞争战略理论认为，行业的盈利潜力决定了企业的盈利水平，而决定行业盈利潜力的是行业的竞争强度和行业背后的结构性因素。

因此，产业结构分析是建立竞争战略的基础，理解产业结构永远是战略分析的起点。企业在战略制定时重点分析的是产业特点和结构，特别是通过深入分析潜在进入者、替代品威胁、产业内部竞争强度、供应商讨价还价能力、顾客讨价还价能力五种竞争力量，来识别、评估和选择适合的竞争战略，如低成本、差异化和集中化竞争战略。在这种战略理论的指引下，企业决策者会逐渐形成"企业成功的关键在于选择发展前景良好的行业"的战略思维。

伴随着大数据时代的到来，产业融合与细分协同演化的趋势日益呈现。一方面，传统上不相干的行业之间，通过大数据技术有了内在关联。另一方面，在大数据时代，企业与外界之间的交互更加密切和频繁，企业竞争变得异常激烈，广泛而清晰地对大数据进行挖掘和细分，找到企业在垂直业务领域的机会，已经成为企业脱颖而出、形成竞争优势的重要方式。在大数据时代，产业环境发生深刻变革，改变了企业对外部资源需求的内容和方式，同时也改变了价值创造、价值传递的方式和路径。因此，企业需要对行业结构，即潜在竞争者、供应商、替代品、顾客、行业内部竞争等力量进行重新审视，进而制定适应大数据时代的竞争战略。

3. 对"以顾客为本"战略思维的影响

伴随着20世纪90年代产业环境动态化、顾客需求个性化等发展趋势，以顾客为本的战略思维模式逐渐形成。这种思维模式的核心是，强调企业的发展必须以顾客为中心，无论是增强自身能力还是拓展市场，都要围绕顾客需求展开。研究顾客需求、满足顾客需求是这种战略模式的出发点。在这种战略理念的指引下，企业决策者意识到，要想获得竞争优势，就要比竞争者更好地发掘并满足顾客需要，创造独特的顾客价值。

在大数据时代，"以顾客为本"的战略思维也需要有新的变革。围绕顾客需求和企业的产品价值链，大数据时代的一个突出特点是社会互动的深刻影响。从新产品开发、测试到新产品的投放，社会互动都扮演着日益重要的角色。

关于大数据时代顾客价值创造方式分析的一个共同特点是，价值创造的主体变得模糊，社会互动日益突出。传统的"以顾客为本"的战略思维，强调的是企业需要洞察市场、洞察顾客需求，进而设计新产品或改进已有产品，满足顾客需求并创造价值。大数据技术的发展，使社会互动能够被观察和有效控制。因此，大数据对"以顾客为本"战略思维的影响，主要表现在重视企业和利益相关者的社会互动上，如同供应商互动设计更好的零部件，同顾客互动设计新产品、测试新产品、推销新产品。企业与利益相关者的互动，会以更高的性价比创造价值，满足顾客需求，从而获得竞争优势。

(三) 大数据时代战略思维的主要特征

在互联网时代，人们经常讨论怎样用互联网的方式思考，以及如何形成互联网的思考方式。在大数据时代，应该有大数据的思维方式。大数据时代的"大数据战略思维"特征主要表现为定量、跨界、执行和怀疑。

1. 定量思维

定量思维是指"一切都可测量"。虽然现实经营管理的情况不是都可以测量的，但是企业决策者要持有这样的理念。例如，现在很多餐饮连锁企业都有消费会员卡，但是一般只记录顾客的消费金额，关于顾客消费什么则并没有记录。如果有了这样的记录，每个顾客来消费时，就不仅可以判断他的消费水平，也能分析他的消费偏好。管理者如果具备定量思维，秉承一切都可测的思想，记录有用的顾客信息，将会对企业的经营和战略决策产生积极作用。

引领企业实现大数据转型的企业决策者，在进行企业重要决策时，应该养成看"数据怎么说"的思维习惯。参考数据分析结果进行管理决策，既能有效避免仅凭直觉判断的不足和风险，也能改变企业内部的决策文化，将企业经营模式从依靠"劳动生产率"转移到依靠"知识生产率"上来。

2. 跨界思维

跨界思维是指"一切都有关联"。企业经营的各方面之间都有相关性，应该发挥企业决策者的想象力，将看似不相干的事物联系起来。例如，移动终端和PC终端的跨界，微信、社交网络跟电子商务的跨界。通过跨界能够开创新的商业模式，构建新的价值链。

如果说通过大数据挖掘消费者需求考验的是企业的洞察力，那么高效地满足客户需求考验的就是企业内在的整合与优化能力。企业要想获得价值最大化，就要善于利用大数据提升价值链的效率，对其商业模式、业务流程、组织架构、生产体系等进行跨界整合，以进一步提升为客户服务的效率和企业竞争力。基于大数据的思维不仅可以提升企业的内在效率，还能帮助企业重新思考商业社会的需求，从而推动自身业务的转型，重构新的价值链。

3. 执行思维

执行思维是指"一切都可利用"。执行思维强调充分地发掘、利用大数据。企业收集了大量的数据，但存放着不利用属于资源浪费。企业应该注重实效，将大数据蕴含的市场信息发掘出来，并执行下去，及时对市场和利益相关者作出反应。在大数据时代取得成功的企业,并不是简单地拥有大数据,而是通过对大数据的分析,发现市场机会,从而开发新的市场。企业依托大数据分析获得的创意,为市场提供相当独特的产品和服务,通过高效的组织运作与执行,最终赢得顾客、赢得市场。

4. 怀疑思维

怀疑思维是指"一切都可试验"。企业获取了大数据,进行分析获取一定信息之后,有时会导致决策产生更大的偏差。有了数据的支持就觉得实际情况就是如此,从而忽略了深入的思考。实际上,有的时候数据会产生误导,所以不能对数据有盲从的思想,相应的还要有怀疑与试验的思想。

在大数据时代,消费者的决策方式、购买行为等发生了显著变化。为此,企业经营管理过程中的战略思维应该进行变革。一方面,要对传统以资源、竞争和顾客为本的战略思维进行升级拓展;另一方面,要发展并形成全新的大数据思维。

企业的战略思维涉及企业管理的最高层次,关乎企业的生存与发展前景。当代企业决策者要想获得商业成功,要构筑百年基业,就要具备大数据时代的战略思维。许多成功企业的经验证明,正是企业领导层具有大数据时代的战略思维,引领企业开创了新的商业模式、新的价值创造方式,更好地为顾客、为社会创造了价值,才最终成就了企业的爆发式增长。因此,升级传统战略思维,构建大数据战略思维,开展体现大数据时代思维特征的战略管理工作,是企业可持续发展的重要条件。

二、模块化战略

(一) 模块化战略管理

模块化不仅是一种创新方法,也是一种战略手段,其孕育着三类战略管理手段:模块化引导战略、模块化控制战略以及模块化匹配战略。模块化贯穿于设计和制造全过程,模块化的发展动力根源于设计、制造和消费各自的内部领域以及三者之间的战略互动。

1. 模块化引导战略

(1) 市场价值引导战略

①模块化结构与模块试验、创新相互促进。"结构价值""试验价值"和"创新价值"共同作用,只要结构、试验或模块任何一个发生变化,整体价值就应重新评估。

②"结构价值""试验价值"和"创新价值"各自动态效应递减单从模块化结构看,二模块、三模块、四模块、五模块和六模块分别提升系统价值41%、22%、15%、12%和

10%；单从模块试验看，二次试验、三次试验、四次试验和五次试验分别提升价值71%、30%、18%和10%；单从模块创新看，设计创新和产品复杂性尽管可提高价值，但越复杂的产品其创新也越艰难。

③只有模块化设计师才能实施市场价值引导战略。模块化结构本身提升系统价值有限，最终阻碍模块化发展，因此，必须实行开放性设计；模块设计本身提升系统价值也有限，最终阻碍模块化发展，因此，必须推动结构模块化；模块化不仅激励知识动态创新而且促进知识静态稳定。工艺知识数据和经营理念最终要在装备上有所体现，特别是对模块本身以及模块之间的关系进行处理，更需要把知识数据和经营理念嵌入制造设备，从而具有与加工制造对象相适应的工艺尺度，以及与经营理念相契合的作业规程，并能使复杂模块制造体系在知识数据和经营理念上始终一致。制造过程控制战略使设计规则与制造过程统一起来，也有利于对模块化设计师的知识产权进行保护。

(2) 技术知识引导战略

①提供设计语言。特定部件名称是设计语言的关键部分，模块化实际上是产品"观念"在"结合处"进行分割，设计者们需讨论各种结构、每个设计如何运行以及对这些结构运行的所想和所得；规定哪些模块可纳入系统及其对系统的贡献，并构成设计规则"结构要素"，为每个设计者提供交流平台。

②指明价值所在。用户把系统作为整体来进行评价（如计算机运行速度），而哪些模块影响系统整体功能则需知识指导（磁盘驱动器访问时间是影响系统速度的主要因素），并从中知道怎样进行努力（减少磁盘驱动器访问时间）；实现从价值空间到设计空间的转换，并确定设计规则"界面联系"，以整合每个设计者的智慧和力量。

③确定质量标准。在对系统地图与价值所在进行充分描述后，价值与模块之间在方位上基本上确立了相互关系，产品性能和用户花费（性价比）是被用户所广泛采用的标准尺度；将用户价值转换成模块性能，并整合设计规则的"测试标准"，给各个设计者提供设计标准。技术知识引导战略是市场价值引导战略的必要补充，特别是随着模块化的发展，模块测试日趋重要，设计标准更是必不可少的。

(3) 创新激励引导战略

①把市场价值与模块价值协调起来。用户关心的只是整体价值而非模块价值，但由于模块化系统中各模块相互独立，设计者对每个模块的价值估计与整体市场价值之间必然存在差异，因而需要模块化设计师在管理方面采取引导机制，把市场价值与模块价值协调起来。

②促使每个模块适合于模块化系统。虽然在开放性系统中每个模块设计相互独立，但

在功能上却相互影响。因而每个设计者不仅要知道设计价值之所在，还要知道设计对于自己的意义，这样才能尽力使自己不断适应系统以使整体最优，并从中获得属于自己的利益。

③促进系统整体方向一致。随着模块环境不断变化，设计过程也越来越复杂，从而使探索模块组合成为更加艰难和极不确定的事情，因而需要一个团队来把设计工作看作一个整体，不仅能够把相关产品与技术知识、资本市场和用户需求等竞争因素结合起来，而且使设计者的努力方向与系统整体发展方向相统一。创新激励引导战略最终为实现市场价值引导战略服务，模块化设计师以提高设计规则制定成本为代价推动模块化发展，而其后果是模块设计者不断进入并试图远离系统中心，只有通过协调模块设计者与模块化设计师之间的利益关系才能实现系统整体创新。

2. 模块化控制战略

（1）设计规则控制战略

①进行规则化塑造。尽管模块设计制造企业可根据其自身优势实现模块作业，但其前提是必须遵守模块化设计规则。这个过程实际上表现为在规则化生产工艺过程的基础上部件设计制造模式的逐步定型，从而构建其技术内涵和竞争能力。因而，模块化设计师可把握模块设计制造企业的规则化生产工艺塑造过程。

②开展标准化整合。模块设计制造企业的知识积累必须为规则化生产工艺过程服务，而其途径是接受模块化设计师培训。这个过程在实际中表现为标准化知识积累基础上的默悟性领会吸纳过程，从而建立工艺知识和框架知识数据库。因而，模块化设计师可通过系统标准对模块设计制造企业进行流程再造整合。

③采取专业化定位。虽然模块设计制造企业可结合其自身优势和进行默悟性学习，但是其必须选择模块进行专业创新。这个过程实际上表现为专业化基础上的灵活性调整适应过程，从而形成具有自身特点的许多关键工艺。因而，模块化设计师可尽量增强其知识学习的指向性并降低其知识积累的变通性。模块化发展使设计规则控制战略更显重要，也更需要其平衡系统创新演进过程中的成本收益关系。

（2）制造过程控制战略

①生产有序化。模块化制造过程首先包括一些生产问题，这就不仅需要进行组织和制度创新，也需要管理和文化稳定，从而使模块不仅具有一定创新水平还能够保障模块供应。而模块化不仅是一个创新方法，而且是一种组织工具，并可实现生产过程创新基础上的有序化。

②工程稳定化。模块化制造过程还包括一些工程问题，这就不仅要发挥模块制造个体

的判断决策作用，也需要利用历史数据的深厚知识积淀，从而要求模块制造个体的知识经验、能力遵守战略联盟。而模块化设计师在获得知识垄断能力后，也可对制造过程进行内部化，通过战略延伸加强其控制能力。

③委托设计战略有利于激励模块设计创新。尽管模块设计处于模块化设计师和大型制造厂商控制之下，但只要遵守设计规则和符合制造尺度，就可激励各方设计力量投入模块设计竞争中，从而提高专用模块的创新水平。可见，委托设计战略有利于模块化设计师实施一体化经营，可发挥大型厂商制造平台的作用并结合社会力量进行模块设计创新。

（3）质量安全控制战略

①质量安全需跨边界参数予以体现。无论工程还是生产都要考虑质量安全，而质量安全是超越各模块加和结果以外的整体特性，特别是航空航天设备、交通运输设备和光电能源设备等更是如此，不能完全依赖各模块参数，而需由跨边界参数在系统整合过程中加以体现。

②质量安全参数应纳入设计规则并进行系统测试集成。设计规则应包含质量安全参数要求，并制约模块独立自由设计。模块化设计师需控制设计规范和图纸、工艺规范和标准以及特种工艺和管理手段，即使其中有些由模块设计制造者编写实施，也必须由模块化设计师审核批准，同时还要加强系统测试集成。

③模块化设计师质量安全控制需延伸到制造过程。质量安全控制不但体现于设计规则而且体现于模块设计，不能只停留在设计过程上还要延伸到制造过程中。模块化设计师可对各制造阶段进行控制，甚至把质量安全参数嵌入控制硬件平台中，直至设计制造全过程一体化。质量安全控制战略把工艺设计、工件参数、装备使用、交货环节以及流程监测等结合起来，使质量安全约束从设计测试领域扩展到加工制造领域，并进行全程控制。

3. 模块化匹配战略

（1）规模定制战略

①规模定制战略有利于实现规模化生产和满足差异化需求。知识边界与物理边界都小意味着知识模块化与物理模块化程度都高，这样就可把模块规模化生产与系统模块组合多样性统一起来，并可在此基础上促进产业融合创新，不仅能够形成模块生产的规模经济，而且能够满足客户差异化需求。

②规模定制战略促进系统完善。产品定制实际上就是把客户差异化需求作为设计约束，其定制深度取决于定制点，无论是定制点局限于各个模块本身还是深入系统结构、界面和测试中，都对设计规则兼容性提出了更高要求，促进模块化进一步完善。

③规模定制战略促进系统深化。产品差异实际上就是实现模块组合多样性，其取决于

系统中模块数量和创新,无论是模块数量增多还是模块创新明显,都要求分割得更加细致以促进设计竞争,从而促进模块化进一步深化。可见,规模定制战略有利于规模化生产和差异化需求统一,促进模块化系统的完善与深化。

(2) 委托制造战略

①委托制造战略有利于保证质量安全和利用外部制造能力。知识边界大而物理边界小意味着知识模块化程度低而物理模块化程度高,这样可把跨边界参数纳入设计规则中,有利于模块化设计师对质量安全问题的更多考虑,同时制造过程可进行精细分割,以更好地利用外部加工能力。

②委托制造战略有利于模块化设计师进行知识垄断和战略控制。模块化设计师主要进行设计规则的制定和完善,获得对设计知识的一定垄断能力,可提高模块化设计水平,但加工外包可能影响产品制造过程中的质量安全,因而可利用其较强知识垄断能力和较高设计水平对加工制造过程实施控制。

③委托制造战略有利于模块设计制造企业确立专业化优势。尽管模块设计制造处于模块化设计师战略控制下,但其无论采取设计规则还是制造过程或质量安全控制,都有利于模块设计制造企业工艺塑造和知识学习,提高专用模块设计制造水平。可见,委托制造战略是一种典型的脑体分工,有利于模块化设计师的垄断控制和专用模块的设计制造。

(3) 委托设计战略

①委托设计战略有利于发挥制造平台作用和调动各方面设计力量。知识边界小而物理边界大意味着知识模块化程度高而物理模块化程度低,这样就把产品制造集中在一个或少数企业中,从而有利于发挥大型厂商制造平台的作用,同时可对模块进行分散设计,有利于调动各方面的设计力量。

②委托设计战略是模块化设计师战略控制的有效延伸。大型制造厂商可利用生产加工优势,而把专用模块设计外包出去,能够提高生产工艺水平。这通常需要与模块化设计师建立并实施市场价值引导战略,并获取更多模块化利益,弥补设计规则"沉没成本"和测试集成"周期成本"。随着模块化的发展,战略实施空间和利益空间也就更大。

(二) 模块化竞争优势

1. 来自模块化自身的竞争优势

模块化有源于其自身的竞争优势。弱势企业应挖掘"隐藏信息",潜心模块设计,并及时把握获利机会;强势企业要控制"明确信息",并处理一些关键"隐藏信息",通过模块化设计充分利用外部资源;进取企业进行"行路图"设计并成为模块化系统开拓者;

模块化企业组织进行模块化设计并对市场变化作出灵活反应。

（1）模块设计在于掌握相关产业进展并及时把握获利机会

如果不是产业中的强势企业，还不得不依赖其他企业提供的"明确规则"，此时就只能从挖掘"隐形信息"入手，潜心做一个特定模块设计者。但这并不是说，仅仅知道直接竞争对手就够了，而是要确切地掌握相关领域的所有进展，并把本企业优势与其他领域中新兴产业巧妙地结合起来，才能及时把握模块设计的获利机会。因为任何模块创新、产品结构以及整个系统的创新，乃至不同行业的合作都有可能带来麻烦。

（2）模块化设计在于超越所掌握资源并充分利用外部资源

模块化具有双重结构，或者作为模块的设计者，但必须符合已有结构、界面和规则；或者作为"明确规则"即模块化的设计师，但必须使模块设计者确信其具有竞争优势。而只有成为模块化设计师，才能超越目前掌握的资源，并能够利用其他企业的资源。对于模块设计者而言，如果具备一定实力，特别是在市场混乱时，应尽可能迅速成为模块化设计师，从而进入一个新境界；而对于模块化设计师而言，尽管是强势企业，也须设计"隐藏信息"，以保护核心部分免遭渗透。因此，模块化设计师应同时拥有"明确信息"和一些关键"隐藏信息"。后者如 BM，虽然控制着共同界面，但其他公司制作了与 BM 机器兼容的应用软件和周边机器，并侵蚀其利益，BM 因此开始设计关键模块，构建防御设施。

（3）"行路图"设计在于把握先机并成为模块化系统开拓者

"摩尔法则"成为鞭策人们不断创新的"强制性频率"，并巧妙地起到了"行路图"作用，促使相关企业或产业不断进取。"行路图"设计者自己设计并不断改进"行路图"。正是那些"行路图"设计者，才能预测问题并尽早采取措施，使一个个技术瓶颈被突破。而那些被"行路图"所左右的企业，尽管擅长学习曲线并能够很好地利用和改进技术，但却明显地被"强制性频率"抛弃了，因而在开发新概念、新技术方面更是力不从心。特别是在半导体和网络领域中，只有成为"行路图"设计者才能成为模块化系统的开拓者。

（4）组织模块化设计在于适应产品模块化需求并对市场变化作出灵活反应

与产品模块化设计一样，组织模块化也具有双层结构。一方面，对内部组织进行模块化再设计，使其适合产业的整体发展；另一方面，洞察有关技术和金融等模块化趋势，并提高准确判断和选择利用模块及其组合的能力。为适应产品模块化，灵活迅速地对突发性和戏剧性市场变化作出反应，模块化企业应进行组织模块化设计。一是确定组织框架的整体结构，进行模块系统角色定位，并建立相应内部模块化结构；二是规定模块合作方法，并根据其在模块系统中的地位（控制或附属）及影响范围，划分内部项目模块及队伍；三是定义模块性能的测定标准，根据系统演化和角色调整进行分离或替代、去除或增加，以及归纳或改变用途等模块操作，为组织战略提供适当的支持。由于个人理性和群体理性，组织模块化有其不同的特点：一是组织系统的接口、界面和联系规则并不存在客观参数，事后进化发展难以预测；二是即使已设定组织系统接口、界面和联系规则，组织模块也难以操作。

2. 来自模块化环境的竞争优势

模块化有来自环境的竞争优势。数码化提供了最简单明了的"共同界面"并促进了信息"浓缩化"；创新文化促进了"淘汰赛"和"开放性"并可改善"利益结构"；科学商业化促进了知识的"研发效率"和"近距离管理"并可挖掘"选择价值"；政府支持促进了风险资本"合作平台"和风险"可预测管理"并提高创新"可能性"。

（1）数码化提供了模块化"共同界面"并提高了模块信息"浓缩化"

数码化使所有信息都能用一维的"数字序列"来表达，同时，数码化使信息处理速度有了进步。信息无论在界面还是在速度上都达到了用数字联系代替功能联系的水平，从而提供了模块化最简单明了的"共同界面"，并提高了模块信息的"浓缩化"水平。

（2）创新文化促进了"淘汰赛"和"开放性"并可改善"利益结构"

模块化总趋势是企业垂直解构，许多新兴企业在大企业周围涌现，而从原企业直接分化出来则是最好的途径。正是创新文化为创业精神传播提供了"空气"，才使新企业能从原公司独立出来，并成为创业精神进一步传播的种子。

（3）科学商业化促进了知识的"研发效率"和"近距离管理"

"选择价值"设计模块具有很大的不确定性，反复实验次数越多，人力和资金的投入也越多，实验成本也越高，但也越有可能产生一个更有价值的模块。这是一个充满魅力的"淘汰赛"，对追加努力的边际收入完全包括在这场"淘汰赛"获胜概率的提高上。科学商业化包括科学家的市场意识、经营者对知识的理解和金融市场的技术营销。

（4）政府支持促进了风险资本"合作平台"和风险"可预测管理"

即使是崇尚自由的美国，政府对风险企业的支持也起到了积极作用。政府政策包括美国小企业管理局、颁布破产改革法和鼓励中小企业创新研究。通过风险投资者的中介和选择功能以及前三者的支持，原本"高风险、高回报"的风险投资变成了"中风险、高回报"的事业。

第五章 工商企业经营

第一节 经营决策原理

一、经营决策的含义

科学决策就是指决策者在拥有大量信息和个人丰富经验的基础上，对未来行为确定目标，并借助一定的科学方法和手段，对影响因素进行分析研究后，从两个以上可行方案中选择一个合理方案的分析判断过程。所谓经营决策，就是企业等经济组织决定企业的生产经营目标和达到生产经营目标的战略和策略，即决定做什么和如何去做的过程。企业经营决策与一般管理决策和业务决策相比具有全局性、长期性、战略性的特点。

从决策的含义可见，它包含着：①决策具有明确的目标。没有目标，就无从决策。②决策具有多种可行性方案。如果只有一个方案，就不存在决策。可行性方案一般应具备下述条件：能够实现预定目标；各种影响因素均能进行定性和定量分析比较；对不确定性因素可进行预测估计；在现行条件下能实施。③决策要通过科学分析判断，选择合理方案。

二、经营决策的原则

为了使决策获得令人满意的经济效益，在作出决策时，必须坚持以下基本原则。

(一) 信息准全原则

经济信息是经济决策的基础。没有准确、全面、及时、适用的经济信息，决策便没有基础，易发生主观臆断，陷入盲目性，导致决策失误，给经济管理带来严重后果。所以，科学的经济决策，首先要求信息准确，要能真实地反映经济发展过程；其次要求信息全面，从多源头、多渠道收集适用的信息，进行综合、整理、比较、筛选，以期能够全面地反映所要研究的经济问题。因此，经济决策必须遵循信息准全原则，只有以及时、适用、大量准确的信息为基础，才能提高决策科学和成功的把握程度。

（二）未来预测原则

决策的关键在预测。经济决策以经济预测为依据，才可提高可靠程度。经济预测遵循客观经济规律，对经济发展前景进行测定，可以为经济决策提供未来的经济信息，能够减少未来行动的不确定性。因此，经济预测是经济决策的依据，是科学决策过程不可缺少的环节。经济决策只有以经济预测为依据，总结过去，掌握现状，分析判断经济未来的发展趋势，才能减少主观盲目性，增强科学预见性。

（三）可行性原则

经济决策所选定的方案应从实际出发，在对各种方案进行定性、定量分析，对可行性进行科学论证和评价的基础上进行筛选。只有经过可行性分析论证后选定的决策方案，才有较大的把握实现成功的可能。

经济决策的可行性论证分析包括：经济决策方案是否从实际出发，符合我国的国情、国力；是否符合客观经济规律的要求；是否符合党和国家的路线、方针、政策；企业决策还要考虑本单位所具备的主客观条件。如果主客观条件不足，可行性分析论证不够，贸然作出决策，则易遭受失败，难以达到预定目标。因此，经济决策应遵循可行性原则。

（四）系统原则

经济决策的系统分析应从整体出发，全面地看问题和处理问题。整体以局部为基础，支配局部；局部是整体的构成要素，局部要服从整体。任何经济部门和企业的经济决策，都不能违背国民经济战略决策目标，在部门与企业之间、企业内部各职能单位之间的决策目标发生矛盾时，必须按局部服从全局的原则加以解决，才能做到国家、集体和个人的利益相统一。因此，经济决策必须遵循系统原则，进行系统分析、比较，找出统筹安排人、财、物，在各种约束条件下达到预期目标的方案。

（五）对比优选原则

对比优选原则是指从可供选取的方案中择优选取能实现目标的、令人满意的方案。

如果只有一个方案，无从选优，就失去了科学决策的意义。经济决策可供选取方案的优劣，关键在于经济效益的高低。优选令人满意的方案，就是在达到同样目标条件下，从有限个可供选取的方案中，选取耗费人力、物力、财力最少、费用最省、速度最快、达到目标需要的时间最短、经济效益最高的方案。盈利"小中求大",损失"大中取小"是对比优选原则的具体体现。优化要局部利益与整体利益相结合,当前利益和长远利益相结合。而从全局和长远看不经济,则决策方案是不可取的。

(六) 经济性原则

经济性原则是要研究经济决策所花的代价和取得收益的关系,研究投入和产出的关系。选取花费最少、收入最大、投入最少、产出最多的方案,是获得令人满意的经济效益以达到预期目标的充分条件。如果经济决策和改进决策所花费的代价大、所得到的收益小,就是不科学的决策,无实现的必要。因此,经济决策遵循经济性原则必须求得决策的经济效益。

遵循经济性原则要从经济效益方面考虑决策本身的必要性。在决策的技术方法上,技术越先进则耗费就越大。如果经济决策所要解决的问题较微小、较简单,用经验决策就可以解决问题,就不必用电子计算技术和复杂的数学模型来制定决策方案。总之,决策坚持经济性原则,就必须以最小的人力、物力、财力获得令人满意的经济效益。

(七) 追踪监控原则

选定经济决策方案,付诸实现,向预定目标推进时,往往会产生差距。决策部门为了保证预定目标的实现,必须追踪监控决策的执行情况,掌握反映决策的进程、实际情况与目标要求差距的反馈信息。以便根据情况的变化,进行必要的调整或追踪决策,减少或消除目标差距,使决策沿着预定方向执行,使目标得以实现。因此,为了使决策合理化、科学化,决策方案能够兑现,必须坚持追踪监控原则。

三、决策者素质

决策者素质就是决策者个人从事决策工作应具备的德、识、才、学,是决策者在一定的职位上行使权力、履行职责、发挥职能作用的基础。具体来说包括以下几方面。

(一) 道德伦理素质

1. 正确的世界观和价值观

作为社会主义企业的决策者,必须树立正确的、科学的马克思主义世界观和人生价值观。企业的目的是赢利,但赢利不等于唯利是图,不等于置国家利益和社会责任于不顾,甚至为了小团体的利益而损害集体的利益、国家的利益。具有正确的世界观和价值观要求企业决策者必须加强理论知识的学习和理论素质的修养，用马克思主义武装自己的头脑。

2. 高尚的道德情操和修养

道德是为了社会建立良好的伦理秩序而形成的行为规范。孔子教导其得意门生颜渊说"非礼勿视，非礼勿听，非礼勿言，非礼勿动"。"非礼"者，即不符合社会的道德规范。做企业与道德修养有什么关系呢？其实，这里面也是有学问的，企业决策者是企业的领袖人物，是企业"上行下效"的对象。我们很难想象，一个道德败坏的决策者能在企业管理中施展才华。近年来，一些迅速发展的民营企业遇到了管理上的瓶颈，在寻求"职业经理人"的过程中，第一个担心的问题就是职业经理人的人品问题，也就是道德问题，这从侧面反映了道德情操与做企业的紧密关系。而对民营企业家来讲，道德风险也是最大的风险。

3. 良好的职业道德和信誉

职业道德是道德的一部分，但更明确地对企业决策者提出了职业上的要求。企业决策者是企业者的中坚，也是社会的重要阶层。如果没有职业道德和信誉，将是对企业管理基石的最大侵蚀，对企业决策者个体来说，也将是一条自我毁灭之路。

(二) 心理人格素质

1. 宽广的胸怀

企业决策者在企业中起着领袖的作用，他必须有宽广的胸怀。企业决策者在工作中将面临内外环境方面不同的声音、不同的观点，甚至是批评的声音和压力。企业决策者面对来自行业、媒体、其他组织的批评与指责，一定要以"有则改之，无则加勉"的方式对待，以正常心态来处理。对来自内部不同的观点，企业决策者一定要能有海纳百川的气魄，营造一个广纳贤言的良好局面。

2. 开放的心态

面临不断发展的社会和日新月异的科技，决策者应具有开放的心态，去积极地了解新事物，接纳新事物。不仅要在企业中建立起吐故纳新的机制，决策者个人也应建立起相应的思维习惯、行为习惯，及时跟上外界的变化，与时俱进。开放的心态要求决策者改变故步自封和安于现状的守旧心理，不断实现自我的突破和发展。

3. 坚韧的毅力和意志力

企业管理不是坐"顺风船"，能一帆风顺地达到设定的目的。企业的经营存在着各种各样的风险，商业风险、市场风险、政策风险、信用风险、管理风险等等，企业经营本身就是与风险同在。这要求企业决策者必须对风险有清醒的认识,在遭遇风险时,必须有坚韧的毅力去对待,积极采取措施,解决问题。企业决策者在经营实践中必须锤炼出坚韧不拔的精神,去体会"笑到最后才是胜利者"的境界。

4. 个人的自我控制力

企业决策者是企业和社会的中坚力量,是具有一定社会地位的人。在工作中,在生活中,企业决策者都会遇见各种不正常、不正当甚至是违反道德、违反法律的诱惑。权钱交易、权色交易、钱色交易、黑幕交易、幕后操作等都是近些年来沉渣泛起的体现。企业决策者在面对诱惑时一定要正确对待,必须有良好的自制力。"无欲则刚"当然是至高境界,但"取之有道"未尝不是明智的选择。

(三)基础知识素质

1. 扎实的基础知识

基础知识是指对社会、对世界的基本认识方面的知识。基础知识包括自然科学知识、人文社科知识两个方面。自然科学知识包括地理、生物、物理、化学、天文、数学等方面的内容。人文社科知识包括哲学、政治、历史、心理、语言、军事等方面的内容。目前,社会上仍存在着重自然科学、轻人文科学的倾向,认为自然科学才能直接地促进社会进步,才能提高人民生活水平。其实,我们综观成功的人物,不管是科学家、政治家还是管理大师,他们都具有良好的人文科学知识。作为一个企业中承担着重大决策、协调、管理责任的企业决策者,更应该高度重视包括人文社科知识在内的基础知识。

2. 完善的知识结构

决策者应具备"有学有识"的智能结构,这种智能结构表现为决策者的组织才能、联络才能、社交才能。第一,组织才能是指为了统合与协调决策系统全体成员的力量,决策者在处理内部关系的过程中,必须表现出杰出的组织才能。它包括:恩与威、赏与罚、纪律与自由、集中与民主、授权与削权、升与降、法律条文与社会舆论、局部利益与整体利益、团体利益与社会利益、个人利益与集体利益等的灵活处置。第二,联络才能是指决策者处理好决策系统与外界环境的关系(包括与上级的关系)。它包括决策者对上级指示的正确理解与有意歪曲、原文照搬与有意发挥、全面执行与片面执行、立即执行与拖延执行、直接贯彻与绕道贯彻、积极执行与消极怠工、汇报与不汇报、执行结果的全面汇报与简要汇报、团体条例与社会公德等等的灵活处置。在各种联络中,决策者对通信中使用的文字、语言的解释与应用表现出很高的技巧,其目的是调整上下级和集体与社会的关系,捍卫与执行确立的原则，更好地发挥决策系统的功能，以达到团体的目标。背离了这一宗旨就不会秉公执法而是营私舞弊。第三，社交才能指的是一个人在社交上的本领和能力。对企业管理而言，社交才能主要是指决策者在社会交往中绝不能以感情代替理智。它包括决策者的喜与怒、爱与憎、怯与勇、肯定与否定、甜言蜜语与唇枪舌剑等的灵活运用。一切感情的表露均不能出于自然流露的人之常情，是决策者为达到社交活动胜利而采用的手段与技巧。

3. 健康的体魄

这一点本是最简单明白的一点，却又是最容易忽略的一点。国内媒体对企业管理人员做了一次调查，发现企业管理人员中，亚健康现象十分普遍，不少管理人员还患有不同的生理和心理方面的疾病。企业决策者每天都在高压下前行，但决不能丢了根本，企业决策者在这点上不可不慎。

基本素质是决策者的最基本要求，专业素质是决策者履行职责的专业要求，特质素质是不同决策者所体现的个体管理优势。三者从整体上构成了决策者素质的有机体，三者缺一不可。用结构图来表示，就如一个金字塔，基本素质为塔底，为基础；专业素质为塔身，是决策者的根本；特质素质为塔尖，体现了个人特点和优势。

不同素质结构的企业决策者体现出不同的管理风格和管理能力。一般来说，一名合格的决策者素质结构的组成应为良好的基本素质、扎实的专业素质、具有竞争优势的特质性素质。因个体差异，不同的决策者在素质结构中也会有不同的结构，不同的结构就会构成不同的管理风格和管理能力。作为企业决策者，如果发现自己在素质结构中有缺陷或有差距，就应从学习中、实践中尽快提升自己，做一名优秀的企业决策者。

四、科学决策原理的内容与类型

（一）科学决策的内容

1. 决策原理的研究

它主要研究决策的基本原理，决策在管理活动中的地位，决策活动中人、机、物等因素的关系等。

2. 决策情报信息研究

它主要研究如何收集、整理、分析决策所需要的情报信息，使其达到较准确的程度。

3. 决策步骤和方法的研究

它主要研究决策过程中每个阶段应采取的步骤和方法，包括正确的数据处理方法、定性分析和定量方法等，以达到最理想的数量界限。

4. 决策组织机构的研究

它主要研究组织机构的正确设置，决策各个系统之间的分工、协调、矛盾的解决等。

5. 决策对象规律性的研究

它主要研究决策对象的特殊规律，为实际作出某种决策提供科学依据。研究目的是使人们在主观上能正确认识、掌握和控制客观事物的运动、变化、发展的规律性，为科学决策服务。科学决策的理论在决策活动中占有重要的地位，它既是指导科学决策的理论基础，也是掌握决策技术的指南，只有在现代决策理论的指导下进行决策，使决策建立在科学的基础上，才能避免和减少政策的失误，实现正确决策的目的。决策科学化是当代社会、经济、科技发展的需要，也是促进社会、经济、科技不断发展的重要条件。

因此，决策是否达到了科学化是检验领导素质的重要标志。要实现决策科学化，就必须遵循科学的决策程序，运用科学的决策技术和方法完成决策工作。科学的决策程序包括发现问题、确定目标、收集信息、制订方案、评估和优选等重要环节。实行决策科学化的目的在于避免和减少决策的失误，使决策立于不败之地。这就要求决策者必须站到战略的高度，具有全局的观点，采用系统工程的方法，运用好专家智囊的集体知识、智慧力量共同完成决策工作。

（二）经营决策的分类

经营决策涉及企业经营管理活动的各个方面，所以其内容较为广泛，可以按以下五种情况分类。

1. 按决策目标的广度和深度

经营决策分为战略决策、战术决策和业务决策。

战略决策是指与确定企业发展方向和远景有关的决策，如企业经营目标、技术革新方向、市场开拓和潜在市场开发方针的确定等，其特点是时间长、范围广、影响大。

战术决策又称管理决策，是指为执行企业战略决策，在管理和组织工作中合理选择和使用人力、物力、财力等方面的决策，合理选择和组织生产过程的决策，合理选择和使用能源和物资的决策，劳动力素质的提高和平衡方面的决策，等等。

业务决策又称作业决策，是指为提高业务效率以及更好地执行管理决策在日常作业中所实行的具体决策，如原材料、外购件和库存管理、生产控制、销售工作以及劳动组织调配等方面的日常生活决策。

2. 按照决策者所处的管理层次

经营决策分为高层决策、中层决策、基层决策。高层决策是指企业最高领导层所负责作出的决策，一般为经营决策。中层决策是指企业中层领导所负责进行的管理决策，多是执行性决策。基层决策是指企业基层所进行的作业性决策，持续性强，时间紧。

3. 按照决策目标与所用方法的类别

经营决策分为计量决策和非计量决策。计量决策是指决策目标有准确的数量，容易采取数学方法作出决策。非计量决策是指难以用数字准确表示目标，主要依靠决策者的分析判断进行决策。

4. 按照决策的方法或进行决策时条件的充分情况

经营决策分为确定型决策、非确定型决策、风险型决策。

确定型决策是指事件未来的自然状态已经完全确定情况下的决策，它属于程序化或规范化的决策，例如订货程序、材料出入处理程序等。这些决策经常是反复的，而且是在一定明确的结构条件下发生的，为此设立一定的方式或程序，在每一个问题发生时，只需根据规范加以调整，无须重新作新的决策。

非确定型决策是指对未来事件的自然状态与否不能肯定，而且这一事件发生的概率也无法估计，因此，在其问题的解决上，没有一定可循的决策方式存在。或者，由于其决策的结构条件复杂且不稳定，决策不能以程序和定型化来表示，只能针对具体问题具体分析和决定。

风险型决策是指未来事件发生何种自然状态不能肯定，但可对其发展变化评估成败概率而作出的决策。在企业的经营活动中，大量的决策属于这种，例如能源和材料的供应、市场对产品的需求量、市场占有率、产品销售价格等方面的决策都属于风险型决策。

第二节 经营战略及其选择

一、经营战略的含义

战略一词的意义是指挥军队的艺术和科学。今天，在经营中运用这个词，是用来描述一个组织打算如何实现它的目标和使命。大多数组织为实现自己的目标和使命可以有若干种选择，战略就与决定选用何种方案有关。战略包括对实现组织目标和使命的各种方案的拟订和评价，以及最终选定将要实行的方案。企业要在复杂多变的环境中求得生存和发展，必须对自己的行为进行通盘谋划。

根据人们对经营战略的认识，我们把经营战略定义为：经营战略是企业面对竞争激烈的市场环境，为求得长期生存和不断发展而进行的总体性谋划。它是企业战略思想的集中体现，是企业经营范围的科学规定，同时又是制订规划（计划）的基础。更具体地说，经营战略是在符合和保证实现企业使命条件下，在充分利用环境中存在的各种机会和创造新机会的基础上，确定企业同环境的关系，规定企业从事的事业范围、成长方向和竞争对策，合理地调整企业结构和分配企业的全部资源。从其制定要求看，经营战略就是用机会和威胁评价现在和未来的环境，用优势和劣势评价企业现状，进而选择和确定企业的总体、长远目标，制订和抉择实现目标的行动方案。

二、经营战略的作用

经营战略直接关系着企业的生死存亡。经营战略是企业为求得长期的生存和发展，在充分分析企业外部环境和内部条件的基础上，以正确的经营思想为指导，依据企业经营目标，对企业较长时期全局的发展作出纲要性、方向性的决策和谋划。经营战略的制定是一个相当复杂的过程，它既是动态的、连续的过程，也是一个探索和创新的过程，需要决策者积极探索，大胆创新，在进行充分的理性分析基础上，判定出符合本企业实际情况的战略。

企业管理的重心在经营，经营的重心在决策。经营战略决策关系到企业发展前途，决定企业发展方向，直至决定着企业的成败。决策失误，全盘皆输。因此，我们必须慎之又慎，经过严格而科学的论证，才能付诸实施。具体地说，当企业起步之初就要准确地把握好市场定位，当企业有了一定积累以后是向专业化方向发展，还是向多元化发展，企业究竟是纵向发展，还是横向扩张，就必须考虑企业的核心竞争力。只有牢牢把握自身优势，扬长避短，才能在"危机"四伏的商战中立于不败之地。毫无疑问，企业经营的成功与辉煌无不与其牢牢把握自身优势，通过稳步实施中心多样化的正确经营决策有密切关系。具体来讲，经营战略对企业生存发展的重要性体现在：①通过制定经营战略，对企业外部环境和内部条件的调查分析，明确企业在市场竞争中所处的地位，对于企业增强自身经营实力有了明确的方向。②企业有了经营战略，就有了经营发展的总纲，发挥企业的整体效益，有利于调动职工群众的积极性。③便于国家和有关部门对企业进行指导，有利于宏观经济和微观经济的有机结合和协调发展。④有利于全面推进企业管理现代化。

三、经营战略的类型

经营战略是企业总体战略的具体化，其目的是使企业的经营结构、资源和经营目标等要素在可以接受的风险限度内，与市场环境所提供的各种机会取得动态的平衡，实现经营目标。

人们按照不同的标准对企业的经营战略进行了许多不同的分类。经营战略有多种分类，为企业选择经营战略提供了广阔途径。

（一）按照战略的目的性分类

经营战略分为成长战略和竞争战略。成长战略是指企业为了适应企业外部环境的变化，有效地利用企业的资源，研究企业为了实现成长目标如何选择经营领域的战略。成长战略的重点是产品和市场战略，即选择具体的产品和市场领域，规定产品和市场的开拓方向和幅度。竞争战略是企业在特定的产品与市场范围内，为了取得差别优势，维持和扩大市场占有率所采取的战略。竞争战略的重点是提高市场占有率和销售利润率。企业经营战略归根到底是竞争战略。从企业的一般竞争角度看，竞争战略大致有三种可供选择的战略：低成本战略、产品差异战略和集中重点战略。

（二）按照战略的领域分类

经营战略分为产品战略、市场战略和投资战略。产品战略主要包括产品的扩展战略、维持战略、收缩战略、更新换代战略、多样化战略、产品组合战略等。市场战略主要有市场渗透战略、市场开拓战略、新产品市场战略、混合市场战略、产品寿命周期战略、市场细分战略和市场营销组合战略等。投资战略是一种资源分配战略，主要包括产品投资战略、市场投资战略、技术发展投资战略、规模化投资战略和企业联合与兼并战略等。

（三）按照战略对市场环境变化的适应程度分类

经营战略分为进攻战略、防守战略和撤退战略。进攻战略可分为技术开发战略、产品发展战略、市场拓展战略、生产拓展战略。进攻战略的特点是企业不断地开发新产品和新市场，力图掌握市场竞争的主动权，不断地提高市场占有率。进攻战略的着眼点是技术、产品、质量、市场和规模。防守战略又称维持战略，其特点是以守为攻，后发制人。所采取的战略是避实就虚，不与对手正面竞争；在技术上实行拿来主义，以购买专利为主；在产品开发上实行紧跟主义，后发制人；在生产方面着眼于提高效率，降低成本。撤退战略是一种收缩战略，目的是积蓄优势力量，以保证重点进攻方向取得胜利。

（四）按照战略的层次性分类

经营战略分为公司战略、事业部战略和职能战略。公司战略是企业最高层次的战略，其侧重点是确定企业经营的范围和在企业内部各项事业间进行资源分配。事业部战略是企业在分散经营的条件下，各事业部根据企业战略赋予的任务而确定的。职能战略是各职能部门根据各自的性质、职能制定的部门战略，其目的在于保证企业战略的实现。

四、经营战略的特点

（一）目的性，纲领性

企业战略规定的是企业总体的长远目标、发展方向和重点、前进道路以及所采取的基本行动方针、重大措施和基本步骤，都是原则性的、概括性的规定，具有行动纲领的意义。战略的制定与实施必须服务于一个明确的目的，它必须通过展开、分解和落实等过程才能变为具体的行动计划，从而引导企业在变化着的竞争环境里生存和发展。

（二）全局性，系统性

企业的经营战略是以企业的全局为对象，根据企业总体发展的需要而制定的。它所规定的是企业的总体行动，它所追求的是企业的总体效果。虽然它必然包括企业的局部活动，但是，这些局部活动是作为总体行动的有机组成部分在战略中出现的。这样也就使经营战略具有综合性和系统性。企业战略是指导企业全局的对策与谋划，其本身就是一个系统，也应该是分层次的。

（三）长远性，长期性

战略不是着眼于解决企业眼前遇到的麻烦，而是迎接未来的挑战。它是在环境分析和科学预测的基础上展望未来，为企业谋求长期发展的目标与对策。凡是为适应环境条件的变化所确定的长期基本不变的行动目标和实现目标的行动方案都是战略。而那种针对当前形势灵活地适应短期变化、解决局部问题的方法都是战术。企业的经营战略既是企业谋取长远发展要求的反映，又是企业对未来较长时期（五年以上）内如何生存和发展的通盘筹划。虽然它的制定要以企业外部环境和内部条件的当前情况为出发点，并且对企业当前的生产经营活动有指导、限制作用，但是，这一切也都是为了更长远地发展，是长远发展的起步。

（四）对策性，对抗性

这里有两种含义：一是面对环境变化的挑战，设计走向未来的对策；二是根据同行业竞争者的战略设计企业的战略以保持企业的竞争优势，从而使战略具有对抗性。企业经营战略是关于企业在激烈的竞争中如何与竞争对手抗衡的行动方案，同时也是针对来自各方面的许多冲击、压力、威胁和困难，迎接这些挑战的行动方案。它与那些不考虑竞争、挑战而单纯为了改善企业现状、增加经济效益、提高管理水平等为目的的行动方案不同。只有当这些工作与强化企业竞争力量和迎接挑战直接相关、具有战略意义时，才能构成经营战略的内容。应当明确，市场如战场，现代的市场总是与激烈的竞争密切相关的。经营战略之所以产生和发展，就是因为企业面临着激烈的竞争、严峻的挑战，企业制定经营战略就是为了取得优势地位，战胜对手，保证自己的生存和发展。

（五）相对稳定性

由于经营战略规定了企业的发展目标，具有长远性，只要战略实施的环境未发生重大变化，即使有些变化，也是预料之中的，那么企业经营战略中所确定的战略目标、战略方针、战略重点、战略步骤等应保持相对稳定，不应该朝令夕改。但在处理具体问题、不影响全局的情况下，也应该有一定的灵活性。

经营战略的上述特性决定了经营战略与其他决策方式、计划形式的区别。根据上述经营战略的特性，我们又可以说，经营战略是企业对具有长远性、全局性、竞争性和纲领性的经营方案的谋划。

五、经营战略的选择

（一）总体战略

企业的总体战略有发展型战略、稳定型战略、紧缩型战略、撤退型战略和组合型战略等。

1. 发展型战略

发展型战略具有以下几种基本类型。

（1）集中发展型战略

它是集中企业的资源，以快于过去的增长速度来增加现有产品或劳务的销售额、利润额或市场占有率。优点是经营目标集中,容易实现生产专业化,实现规模经济效益。缺点是当外部环境发生变化时,经营的风险很大。因此,应考虑实施一段时间后向其他类型的发展战略转移。

集中发展型资本经营战略的资本投向是集中的,问题是如何满足资本增长的需要。其战略重点是资本的融通和加快资本的运营速度,选择能够满足发展需要的资金融通方案。

(2) 同心多样化发展战略

它是增加同企业现有产品或劳务相类似的新产品或新劳务,是一种很有生机的战略。同心多样化资本经营战略需要制定资本分配的方案,保证资源有效地利用,避免了集中投入单一产品或劳动力的风险,但也增加了资本多方面投向的运作难度,增加了资本短缺的风险。

(3) 纵向一体化发展战略

它是指在两个可能的方向上扩大企业现有经营业务的一种战略;同样,横向一体化资本经营战略也是有效的资本战略。这两种一体化战略都可以实现规模经济,但都有各自的风险。纵向一体化价格收益比率显著地低于同心多样化战略的企业;横向一体化要承担庞大的机构臃肿、效率低下的弊病。

(4) 复合多样化发展战略

它是指增加与组织现有产品或劳务大不相同的新产品或劳务。可以在组织内部或外部产生,更多的是通过对其他组织的合并及合资经营方案而来。

复合多样化的优点是通过向不同产业的渗透和向不同的市场提供服务来分散企业经营的风险。要向具有更优经济特征的行业转移,以提高企业的盈利能力和灵活性、联络后的企业协同效应、税率优势、股份优势等。但一个企业在选择复合多样化时,应采取慎重的态度,不要为多样化而多样化,实践中许多企业在进行多种经营时会面临决策失误、资金短缺、不熟悉业务等风险因素。

要使复合多样化战略得以成功,要注意:第一,明确的组织目标;第二,一个企业必须至少利用它的三个基本实力(生产能力、特定市场的分销渠道和技术能力)之一;第三,必须正确评价自己实行多样的能力,包括对企业现状及其可用于多样化的资源条件的分析。

2. 稳定型战略

稳定型战略的特点:企业满足于它过去的经济效益水平,决定继续追求与过去相同或相似的目标;每年所期望取得的成就按大体相同的比率增长;企业继续用基本相同的产品或劳务为它的顾客服务。它的战略风险较小,避免开发新产品和新市场所必需的巨大资金投入，容易保持经营规模。但对外部环境应变性能较差。

3. 紧缩型战略

当企业的经营状况、资源条件不能适应外部环境的变化，难以为企业带来满意的收益，以致威胁企业的自下而上发展时，企业常常采取紧缩型战略。这种战略只是企业在短期内实施的过渡性战略，分为抽资、转向、放弃、清算四种战略。

4. 撤退战略

战略当然是具有对抗性的，制定战略的实质就是要研究如何以弱胜强，以小胜大，后来者居上。但有时企业的发展并不是尽如人意的，扬长固然必要，但同时也要注意避短。当企业进入战略规划的领域但没有得到预想的效益时，就应当快刀斩乱麻，应用撤退战略从容全身而出。

5. 组合战略

（1）同时组合

在增高其他的战略经营单位、产品线或事业部的同时放弃某个战略经营单位、产品线或事业部，在其他领域或产品奉行发展战略的同时，紧缩某些领域或产品；对某些产品实行抽资战略，而对其他产品采用发展战略。

（2）顺序组合

在一定时期内采用发展战略，然后在一定时期内实行稳定战略；先使用转向战略，待条件改善后再采用发展战略。

总之企业可采用的战略方案是多种多样的，鉴别可用的战略方案则是一个企业选择最适宜战略的前提条件。

（二）一般竞争战略

要长期维持高于平均水平的经济效益，其根本基础就是持久的竞争优势。虽然一个企业与其竞争厂商相比可能有无数个优点和弱点，但它仍可以拥有两种基本的竞争优势，即低成本和别具一格。低成本和别具一格转而又来源于产业结构，它们是由一个企业比其竞争对手更擅长应付五种竞争力量所决定的。

两种基本的战略优势与企业获得谋略优势的活动相结合，就使我们得出了在产业中取得高于平均水平的经济效益的三种一般竞争战略：成本领先战略、差异化战略、目标集中战略。

1. 成本领先战略

成本领先战略要求企业必须严格控制成本、管理费用及研发、服务、推销、广告等方面的成本费用。为了达到这些目标，企业需要在管理方面对成本给予高度的重视，确保使总成本低于竞争对手。

在此战略的指导下，企业决心成为所在行业中实行尽量低成本生产的那一类竞争者，因此，企业的经营面往往对其成本优势举足轻重。成本优势的来源因行业结构不同而异，它包括追求规模经济、专利和专有权技术、原材料的内部购买优惠和其他因素。追求低成本的企业必须寻找和探索成本优势的一切来源。

成本领先战略一般必然要求一个企业成为独一无二的成本领先者，而不是争夺这个位置的若干厂商企业中的一分子。许多企业未能认识到这一点，从而在战略上铸成大错。当渴望成为成本领先者的厂商不止一家时，他们之间的竞争通常是十分激烈的，因为每一个百分点的市场份额都是至关重要的。除非出现这种情况：一个企业在成本上能够出现独有性的新优势并说服其他厂商放弃其战略，否则对盈利能力及企业长期运营体系所带来的结果将是灾难性的。所以，只有重大的技术突破才能使一个企业得以彻底改变其成本地位；除此之外的小成本领先是特别依赖于先发制人策略的一种战略。

成本领先战略的成功取决于企业日复一日地实施该战略的技能。成本自身不会缩小，也不会忽起忽落。企业降低成本能力各有不同，甚至当他们具有相似的规模、相似的产品产量时也表现得不同。要改善成本优势的地位，更需要决策人把握住方向，策划战略时更为仔细，更加细分每一项可以开源节流的分战略。

2. 差异化战略

差异化战略是将公司提供的产品或服务差异化，使其在全产业范围中具有独特性。实现差异化战略可以有许多方式，如设计名牌形象、保持技术及性能特点、顾客服务、商业网络及其他方面的独特性等。

这种战略要求企业在全行业范围中形成一些独特的性质或具独特性的产品或服务。应当说明的一点是，差异化战略并不是使公司全然不顾成本，而只是把成本置于稍后的位置。如果企业能成功实现标新立异战略，它将成为行业中的至尊，因为它能建立起对付五种竞争力量的"防御工事"。差异化战略利用客户对品牌的忠诚以及由此产生的价格敏感性下降，使公司得以避开激烈的竞争。它可以使利润增加而不必付出追求成本领先的代价。产品新异带来较高较广的收益，不仅可以用来对付供应商压力，同时也可减轻下游企业的价格压力，当客户缺乏选择余地，其价格敏感程度也就不高了。采取此项战略赢得客户忠诚的企业，在面对替代品威胁时其所处地位会比其他竞争者更为有利。

当然，实现产品新异有时会与争取更大的市场份额相矛盾。它要求公司对于这一战略的排他性有各项准备，此战略与市场份额是不可兼得的。因为即使全行业范围内的顾客都了解本公司产品的独特品质,也并不是全部顾客都愿意出高价买入。

3. 目标集中战略

目标集中战略主攻某个特殊的顾客群、某产品线的一个细分区段或某一地区市场。低成本与差异化战略都是要在全产业范围内实现其目标,专一化战略的前提思想是:公司业务的专一化能够以较高的效率、更好的效果为某一狭窄的战略对象服务,从而超过在较广阔范围内竞争的对手。公司或者通过满足特殊对象的需要而实现了差异化,或者在为这一对象服务时实现了低成本,或者二者兼得,这样的公司可以使其赢利的潜力超过产业的平均水平。集中战略的整体目标是围绕着某一特定目标范围的全方位服务而建立的。

目标集中战略的前提是:企业能够以更高的效率、更好的效果为某一狭窄领域的战略对象服务,从而超过宽领域内的竞争对手。结果往往是,企业通过较好满足特定对象的需求而实现战略目标,或者是实现低成本,或者是实现了歧异性,或二者兼得。在整个市场领域中虽显现不出,但企业将依靠一两种优势占领特定狭窄市场的巨大市场份额。

采用目标集中战略的企业具有超产业平均水平收益的潜力。它的目标集中意味着公司对于其战略实施对象或者有低成本优势,或者具有高效益优势,或者兼而有之。这些优势保护公司不受各个竞争作用力的威胁。

目标集中战略通常意味着对进军整体市场份额的限制。目标集中战略必然包含着利润率与销售量之间互为代价的关系。

(三) 不同行业地位战略

处于不同市场地位的企业在企业创新中应该采取不同的市场战略。根据企业对市场影响程度及进入先后顺序,可将企业的市场战略分为四种类型:市场领先者战略、市场挑战者战略、市场追随者战略、市场补缺者战略。

1. 市场领先者战略

在行业中处于平均水平之上的企业,可以称作领先企业或主导企业。这类企业通常应将战略重点置于如何巩固已有地位和保持现有优势,一般可以采取三种不同的姿态,即继续采取进攻战略、不断发动攻势、积极主动出击,使对手穷于应付,从而保持自身的优势地位并巩固自己在行业中的领先地位;采取坚守战略,通过各种预防措施,保护现有市场地位,使对手难以参与竞争,从而保证企业的丰厚利润;采取骚扰与对抗战略,对行业中对手的市场活动采取积极严厉的反击行动,使得这些企业不敢或不愿轻举妄动,甘当跟随者。

2. 市场挑战者战略

该战略是市场战略中十分重要的一环，每个成长起来的大型企业组织集团无一不是经历了这个阶段战略而成功的。

一个市场挑战者首先必须确定它的战略目标。绝大多数市场挑战企业的战略目标是增加其市场份额。另外，无论是为了击败竞争对手，还是为了减少其份额，都必须首先明确市场领先者是谁。

清楚了解战略对象和目标之后，企业就应该考虑采用何种战略来战胜领先者，达到目标市场份额。市场挑战者所采用的战略有以下几种方案可供选择。

第一，正面市场进攻。挑战者发起攻击时集中力量正面指向对手；向对手的实力发起进攻，并非攻其弱项，其结果取决于双方的实力和持久力。在一个纯粹的正面进攻中，挑战者往往针对领先者的产品、广告、价格等发起攻势。为了使后面进攻取得成功，挑战者需要以具有超过领先者的产品、广告、价格等发起攻势。为了使正面进攻取得成功，挑战者需要具有超过领先者的实力优势。这里我们提出"实力原则"，较大力量的一方将会取得交战的胜利。

第二，从旁进攻。现代进攻战略的主要原则是"集中优势力量打击对手弱点"。挑战者佯攻正面，但实际在侧翼或后方发动真正的进攻。从这点进攻在营销上具有重大意义，特别适用于那些资源少于领先者的挑战者，他们不能用实力来压倒对方，却可以用避实就虚的战术来取胜。

第三，包围进攻。包围战略与从旁进攻战略不同，它试图设计几条战线同时发动一场大的攻势，使对手疲于奔命。挑战者可以向市场提供比对手多得多的产品或广告促销费用。当一个挑战者比对手具有资源能力优势，并相信包围将有可能完全和快速地击破对方的抵抗意志时，这样的包围战略才有意义。

第四，绕道进攻。绕道进攻是最间接的进攻战略，它避开任何直接的冲突，绕过对手，攻击较易进入的市场，扩大自己的资源和能力基础。它通常可有三种途径：多角化经营无关联的产品，用现有产品进入新的地区市场，采用新技术以取代现有产品。在高技术行业中优先使用新技术是一个很合适的绕道战略，它比不断模仿的产品要主动得多。

第五，游击进攻。游击进攻是适用于竞争者的另一种战略，它对资本不足的小企业特别适用。它包括对领先者的不同领域进行小的、断断续续的攻击，目的是扰乱对方，降低其整体企业的精神，并最终获得永久的据点。常用方法有有选择地减价、供应干预、密集的促销扩张等一系列短、平、快的措施。

3. 市场追随者战略

并非所有的在行业中屈居第二位、第三位的企业都会采取市场挑战者战略,因为市场领先者必定会对挑战者发起反击,这样一场恶战难免会使双方两败俱伤,而且领先者在一场大的市场战中往往可能会有更好的持久力。因此,许多企业采用了市场追随者战略,从而保持了一个稳定的市场秩序。

一个市场追随者必须知道的是:如何保持现有的顾客和如何争取有新顾客加入的一个较高的市场份额、追随战略并非是被动的,追随必须确定一条不会引起竞争性服务的成功路线。这种战略大多可分为三类。

(1) 紧追不舍

在多个细分市场中模仿领先者,往往以一个挑战者的面貌出现,但是并不十分妨碍领先者,因而不会发生正面的大规模冲突。

(2) 若即若离

保持某些距离,但又在主要市场和主要产品上创新、一般价格水平和分销上追随领先者,因为它使领先者认为市场计划很少受到干预,而且乐意让出部分市场以免遭独占市场的指责。

(3) 选择性追随

实行这部分战略的企业在某些方面紧跟领先者,但有时又走自己的路。他们可能具有完全的创新性,但又避免了直接冲突,他只应在有明显好处时追随领先者的许多战略。

第三节 市场营销策略

一、市场营销学的研究内容

根据市场营销学研究对象和研究范围的界定,市场营销学研究的主要内容应当是以消费者需求为中心的市场营销关系及其规律,影响市场营销的因素和据此制定的各种营销策略等。它具体包括以下几个方面内容。

(一) 市场营销观念

市场营销观念必须承认和接受以消费者利益为导向,研究和了解什么是消费者最需要的产品或服务,并据以组合企业的全部经营活动。

（二）市场营销环境

环境是影响市场营销活动的重要因素，应在分析影响企业营销活动的环境因素，了解各类市场需求和消费者购买行为的基础上，制定相应的经营对策，选择市场机会，实现营销目标。

（三）市场经营策略

企业应综合、系统地运用各种市场营销手段，制定并选择与动态市场营销环境相适应的最佳营销组合方案。即选择适当的时间和地点，以适当的价格和方式，将适当的产品和服务提供给适当的顾客，以满足顾客的需要。

（四）市场营销管理

市场营销管理是企业为了实现经营目标，创造、建立和保持与目标市场之间的互利交换和联系，而对设计方案的分析、计划、执行和控制。即应用组织、调研、计划、控制等方面的职能，做到最大限度地合理利用企业内部资源，采用最好的方法和方式，使企业的产品有计划、有目的地进入最有利润潜力的市场，在满足顾客需要的同时，实现企业的利润目标。

二、市场营销的功能

（一）了解消费需求

市场营销活动以满足消费者需求为中心，因此企业必须以了解和掌握市场需求为出发点。企业通过市场调查、分析预测等方式准确掌握各类需求的特点、现状及发展趋势，以指导企业生产经营活动。

（二）指导企业生产

在市场经济条件下，企业应该按需定产而不是按产定销。因此，应该以消费者需要作为企业生产的指导，将顾客需求及市场信息不断反馈给企业决策系统、生产系统、采购系统，以指导企业设计、生产和采购的产品在质量、性能、价格、品种、规格等方面与顾客需求相适应。

(三) 开拓市场

企业应通过积极的营销活动，主动挖掘、引导潜在需求，拓展原来市场，或及时推出新产品，开发新市场，提高企业产品的市场占有率。

(四) 满足顾客需求

满足顾客需求是企业营销活动的目标，又直接影响到企业的长期生存和发展。因此，企业必须采用各种营销策略来满足顾客变化的需求，实现企业营销活动的有效化。

三、市场细分策略

(一) 市场细分的含义

所谓市场细分，就是企业通过市场调研，根据市场需求的多样性和消费者购买行为的差异性，把一个整体市场，即全部现实和潜在顾客，分割为两个或更多的子市场的过程。每个子市场都是由需要大致相同的消费者群构成。

市场细分是一种求大同存小异的市场分类方法，企业进行市场细分的主要任务是：明确区分消费者的相同需求，形成不同细分市场，根据具体细分市场对企业的吸引力，有针对性地设计和生产产品。

市场细分的观点是20世纪50年代中期提出的一种选择目标市场的策略思想。主张凡市场产品或服务的购买者超过两人以上，这个市场就有被细分的可能。它的理论依据是消费者需求的绝对差异性和相对同质性。所谓消费者需求的差异性是指消费者对某一产品的质量、特性、规格、档次、花色、款式、价格、包装等方面的要求各不相同，或者在购买行为和购买习惯等方面存在差异。相对于市场产品整体来说，这种差异是绝对存在的。比如牛奶，就其口味这一属性而言，有人喜欢鲜奶，有人喜欢纯牛奶，有人喜欢甜牛奶，还有人喜欢酸牛奶，正是由于这些需求的差异性，使市场细分成为可能。而消费者需求的同质性是指消费者对某一产品的需要、欲望、购买行为，以及对企业营销策略的反应等方面具有基本相同或相似的一致性，如米、油、盐、水、电等产品。同质性需求是相对的、暂时的，会随着其他影响因素的变化而改变。

市场细分理论提出后，受到了企业的广泛重视和普遍应用，成为企业市场营销战略的主要内容。但也有的企业认为市场细分应愈细愈好，能充分满足消费者的不同需求，得到消费者的喜爱，企业就能有更好的收益。然而事实证明，过度的市场细分只能使产品种类陡增，管理难度加大，产品成本上升，企业效益反而降低。因此，又出现了"市场同合"理论，提出寻求消费者群体中的某种共性，主张根据成本与收益的关系适度细分市场，实际上是一种理性的市场细分。

（二）市场细分的作用

市场细分是企业市场营销的基础和前提，是市场营销全过程的首要环节，对企业实现成功营销有重要作用。

1. 有利于企业发现市场机会

通过细分整体结构，可以深入了解每一细分市场的具体需求及满足程度，可以发现细分市场未被满足的需求，从而发现市场机会。企业可以根据市场机会迅速作出反应，来满足市场中未被满足的消费需求，在市场激烈竞争中获取优势。

2. 有利于企业制定最佳营销策略

通过细分整体市场，企业能准确了解和掌握消费者需要及消费者对不同营销措施的反应，便于企业根据相关信息，及时制定适合的营销组合方案和最佳营销策略。配合适当的售前、售中及售后服务，使消费者具体需求得到满足，提高企业的市场竞争能力。

3. 有利于企业提高经营效益

通过细分整体市场，企业可以选择一个或几个细分市场作为目标市场，通过深入研究市场需求的具体特点，集中有限资源，充分发挥自己的优势，有针对性地生产经营适销对路的产品。对于新进入行业的企业或小企业，由于人力、物力、财力相对较弱，往往难与同行业其他先进企业或大企业相抗衡。通过细分市场，企业就能将自己的整体劣势转为局部市场上的优势，从而增强企业的竞争能力，提高企业经营效益。

（三）市场细分的有效条件

市场细分有许多方法，但并非所有的细分都有效，要使经过细分后的市场能成为企业制定有效的营销战略和策略的基础，市场细分必须要具备一定的条件。

1. 差异性

即在该产品的整体市场中确实存在着购买和消费上的明显差别，足以成为细分的依据。例如，洗发水按适合干性发质、适合中性发质、适合油性发质或按不同香型划分是有效的，而按男性、女性、中年、老年划分都是无效的。

2. 可衡量性

即经过细分的市场必须是可以识别和衡量的，不仅有明显的范围，而且也能估量该市场的规模及其购买能力的大小，这样可为企业准确预测产品销量、盈利大小、是否决定细分提供基础。

3. 可进入性

即细分市场是企业能有效进入和为之服务的，如细分的结果发现已有很多的竞争者，自己无力与之抗衡，或虽有未满足的需求，但企业因缺乏原材料或技术，货源缺少，难以生产经营，或受法律限制无法进入等，这种细分市场就不宜贸然开拓。

4. 稳定性

即在一定时间内细分市场能够保持相对稳定，企业在进入市场后相当一段时间内，可不需要改变自己的目标市场。这样有利于企业较长时期的市场营销策略的制定，可避免市场变化剧烈带来的经营风险。

5. 效益性

即细分市场的容量能保证企业获得预期的经济效益。企业选择目标市场的目的，是为满足未被满足的消费需求并盈利。这就要求目标市场应有适当的规模、容量和购买力，不仅能保证企业在短期内盈利，而且能使企业保持较长时期的收益，使企业有一定的发展潜力。

（四）目标市场策略

1. 无差异市场策略

无差异市场策略又称无差别市场营销策略（同一性市场营销策略），是指不对整体市场进行细分，将全部市场作为企业的目标市场，以一种产品、一种营销方法来满足市场上所有消费者需求的策略。

采用这一策略的企业，主要着眼于顾客需求的同质性，对其差别忽略不计，认为市场上所有顾客对其产品有共同的需求和喜好。因此，企业只向市场推出单一的标准化产品，并以统一的营销方式销售。

无差异市场策略的优点是，企业能够通过单一产品的大批量生产，形成规模效应，降低产品成本，提高生产效率，减少产品开发费用，节省促销成本而取得价格优势，从而吸引最广泛的消费者。

2. 差异市场策略

差异市场策略又称选择性市场营销策略（或非同一性市场策略），是企业在对整体市场细分的基础上，针对每个细分市场的需求特点，设计和生产不同的产品，制订并实施不同的市场营销组合方案，以差异性产品满足差异性市场需求的策略。采用这一策略的企业，主要着眼于消费者需求的异质性。把整体市场按消费者的一定特性进行细分，然后针对个别市场的不同需求和爱好，提供与其相适应的产品和采用适当的营销组合分别加以满足。

这一策略的优点是商品适销性强，可以满足消费者的不同需求。企业采用差异市场策略，进行小批量、多品种生产，具有很大优越性。一方面，能满足顾客的不同需要，提高产品竞争能力，减少企业的经营风险；另一方面，如果企业在数个细分市场都有良好的经营效果，会大大提高消费者对该企业的信赖程度和购买频率，提高消费者对企业品牌的忠诚，利于企业新产品的推广。

3. 集中性市场策略

集中性市场策略又称密集性市场策略，是企业在市场细分过程中，以一个或少数几个细分市场作为目标市场，制订一套营销方案，集中力量在目标市场上开展营销活动的策略。采用集中性市场策略的企业，生产经营重点突出，不盲目追求和扩大市场范围，通过集中力量于较小的市场上，实行高度专业化的生产和销售，取得较大的甚至是支配地位的市场份额。

集中性市场策略的优点是，经营目标集中，能深入了解市场需要，针对具体需求予以满足，有利于在集中市场树立和巩固产品和企业形象；在较小市场上实行专业化生产经营，可节省成本和费用，取得良好经济效益，因此资源力量有限的小企业常常采用此策略。但是由于目标市场比较单一和窄小，若市场情况发生变化，企业就可能会面临较大的市场风险。因此，选择这种策略应有风险防范意识和较好的应变能力。

四、市场营销组合策略

（一）市场营销组合的含义

市场营销组合就是企业针对目标市场具体需求，综合运用各种可能的市场营销策略和手段，组合成系统化的整体策略，以实现企业经营目标，取得最好的经济效益。"4PS"的提出，明确了企业的营销活动应围绕产品、价格、销售渠道和促销四方面展开，针对目标市场的具体需求,分别制定营销策略,从而形成不同的营销组合策略。

产品策略是指企业根据目标市场的具体需求,对产品的品种、质量、规格、式样、包装、特色、品牌以及各种服务和保证等要素进行恰当组合和运用,让消费者满意的策略。

价格策略是指企业在激烈的市场竞争中,对所提供的产品或服务的基本价格、折扣、津贴、优惠、付款方式、信贷条件、定价方法和定价技巧等要素进行有机组合和运用,以增强企业产品竞争力的策略。

销售渠道策略是指企业为使产品进入目标市场,而对产品的流转途径和环节、网点设置以及储存运输等要素进行有效组合和运用的策略。

促销策略是指企业为刺激消费者,促进产品销售,而对与产品促销有关的广告、人员推销、营业推广、公共关系等要素进行组合和运用的策略。

(二) 市场营销组合的特点

任何公司在进行营销选择时都是一种整合营销。这种整合营销包括对营销要素的组合、营销网络的组合。市场营销组合是现代市场营销的一个重要概念,包括以下几个特点。

1. 可控性

市场营销组合中的因素的可控性。市场营销组合中的四个要素都是企业可以控制的。换言之,企业可根据市场的需要,决定自己的产品结构,制定产品价格,选择分销渠道和促销手段,使它们组成最佳组合。当然,可控要素随时受到各种不可控的外部因素影响,所以在实际运用时,要善于适应不可控要素的变化,灵活地调整内部可控要素。

2. 可变性

市场营销组合是一个动态组合,是一个变量。市场营销组合中的每一个要素都是一个变数,不断变化,同时又相互影响,每个要素是另一个要素的潜在替代者。同时在四大变数中,又包含着若干个小的变量,每个变数的变动,都会引起整个营销组合的变化,形成一个新的组合。

3. 复杂性

营销组合是一个复合结构,4PS 中的每一个要素,本身又包含若干个二级要素,在这个基础上,组成各个框架的二级组合。例如,产品策略是一个组合要素,而这个要素又可以划分为品种、质量、功能、式样、品牌、商标、服务、交货、退货条件等若干个二级要素。各个二级要素又可分为若干个三级组合要素。例如,促销策略的二级要素有广告,广告又可划分为各种不同的广告形式,如电视广告、播广告、报纸广告、路牌广告等。因此,营销组合是一个多层次的复合结构。企业在确立营销组合时首先应求得四个框架之间的最佳搭配,其次更要注意每个框架内的合理搭配,使所有的要素达到最有效的组合。

(三) 市场营销组合的作用

市场营销组合以系统理论为指导,把影响市场营销效果的各个可以控制的要素组织起来,给企业决策者提供了一个科学地分析和运用各种经营手段的思路和方法,以实现企业市场营销整体效果的最优化。对企业的营销活动来说,市场营销组合主要有以下几个方面的作用。

第一,市场营销组合是制定企业市场营销战略的基础。企业的市场营销战略通常由战略目标和战术目标组成,这两种目标相互依存,密不可分。一方面,包括利润目标、市场占有率目标、产品销售量目标等在内的战略目标,必须建立在由市场营销诸要素所组成的战术目标的基础上;另一方面,作为企业战术目标的市场营销组合又是实现战略目标的保证。也就是说,企业只有以营销战略为依据,分析产品和市场的特点,结合自己的资源优势制定相应的市场营销组合,才能保证企业营销战略目标的实现。

第二,市场营销组合是企业市场营销的基本手段。为了更好地满足顾客需要,企业必须根据目标市场的特点,确定适当的营销组合。使企业内部每个部门、每个员工的每项活动都以顾客为中心,相互协调,相互配合,保证企业从产品、价格、时间、地点和信息等方面全方位地满足顾客的需要,从而最有效地达到企业的营销目标。

第三,市场营销组合是企业应对竞争的有力武器。一般来说,每个企业都有自己的优势和劣势。竞争的取胜之道在于能客观分析自己和对手的长处和短处,扬长避短,发挥优势。市场营销组合策略强调企业发挥自己的优势,根据自身的资源条件、市场环境的变化、市场竞争的格局及产品和市场的特点,巧妙灵活地运用营销组合的各个要素。既突出重点,又有整体配合,从而取得竞争中的有利地位。

第四,市场营销组合是协调企业内部各部门工作的纽带。市场营销组合实质上就是整体营销,它不仅要求营销组合诸要素的协调配合,还要求企业内部各个部门增强整体观念,形成一个整体工作系统,彼此相互分工协作,共同满足目标市场的需求,努力实现企业的整体目标。

五、促销策略

(一) 促销与促销组合

所谓促销,是指通过人员或非人员的方法传播商品信息,帮助和促进消费者熟悉某种商品或服务,并促使消费者对商品或服务产生好感与信任,继而使其踊跃购买的活动。从核心和实质来看,促销就是一种信息沟通,通过各种各样的手段和方式,实现企业与中间商、企业与最终用户之间的各种各样的信息沟通。另一方面,通过信息沟通促销又能够传递最终用户和中间商对生产者及有关产品的各种各样的评价。

促销的目的就是通过各种形式的信息沟通来引发、刺激消费者产生购买欲望直至发生购买行为,实现企业产品的销售。促销的方式主要有人员促销和非人员促销两类。人员促销就是企业派出推销人员,与消费者进行面对面的直接沟通,说服顾客购买。非人员促销主要是指借助广告、公关和各种各样的销售促进方式进行信息沟通,达到引发、刺激消费者产生购买欲望直至发生购买行为,实现企业产品销售的目的。这两种方式各有利弊,起着相互补充的作用。此外,目录、通告、赠品、店标、陈列、示范、展销等也都属于促销策略范围。一个好的促销策略,往往能起到多方面作用,如提供信息情况,及时引导采购;激发购买欲望,扩大产品需求;突出产品特点,建立产品形象;维持市场份额,巩固市场地位等等。一般来说,人员促销针对性较强,但影响面较窄;而非人员促销影响面较宽,针对性较差。企业促销时,只有将两者有机结合并加以运用,方能发挥其理想的促销作用。

把各种促销方式有机搭配和统筹运用的过程就称为促销组合。促销组合是对各种促销形式的有机统配,所以了解各种促销形式非常必要,下面对人员推销、广告、营业推广和公共关系等销售形式做一简要的介绍。

(二) 人员推销

人员推销是一个由销售员与顾客进行面对面沟通的过程。销售员通过交流,了解潜在购买者的欲望和要求,介绍产品的功能与特点,推销产品,以满足购买者的需要。人员推销还能与购买者建立起长期良好的关系。

人员推销在众多促销方式中显现出了不可替代的优点,主要表现在以下几个方面。

1. 信息传递的双向性

作为一种促销方式,只有人员推销这种形式能够实现双向信息沟通。

一方面，它可以把企业的有关信息传递给最终用户和中间商，也就是推销对象；另一方面，推销人员通过和推销对象面对面的接触，可以与推销对象进行有关企业、产品、品牌、竞争对手等方面的信息传递或信息反馈。通过这种双向信息沟通，企业可以及时、准确地了解到市场方面的有关情况和信息，为企业营销决策的调整提供依据。这种沟通起到了重要的信息源的作用。

2. 推销目的的双重性

企业派推销人员向推销对象推荐各种产品与服务，主要目的就是为了尽可能多地实现商品销售。另外，它在这一过程中还可以实现市场调研。因此，推销的目的有两种，一是推销商品，二是市场调研。

在实践中，往往存在着不能充分、有效地发挥人员推销之优点的现象，主要是因为推销人员在市场调研方面的作用没有得到很好的发挥。也就是说，企业在派推销人员进行推销和信息沟通时，应该要求推销人员定期或不定期地提交市场调查报告，这是企业建立市场营销信息系统、建立客户档案的一项重要的基础性工作。推销人员源源不断地从推销对象那里获取的大量信息，有利于建立、修改或完善市场营销信息系统。

3. 推销过程的灵活性

通过人与人之间面对面的接触，推销人员可以及时地回答推销对象对企业和产品各个方面的质疑，以消除推销对象、最终用户的疑虑。同时，在面对面接触的过程中，还可以针对产品价格、付款时间、交货地点等问题进行灵活机动的洽商，这对于交易的达成是非常有利的。

4. 友好协作的长期性

由于推销人员和推销对象经常接触，相互之间容易结成深厚的友谊，这种友谊的建立可以为进一步建立贸易合作伙伴关系奠定深厚的基础，这是其他促销形式所不具备的优点。

所以，人员推销这种形式要求推销人员注重关系营销，注重友好关系的建立、维系与发展。

（三）广告

广告是通过一定媒体向用户推销产品或招徕、承揽服务以达到增加了解和信任以至扩大销售目的的一种促销形式。当今世界，商业广告已十分发达，很多企业、公司、商业部门都乐于使用大量资金做广告。

1. 广告的功能和效用

人们把广告比作信息传播的使者、促销的催化剂、企业的"介绍信"、产品的"敲门砖"。甚至有人认为在今后的社会里，没有广告就没有产品，没有广告就没有效益，没有广告的企业将寸步难行。这就是说，广告是企业促销必不可少的手段。能否有效地使用广告将直接关系到企业的成败。

（1）广告是最大、最快、最广泛的信息传递媒介

通过广告，企业或公司能把产品与服务的特性、功能、用途及供应厂家等信息传递给消费者，沟通产需双方的联系，引起消费者的注意与兴趣，促进购买，加速商品流通和销售。

（2）广告能激发和诱导消费

消费者对某一产品的需求往往是一种潜在的需求，这种潜在的需求与现实的购买行动有时是矛盾的。广告造成的视觉、感觉映象以及诱导往往会勾起消费者的现实购买欲望。

（3）广告能较好地介绍产品知识、指导消费

通过广告可以全面介绍产品的性能、质量、用途、维修安装等，并且消除消费者的疑虑，消除他们由于维修、保养、安装等问题而产生的后顾之忧，从而产生购买欲望。

（4）广告能促进新产品、新技术的发展

新产品、新技术的出现，靠行政手段推广，既麻烦又缓慢，局限性很大。而通过广告直接与广大的消费者见面，能使新产品、新技术迅速在市场上站稳脚跟，获得成功。

2. 广告策划

广告策划就是通过细致周密的市场调查与系统分析，充分利用已经掌握的知识（信息、情报与资料等）和先进的手段，科学、合理、有效地部署广告活动的过程。简言之，广告策划就是对广告运作的全过程做预先的考虑与设想，是对企业广告的整体战略与策略的运筹与规划。

一项较完整的广告策划主要包括以下几个方面的内容。

（1）市场调查

市场调查是进行广告策划的基础。只有对市场和消费者了解透彻，对有关信息和数据掌握充分，才可能作出较为准确的策划。市场调查安排，就是要确定要向什么市场、什么用户、进行何种方式的调查。

（2）消费心理分析

对于消费者心理与行为的分析、研究是广告策划的前提。具体来讲，只有准确地把握

住消费者的需要、动机、注意、知觉、记忆、想象、态度、情感与情绪等心理因素，才能有效地进行准确的广告定位与较高水平的广告创意。

(3) 广告定位

广告定位是为了突出广告商品的特殊个性，即其他同类商品所没有的优异之点，而这些优点正是特定的用户所需求的。广告定位确定了广告商品的市场位置，符合消费者的心理需求，就可以保障广告取得成功。有了准确的广告定位，广告主题也就可以确定下来。

(4) 广告创意

广告创意是决定广告策划成败的关键。广告定位之后的问题就是如何根据广告定位，把握广告主题，形成广告创意。成功的广告在于它能够运用独创的、新奇的诉求策略与方法，准确地传递出商品信息，有效地激发消费者的购买动机与欲望，持续地影响其态度与行为。

(5) 广告媒介安排

这是广告策划中直接影响广告传播效果的重要问题。媒介选择和发布时机安排得当，广告发布的投入产出效果就比较好；反之，企业投放的广告就不能收到预期的效果。

(6) 广告效果测定

广告效果测定是全面验证广告策划实施情况的必不可少的工作。企业委托的广告公司的工作水平、服务质量如何，整个广告策划是否成功，企业是否感到满意和更有信心，将以此为依据来作出评价。

(四) 营业推广

营业推广又称销售促进，它是企业用来刺激早期或强烈的市场反应而采取的各种短期性促销方式的总称，目的在于劝诱同业（中间商）或消费者购买某一特定产品。

1. 营业推广的作用

其作用主要表现在五个方面：①促使消费者使用产品；②劝诱使用者再购买；③增加消费；④对抗竞争；⑤促进消费者对本企业其他产品的消费。

2. 营业推广的类型与方式

营业推广有三大类对象，即消费者、中间商和推销人员。与之相应，营业推广也可分为三类。

(1) 针对消费者的营业推广活动

开展针对消费者的营业推广活动，其目的在于吸引新顾客，抓住老顾客。其方式通常是赠送纪念品、宣传品、实物礼品或赠送折价券、减价和进行抽奖。

(2) 针对中间商的营业推广活动

开展针对中间商的营业推广活动，其目的在于扩大和增加企业的产品同顾客之间的渠道。

(3) 针对推销人员的营业推广活动

开展针对推销人员的营业推广活动，其目的在于调动推销人员的积极性。常使用的方式有：①让利；②销售集会；③销售竞赛。

(五) 销售渠道策略

1. 销售渠道的含义及功能

所谓销售渠道是指把产品从生产者向消费者转移所经过的通道或途径，它是由一系列相互依赖的组织机构组成的商业机构。这些商业机构包括制造商、中间商、银行、运输商、仓储商和广告商等。销售渠道有以下几个功能。

(1) 交易功能

交易功能是通过销售渠道，使企业与潜在的消费者接触并进行交流，使消费者能了解企业及企业的产品，与消费者就产品的购买数量、价格、货款支付的方法、运输的方式、交货的时间等进行谈判，并承担与商品流通有关的风险。

(2) 后勤功能

后勤功能是指通过对商品的配送与分类，消除生产者与消费者之间存在的时间差异、空间差异、数量差异及花色品种差异。

(3) 促进能力

销售渠道一方面可以为企业提供有关市场的需求、竞争等方面的信息资料，有利于企业更有效地开展市场营销活动；另一方面，销售渠道可以向消费者提供各种财务服务，以促进产品的流通。

2. 销售渠道的类型

(1) 按销售渠道中的中间商数目分类

销售渠道分为长的销售渠道和短的销售渠道。长的销售渠道是指由比较多的中间商所组成的销售渠道。短的销售渠道是指由比较少的中间商所组成的销售渠道。当然，销售渠道的长与短是相对而言的。如果企业直接把产品卖给消费者而没有经过一个中间商，则是最短的销售渠道。

长的销售渠道的优点是市场的覆盖面比较大，有利于扩大产品的销量和提高市场占有率。缺点是不利于企业对销售渠道的管理与控制，较多的中间环节也会增加产品的销售费用支出。这种渠道方式比较适合于日常生活消费品的销售。

短的销售渠道的优点是有利于企业对销售渠道的管理与控制，也有利于减少销售费用的支出。但市场的覆盖面小，会影响企业产品的销售市场占有率。这种渠道方式适合价格比较高的耐用品及工业品的销售。

（2）按企业对销售渠道的控制程度分类

销售渠道分为直接的销售渠道和间接的销售渠道。直接的销售渠道是指由与生产企业是同一个所有者的中间商所组成的销售渠道。由于组成这种销售渠道的中间商与生产企业是同一个所有者，生产企业能对这种销售渠道实行完全的控制，所以称作直接的销售渠道。间接的销售渠道是指由独立的中间商所组成的销售渠道。由于这种销售渠道是由具有独立利益的中间商组成，企业只能通过合同、价格等手段对销售渠道进行控制，所以称作间接的销售渠道。直接销售渠道的优点是企业能对销售渠道实现完全的控制，销售渠道的中间商能较好地为消费者提供各种售前、售后服务工作，也能更好地为企业收集各种市场信息资料。当产品的销售量比较大时，采取直接的销售渠道方式也有利于降低销售费用支出，但这种销售渠道方式的渠道建立费用比较大，销售渠道在运转过程中对企业在资本上给予支持的要求也比较高。间接销售渠道的优点是渠道建立的费用比较小，对企业在资本方面给予支持的要求也比较低，但企业对销售渠道的控制程度也比较低。

（3）按销售渠道中每个层次（环节）使用中间商的数目分类

销售渠道分为宽的销售渠道和窄的销售渠道。宽的销售渠道是指组成销售渠道的每个层次的中间商数目都比较多，它比较适合日常生活用品的销售。窄的销售渠道是指组成销售渠道的每个层次的中间商数目都比较少。由于中间商数目比较少，它比较适合价格比较高的耐用品或工业品的销售。

宽的销售渠道能提高产品的市场覆盖面，增加产品的销售量，但企业对销售渠道的控制与管理比较困难，产品的销售费用也会比较大。窄的销售渠道使产品的市场覆盖面比较小，但企业比较容易对销售渠道进行控制，产品的销售费用也比较小。

（4）按企业采取的销售渠道模式不同分类

销售渠道分为单渠道营销和多渠道营销。单渠道营销是指企业采用以上分析的一种销售渠道类型把产品从生产者送到消费者手中。多渠道营销是指企业采取多种渠道类型把相同的产品送到不同市场或相同市场的消费者手中。多渠道营销又称双重渠道营销，它有两种形式：一种是企业把同样的产品通过完全不同的销售渠道送到消费者手中。如水龙头制造商可以通过建材批发商、五金批发商、百货批发商、电器批发商卖给许多零售商,再通过各种零售商把水龙头产品送到最终消费者手中。另一种是制造商通过两类或两类以上的销售渠道销售两种商标的基本相同的产品。采取多重营销的方式有利于实现更深的市场渗透,但各种销售渠道类型之间可能会存在着一定的竞争。

3. 对销售渠道的控制

销售渠道控制力的存在是基于渠道成员之间的相互依赖关系。其控制可分为强制力控制与非强制力控制两种。

从制造商对销售渠道的控制看,强制力控制表现为制造商对销售渠道的其他成员的惩罚能力,如制造商可能威胁不再向服务差或损坏其品牌形象的零售商提供产品。强制力的成功与否取决于威胁惩罚的程度、被威胁对象是否认识到不合作的代价比合作的代价大,以及威胁信息的可信度。但不断的威胁可能使被威胁的对象结盟来共同对付威胁,会扩大销售渠道的冲突程度。

从制造商对销售渠道的控制看,非强制力控制表现为制造商对销售渠道的其他成员的奖赏力、追随力、专家力、说服力和信息力。奖赏力是对能遵守其要求的渠道其他成员给予奖赏的能力;追随力是由于制造商的卓著的品牌和良好的企业形象而使渠道的其他成员追随和认可的能力;专家力是指制造商的某一方面的专业知识和能力对渠道的其他成员的影响力;说服力是制造商说服渠道其他成员合理定位的能力;信息力则是制造商获得真实的信息资料而对渠道其他成员所产生的控制力。

第六章 新时代背景下的财务管理

第一节 新时代背景下财务管理的意义

一、新时代背景下财务管理的理论结构分析

随着社会的发展，财务管理越来越受到人们的重视，在企业的管理和发展中发挥了重要的作用。财务管理的实体是先于财务管理理论发展的。我国的财务管理理论相较于西方国家出现得较晚，且不够健全，同时我国的财务管理实践需要科学化的财务管理理论指导，以规范财务管理人员的言行，促进我国财务管理的发展和进步。

（一）财务管理理论结构概述

财务管理理论是在之前的财务管理实践的基础上进行归纳和总结，然后在实践中加以发展、再总结，得出系统化、科学化、合理化的财务管理指导思想，继而发展成为一套理论。财务管理理论可以使财务管理工作更具有科学性和有效性，以发挥财务管理工作的最大作用。财务管理理论结构是指财务管理包含的几个大的方面，这几个大的方面的重要性的先后顺序，以及这样排序的标准。

（二）财务管理理论结构的构建

1. 财务管理理论的基础

财务管理理论的基础，主要是指财务管理环境、财务管理假设、财务管理目标这三者之间的关系和发展状况。财务管理环境是进行财务管理工作的逻辑起点，一切的财务管理工作都是围绕这个出发点开始的，也是以它为基础开展一切工作的；财务管理假设主要研究财务的主体以及市场投入产出之间的比例，是构建财务管理理论结构不可缺少的组成部分；财务管理目标是指开展财务管理工作将要达到的目标或者目的，是在财务管理环境和

财务管理假设的基础上建立的，对涉及财务管理的业务具有导向作用。财务管理目标既是对财务管理环境和财务管理假设的总结，又可以指导财务管理工作的开展。目前，我国实行的市场经济，使财务管理理论所承担的压力变大了，能对市场经济下的资金进行合理的分配和支出，能够实现经济效益最大化。

2. 构建财务管理的基本理论

财务管理工作的开展需要遵循一定的原则和方法。财务管理的内容、财务管理的原则、财务管理的方法都是财务管理的基本理论，从这三个方面入手，可以保证财务管理理论的科学性和合理性。财务管理工作主要是针对企业筹资、投资、营运及分配等方面开展的。财务管理原则可以有效地约束财务管理工作的行为，可以使财务管理理论更加科学化、系统化。把财务管理的内容与财务管理的目标连接在一起，能够提高企业决策的正确性。

3. 建立财务管理通用业务理论

财务管理通用业务是指一般企业都具有的财务管理工作，属于比较大的范围。在财务管理通用业务中可以对企业的筹资、投资、营运等业务进行系统的总结和研究，可以指导财务管理向着正确的方向发展，可以为财务管理理论的建立提供强有力的事实依据，可以提高财务管理理论结构的科学性。财务管理理论结构的建立，实际上是为财务管理工作提供一个比较大的框架，任财务管理工作者在这个框架里发挥，也为企业的财务管理中的资金支出情况做了系统分配，从而确保财务分配上存在着一种"公平性"。

综上所述，财务管理理论结构为企业财务管理工作的开展提供了强有力的理论依据，同时财务管理理论结构的建立也受到多方面因素的影响和制约。财务管理理论在我国财务管理工作中具有很高的地位，因此要形成一套逻辑性强、科学化、系统化的财务管理理论，以确保我国财务工作开展的正确性和有效性。

二、新时代背景下财务管理的价值创造

财务管理是企业管理的重要组成部分，是实现企业价值最大化经营目标的重要手段。财务管理价值创造能力的水平越高，其在企业价值创造中的地位越高，为企业创造价值的效率和质量就越高。因此提升财务管理价值创造能力，有助于更好地发挥其价值创造作用，意义重大。

(一) 财务管理的价值创造

财务管理的价值创造是通过一系列财务管理活动，为企业创造价值，以期实现企业价

值最大化。财务管理在企业价值创造过程中扮演着诸多角色,可以直接创造价值,可以以支持辅助的方式间接创造价值,还可以保护企业现有价值不受损害。

1. 价值创造

财务管理可以通过多种方式来实现价值创造。一是通过投资、享受政府优惠补贴政策、开展理财活动等财务活动,直接为企业增加现金流或获取收益;二是通过统筹运用各项资源、集中管理资金、统一结售汇、税务筹划等方式,降低各项成本。

2. 价值促进

财务管理可以通过辅助支持企业的各项价值创造活动来促进企业价值的提升。一是通过预算管理,合理配置企业资源;二是通过评价考核、薪酬激励、奖励惩罚等措施的执行,促使企业价值创造机能有效运行;三是进行财务分析,供管理参考、为决策服务,协助各项价值创造活动有序高效地开展。

3. 价值保护

财务管理还可以采取财务措施保护企业价值不受损失。一是通过内部控制手段,防范企业潜在风险,实现企业价值保值;二是通过财务审计,规范企业财经秩序,防止企业价值受到损害。

(二) 财务管理的价值创造能力

1. 含义

价值创造能力是指创造企业价值的主观条件的总和,是实现企业价值最大化目标的能力。财务管理价值创造能力是指通过财务管理手段为企业创造价值的能力。

2. 影响因素

(1) 人员

财务管理工作具体是由财务管理人员执行的,财务管理人员能力越强,财务管理工作更能实现其价值创造的目标。

(2) 制度

制度体系的建立,使财务管理价值创造活动有制可循、有章可依,有利于规范其价值创造活动,提高价值创造工作的效率及质量。

(3) 流程

完善、高效的流程,可以解决相关管理要素不能得到有效利用的闲置浪费,使管理有序,充分发挥财务管理的最大效率,为财务管理价值创造活动助力。

(4) 方法

先进科学的管理方法能保证财务管理在价值创造活动中实现管理功能，保证其发挥应有的作用，因此财务管理方法对企业充分发挥财务管理的价值创造作用影响很大。

(5) 环境

财务管理环境是指对企业财务活动产生影响作用的企业各种内部和外部条件。企业的财务管理活动离不开财务管理环境，财务管理环境必然影响财务管理活动。

(三) 提升财务管理价值创造能力的建议

1. 提升财务管理人员的价值创造能力

一是树立价值创造理念。形式上有人去做财务管理工作是绝对不行的，必须将价值创造的理念深入参与财务管理的每一个人心中。财务管理人员首先应该改变自身理念，只有认同财务管理企业价值创造者的角色，才能真正通过意识和理念去指导实践，以实现价值创造的目标。

二是提升财务管理人员的专业素质，培养企业所需的复合型人才。学习并不断更新财务管理方面的政策和知识，提高业务素质；加强对企业业务、流程、部门架构等的了解，加强沟通与协作，储备较为全面的综合知识，以便更好地为企业价值创造机制服务。

2. 建立以价值创造为导向的财务管理制度体系

一是完善制度。在价值创造过程当中，想要财务管理工作高效地创造价值，就必须将原有的财务管理制度进行梳理，从价值创造的角度对原有制度进行评估、修改及补充，将价值最大化的企业目标体现落实到相关制度中。

二是建立制度体系。以价值创造为导向的财务管理制度体系应分为几个层次，最底层是具有操作性的实施细则，第二层是具有指导意义的管理办法，最高层是财务管理的价值创造总纲领。

三是用文字记载。相关规章制度应以文字方式形成文件，确保制度的约束性、严肃性和引导性，使财务管理价值创造活动有所依据。

3. 改进财务管理流程

将财务管理与业务流程相结合，让财务部门和财务管理人员全面参与到整个价值链流程中，将管理措施融入企业各生产经营环节。从价值创造的角度，帮助各业务部门、经营环节作出事前的预测规划、事中的监督控制、事后的评价等，实现企业价值链上的财务协同，为企业价值创造提供全面支持。

4. 应用现代管理方法

借助信息技术、互联网，可以增加沟通、及时获取相关政策制度、及时处理财务及经营信息、实现多维度数据统计等，有利于在提高财务管理价值创造活动效率的同时减少或避免差错，切实保证财务管理价值创造活动的质量。

5. 营造财务管理价值创造的环境

形成财务管理的价值创造文化，充分发挥其应有的作用，创造并保持财务管理人员参与价值创造的内部环境。财务管理的价值创造文化是财务管理价值创造目标与财务管理人员的纽带，把从事财务管理的人员团结起来，形成巨大的向心力和凝聚力。这种从内心产生的效应，足以胜过任何规章制度和行政命令。

企业在提升自身财务管理价值创造能力的过程中，应关注提升的效果，对于未达到或偏离了原有目标的应及时调整。同时还应注意克服认知惰性，适时主动地根据企业实际情况，对提升财务管理价值创造能力的方式、方法予以修正。只有这样才能真正地提升企业自身的财务管理价值创造能力，达到提升的目的，实现提升的效果。

三、财务管理环境变化以及对现代财务管理的影响

财务管理是企业发展中的重要内容，对企业平稳经营有着重要的意义和影响。在近几年的发展中，很多企业提高了对财务管理环境变化的分析与研究。一方面是由于财务管理水平与财务管理环境的变化有着密切的联系，需要相关管理团队能够对两者之间的关系进行深入的研究与探讨，从而为财务管理工作的开展提供可参考的依据；另一方面是由于传统老套的方式和理念已经不能满足现代企业财务管理的需要，如果不能及时创新与完善财务管理制度、理念以及模式等，那么就会影响企业的正常发展。

（一）财务管理环境变化的内容

1. 企业发展模式方面

财务管理环境在变化的过程中，会在很大程度上引发企业发展模式的变化，而发展模式的变化不仅对企业核心的构建有着重要的影响，还对企业财务管理的开展有着重要影响。企业财务管理中涉及很多方面的内容，如资金管理、预算控制及风险规避等，因此，当企业发展模式受到财务管理环境变化而发生改变的时候，企业财务管理部门就需要对这些内容进行重新部署与安排。只有通过这样的方式，才能进一步顺应企业发展模式变化的需要，对财务管理工作的开展提供有利的条件。

2. 金融全球化方面

金融全球化对企业融投资的开展有着重要的意义和影响，不仅为企业融投资提供了更多的选择机会，还间接地丰富了融投资的形式和内容。在财务管理环境变化的过程中，企业财务管理部门会根据金融全球化的发展现状，对融投资环境做进一步的分析与研究。同时，还会对融投资中涉及的风险问题做进一步的控制和防范，从而确保融投资的安全，而财务管理工作的开展也会间接发生改变。

3. 经济信息化方面

随着经济的不断发展，国与国之间的交流和联系更加密切，经济全球化的趋势已经愈演愈烈。随着经济全球化的发展，以跨国服务和商品为主要经营对象的跨国公司也广泛兴起。跨国商品和服务的产品流通模式和形式，与传统经济有着很大的差别。经济技术也有着很多的变化，急需财务管理模式采取相应的方式。而经济信息化的发展，是财务管理环境变化的重要部分之一，其以互联网技术和电子计算机技术为基础，通过信息的共享和技术的沟通，已经对经济运行的模式产生了巨大的影响。

（二）财务管理环境变化对现代财务管理的影响

1. 资产评估体系构建方面

资金的平稳运行对企业发展与财务管理工作的开展有着重要的意义，而资产评估体系的构建在很大程度上推进着财务管理水平的提升。很多企业在进行财务管理的过程中，会将重点内容放在知识资本的评估与管理方面。对于资产评估中存在的难点问题，相关管理团队也能根据实际情况，对相应的会计核算工作以及评估工作进行优化处理。

但是在实际资产评估的过程中，很多管理团队没有按照规范的计量模式或核算方法进行相应的工作。这种情况的出现对资产评估的价值分析与评价有着一定的影响。在财务管理环境变化的引导下，相关管理团队能够进一步提高对资产评估的重视与研究，并根据实际财务管理环境的变化情况，对企业现金流量计量及管理模式等进行优化，制定出有利于企业财务管理的计价方式，推进资产评估体系的构建。

2. 财务管理网络优化方面

由于互联网时代的发展及电子计算机技术的推广，很多行业在发展的过程中都会将先进的网络技术及电子技术等应用其中，在顺应时代发展需要的同时，促进行业的平稳发展。各企业的财务管理模式也会受到财务管理环境变化的影响而发生改变，而将网络技术及电子计算机技术应用到财务管理网络系统建设中，逐渐成为企业发展中的重要内容。合理应用网络及电子计算机技术，不仅能够有效控制财务管理工作中存在的问题，还能进一步提高财务管理的质量与效率。

比如，财务管理过程中会涉及很多的数据和信息计算及核对工作，但是相关工作人员在计算和核对的过程中，会受到某些因素的影响而出现问题。而合理应用网络技术就能够在很大程度上降低这类情况出现的概率，同时还能间接提高信息核对及数据计算的准确性，为财务管理工作的开展提供有利条件。另外，对财务管理网络进行建设与优化，还能实现企业资源的合理配置，提高企业信息共享的效率和价值，对财务管理人员积极性的提升也有着重要的意义和影响，因此需要企业相关财务管理团队提高对网络建设的重视。

3. 财务管理内容变化方面

除了上述两点内容外，财务管理环境的变化还会对财务管理内容产生影响。由于各企业财务管理的效率和质量会随着国家经济环境的变化而变化，企业要想保证财务管理工作的顺利开展，就要求财务管理相关管理团队根据经济环境实际变化情况，对相应的财务管理内容进行更新与优化。

财务管理环境的变化与经济全球化的发展有着密切的联系。近年来，随着很多大型跨国公司的出现，相关的融投资行为也成为普遍现象。而融投资模式的出现，不仅间接地提高了企业的经济水平及筹资的效率，而且还带动了计算机技术的应用与推广。融投资方法变得多样化，财务管理内容也变得充实起来。

另外，在财务管理内容发生变化的同时，一些跨国公司还会将新型的投资方式应用到实际的工作中，这不仅给企业发展提供了更多可参考的依据，还间接地促进了企业财务管理模式的创新与升级。虽然企业财务管理会受到一些因素的影响而出现风险问题，导致投资效率下降。但是，财务管理内容在改变的过程中，会间接优化企业受益模式和管理内容，能够在一定程度上规避风险，提高财务管理质量，对企业经济水平的提升有着重要的意义和影响。

4. 财务管理理念革新方面

在经济全球化、金融全球化、信息化、知识资本化等经济环境的影响下，财务制度也应当从财务管理理念、财务管理内容、评估系统的构建、电子网络系统的构建等方面进行适当的调整和革新，以适应日益变化发展的经济形势，提高财务管理效率。财务管理环境主要包括经济全球化、电子商务化、企业核心重建等部分。面对这些环境的变化，财务管理也必然要作出一些调整，以适应大环境的发展。

受当前财务环境的变化影响，现代财务管理必须适时进行变革和创新。首先，在财务理念和理论构建上，应当重视工业经济和知识经济的全面发展，使其在保证经济增长的基础上，还能从技术层面和资金管理层面实现对企业财务管理的优化。也就是在传统财务管理工作的基础上，优化资金使用效率和风险规避制度，确保企业管理者能够正确地决策和投资。

其次，企业应当积极促进财务管理创新。因为企业财务管理工作的目标是发挥资金的最大效用，并且能够最大限度地降低风险。而企业人员关系的协调和生产能力的激发又能够从根本上提高企业的效益，所以在财务管理上，应当将人员关系优化与财务创新相结合，在优化人员管理制度的基础上，实现财务关系的协调和创新。

（三）财务管理未来发展趋势

1. 财务理论和关系创新发展

为适应经济发展形势，企业进行生产经营过程中必须具备稳固的理论基础，以适应社会信息化发展，紧跟知识型经济发展步伐，以更好地适应财务管理环境的变化，提高企业的适应性和灵活性，保证企业财务管理工作的有效实施。随着环境的变化，财务管理的目标发生了一定的变化，由实现股东财富最大化转向企业价值最大化，以保证企业各个相关者的利益。财务管理的关系也发生了一定的变化，更加侧重于企业内部的管理，注重企业内部员工关系的维护，以营造和谐稳定的内部环境。

2. 筹资和投资丰富化

随着经济全球化的发展，金融工具更加丰富，企业在筹资和投资决策方面具有更多的选择，使企业的决策能力得到提高。网上融资模式的出现，为企业融资提供了一定的便利，使融资领域得到扩展，为企业提供了更加广泛的渠道，以实现企业内部资源的合理配置，提高企业的总体竞争能力。筹资和投资方面的变化，为企业合理利用资金提供了机会，以降低企业出现资金短缺的可能，保证企业内部资金的流动性。

3. 受益分配合理化

实现利益最大化是企业存在的根本目标，合理分配收益是企业稳定运行的关键，知识经济的发展，使得知识成为企业进行利益分配的一项依据。对于物质资本提供者来说，主要以资本所有权为依据进行分配。知识创造者在领取基本工资的同时，可以依据对知识资本的创造参与利益分配，获取相应的收益。

4. 预算评价体系专业化

财务管理工作离不开财务预算，各种报表是企业高层管理者进行决策的基本依据。因此，一个公平合理的预算管理体系对于财务管理工作至关重要。通过准确的数据分析，能够真实地反映企业运营状况，合理预测企业的偿债能力、盈利能力及市场表现情况等。按照预算考核结果进行奖惩，能够更好地推动建设合理有效的预算体系，保证预算体系具有专业性，实现企业的可持续发展。

随着经济形势的转变，财务管理的环境发生了一定变化，对财务管理工作提出了更高的要求，使得财务管理的内容和对象不断扩大。为提高企业的核心竞争力，稳定企业在市场中的地位，必须结合市场行情和经济形势对财务管理进行创新。在理论结合实践的基础上改进财务管理工作，提高财务管理的灵活性，更好地适应财务管理环境的变化。从不同的角度满足企业发展的需要，促进企业更好更快地发展，实现企业经济利益的提高，达到企业的总体目标。

第二节　新时代背景下财务管理的基本组成

一、精细化财务管理

随着社会经济的快速发展与进步，经济全球化的发展趋势变得更加显著，使得各个行业之间的竞争水平出现了较大的改变，交流变得更为畅通。但同时，也使得我国各个行业之间的竞争压力变得空前之大，出现了各种各样的问题。针对这些问题，我国从政府层面不断制定改革措施，从企业层面不断深化改革，从而为企业的快速和可持续发展提供强有力的保障措施。

（一）企业精细化财务管理的基本内涵

企业精细化财务管理，主要指的是将企业财务管理工作细分，以促使企业财务管理水平显著提升，财务管理工作效率和质量显著提高，从而最终为提高企业经济效益服务。一般来说，企业采用精细化财务管理工作，不仅仅是将财务管理的相关内容和数据进行细分，而且还要提高企业的资金使用效率。通过开展精细化财务管理工作，不仅能够很好地促使企业财务管理水平显著提高，而且还能够促使企业良性发展和运营。该模式是目前很多企业首选的一个财务管理模式。

（二）精细化财务管理的特色

企业财务管理不仅仅是将管理工作进行得更为细致与精确，还需要有相应的思路及方向，使得管理质量得以提高，企业运营效果与利润得以提升。企业要从多方面着手，既要认真执行，也要重视效率，进而实现精细化财务管理的目标。

1. 制度精细化

财务管理制度的精细化，指的是财务管理工作的具体实施更具规范性，进而达到精细化的管理，企业需要根据自身的实际情况对财务部门的制度加以严格的修正，将各个条款逐一细致化，使其在制度建设中保有相应的原则，细化和完善各类财务管理制度，防止制度执行力不高与制度模糊化等问题的产生。

2. 流程精细化

财务管理流程的精细化，能够进一步整理及完善管理流程，流程精细化对于财务管理的工作效率有着重要作用。企业需要加强细化财务预算，将各个系统能够依据预算执行的费用项目，整体纳入预算管理之中，并且分散于各处且具体落实于人。依据相应的内部控制以及高效率工作的准则，进一步规范财务管理流程，逐步细化各项业务层面的具体操作规则，使得财务人员可以将全部重心转移到财务数据分析上，使得财务流程精细化能够进一步有序地进行。

3. 质量精细化

财务管理质量的精细化，能够对财务管理工作加以监督并进行决策上的支持。加强贯彻与执行国家及企业的财政政策与法规，全面、认真地将企业的财务状况进行反馈，注重细节，完善信息，增加信息的可利用价值，强化对资金的监管与控制，保证资金的安全性。将财务核算模式加以转变，形成一体化的财务管理方式，在组织上确保预算体系得以如常进行。

4. 服务精细化

财务人员需要具备财务服务精细化的理念，在一定时间内进入基层部门了解实际情况，努力做好资产管理方面的工作。加强与各个部门之间的沟通和协商，将信息的反馈速度加以提升，形成良好的互动关系，进而使得各类活动可以有凭据和依靠。

(三) 精细化财务管理的实施方法

1. 企业内部实施成本预算管理

成本预算管理是将企业年度资产经营考核目标利润作为具体的依据，将企业年度预测的各项数据作为已知变量，计算出企业年度总体的预算收入，进而推算出企业年度总的需要控制的费用。优质的成本预算管理，应该将成本预算先具体落实，将实际成本费用的核算时间划分为月度、季度与年度三种。同时将相对应的企业财务报表，作为成本费用控制的依据，而且，还需要将其和各个部门的成本预算加以对比，采取具体的方案加以解决。

2. 认真落实精细化管理

将促进经济效益的提高作为主要的目标，使精细化管理加以落实。第一，在安全管理方面，实行安全生产责任制，制定具体的安全管理方案及准则，使得各项条款更为精细及确定，将安全责任加以着重划分，确保责任目标加以具体落实。第二，于企业的管理制度来说，应充分发挥综合管理的作用，逐步改善企业中的预算管理、资产管理及精细化管理制度。第三，在企业资产经营方面，实施目标责任制，所有的工作人员形成良好的成本管理意识，将企业经营的总体目标细化于各个部门。第四，将成本预算与薪酬考核结合起来，同时将精细化管理目标达到的效果作为薪酬考核的内容之一。第五，对于企业预算资金的运用，需要以月度计划的方式进行控制，使得企业资金能够在可以控制的范围内。第六，给企业成本管理设立细致的标准，企业成本管理的目标及责任加以细化。第七，逐步改善企业内部的审计制度，实施严谨且规范化的管理，降低企业的经营风险。第八，建立健全有效的企业实物资产管理制度及措施，进一步深化精细化财务管理的内容。

综上所述，精细化财务管理具备其独有的特色，对于企业的发展具有重大的价值，同时，需要运用精细化财务管理的方法，使得企业的管理水平提高，企业自身能够蓬勃发展、蒸蒸日上。

二、财务管理中的内控管理

内控管理能直接影响财务管理，所以当代企业都非常重视内控管理。一个好的内控管理方法能对企业的运营起到积极作用，不但能减少企业运行成本，还可降低生产成本。既能保障企业资产安全，又能有效地为企业降低财务管理风险，为企业管理层提供可行的财务数据，有利于更好地发挥内控管理的作用。

（一）内控管理对财务管理的作用

市场经济的发展需要企业完善内控管理工作，预防在经营过程中出现危机。企业内控管理措施的执行与财务管理工作是息息相关的，直接影响到企业的经济效益。虽然现在不少企业领导层都开始重视内控管理，但还是有少数企业领导并不那么重视内控管理，对财务管理工作也没有起到监督作用。其实，内控管理对财务管理有着非常重要的作用。

1. 有利于保护企业资产

内控管理能有效保护企业资产安全，使企业健康发展，因为内控管理人员需将企业全部财产进行核查与控制,并清楚企业每一笔资金流动,所以能确保财产安全,避免企业出现挪用公款的情况。企业财务管理部门根据企业现状拟定相关管理制度,并对物资处理进行详细规定,这样能提升企业财务管理方面的专业水平。同时,也能有效防止贪污现象,企业在正常运营下提高了外部竞争力。

2. 提高财务信息真实性

内控管理能提高企业财务信息的真实与可靠性,完善企业内控管理制度对财务管理有着重要影响,要拟定详细的财务信息处理方法与控制方案。比如将财务信息资料进行审核复查,经过内控管理完成企业财务信息的校对,以及时发现财务管理中的问题,从而及时改正,有利于降低资产损失,财务信息越真实越有利于企业财务管理的发展。

3. 企业经济效益得以提高

完善内控管理是提高企业经济效益的有效方法,加强内控管理并发挥内控管理在经营管理中的作用,能够提高企业财务管理水平。建立完善的企业内控制度能充分利用内控管理制度的资金调节作用,使资金使用合理性得以提升,并有利于加强企业发展的自我约束力。

(二) 内部控制在财务管理当中的范围

财务管理内部控制主要是系统整合企业各个财务活动与生产经营活动,并且通过财务方式将企业各个部门有效联系起来。这样有助于企业管理人员进行科学的经营决策,有效监督和约束企业各个层次的财务活动。实行内部控制机制,可以在较大程度上提高企业的经营管理效率,实现最大化的资产收益。企业内部控制的科学性和实效性可以帮助企业做好财务预判,降低运营风险。此外,内部控制机制也能够帮助企业控制和管理企业资金,全面发挥资金的价值,为提高企业的经济效益提供良好的发展动力和经济基础,进一步提升企业的市场竞争力。

1. 内部控制是控制机制的重要组成部分

在企业控制机制当中,内部控制机制属于重要组成部分。主要表现在以下方面:第一,结构控制体系,能够全面展现出代理与委托之间的关系,利用合法措施确保企业可以顺利开展企业内部控制,这样可以确保投资者的效益。第二,管理控制体系,该体系存在较多的形式,主要包括定期换岗制度、员工道德素质培养、预算控制及内部监督制度等,这将在较大程度上影响代理人的责任的成功性。第三,会计控制体系,该体系也可以称为核算控制,根据控制内容的差异性,可以实物控制、纪律控制及基本控制等,基本控制可以从根本上确保会计控制。

2. 内部控制保障资金安全

建立企业内部控制能够全面保障企业的财产安全。其一，内部控制可以加强控制企业的流动资金，全面保障流动资金的安全运行。在部分企业发展期间存在较大的货物流动性，并且会涉及较多的环节，这就需要不断规范内部控制，避免出现安全问题。其二，企业内部控制能够保护固定资产和长期资产，按照企业的实际发展状况调整财产，并且传输安全的资产信息，这样使企业在外部投资期间可以正确认识自身情况。

3. 内部控制降低企业经营风险

企业建立内部控制，有助于企业领导层面获取企业发展的最新信息，之后按照信息作出正确的决策，全面降低企业的经营风险，促进企业实现发展目标，建立企业文化。内部控制制度能够为企业管理人员提供最新的财务信息和经营信息，之后按照企业的实际发展方向作出判断，以此适应市场的发展规律，这样可以降低外部环境对企业的影响程度。

4. 内部控制是企业发展的必然要求

随着市场经济的不断发展，企业需要全面进行改革创新，为了适应企业的发展，需要借助内部控制制度的作用。这样不仅可以改善企业的外部环境，还能够改进微观机制。在实行内部控制制度时，不仅需要全面学习企业内部控制理论和发展经验，还需要正确认知企业进步、企业发展及企业管理之间的关系。企业在该发展背景之下，为了提升自身发展水平，需要全面建立内部控制机制。

5. 提升企业财政管理的水平，适应财政改革的发展

长期以来，我国不断深化财税体制改革，提升财政管理水平。现阶段出现了较多的关于财政改革的政策措施及管理制度，全面落实了财政改革与管理，但是这也相应带来了较多弊端。有部分财政政策在建立实施过程中缺乏充足的时间，这样就导致很多政策没有经过论证就开始践行，往往会造成很多问题。并且在一定程度上呈现碎片化的业务流程及相关管理措施，没有进行全面系统的考虑，严重的会造成财政政策与实际工作情况出现脱节或者自相矛盾的情况，降低了财政管理部门的工作效率。所以，在进行财政管理内部控制建设工作时，要细化各项工作流程、优化管理业务，这样才能从根本上提升财政管理的工作效率及工作质量，早一步实现现代化的财政管理制度。

（三）财务管理过程中内控管理的措施

内控管理是企业财务管理的核心，在这个竞争压力如此大的市场环境中，企业若没有

一个好的内控管理制度，企业内部竞争力也会不断下降，会对外部竞争造成直接影响。所以，企业必须加强内控管理，提升财务管理水平。

1. 建立完善的财务管理内控制度

企业在财务管理内控方面应注意这几点：①财务管理过程应与互相制约的制度进行融合，完善以防范为主的监督制度。②设置事后监督制度，在会计部门的会计核算部分对各个部分展开不定时检查，并进行评价，再依照相关制度展开不同的奖惩，并把最后结果反馈给财务部负责人。③以目前有的审计部门作为基础，建立一个完全独立的审计委员会，其审计委员会可通过举报、监督等方式对会计部门采取监督控制。

2. 提高企业财务人员的职业规范，完善内控管理

财务管理制度需要有人执行，从而就会受到工作人员职业素养的影响，因此，企业领导者应带领工作人员严格遵守内控管理制度，加强对会计人员专业知识的培训，提升其专业水平。并对会计人员进行职业道德教育，增强会计人员的自我约束能力，以严格按照企业规章制度行事，提升工作能力，降低错误发生率，做好内控管理的工作。

3. 加强内部审计监督

内部审计监督是企业财务管理控制的重要组成部分，有着不可动摇的地位，是内部监督的主要监管方法，尤其是在当代企业管理中，内部审计人员将面临新的职责。企业应建立完善的审计机构，充分发挥审计人员的作用，为企业内控管理营造一个良好的环境。

4. 加强社会舆论的监督

现在，我国有些企业财务部门对会计的管控制度还不够完善，相关管理人员的业务能力与职业素养还需进一步提高，仅仅依靠会计人员的自觉性与政府的监督是不够的。所以，政府应大力推进会计事业发展，积极利用其职责发挥社会监督的作用，从而能够发展与完善内控管理制度，使市场经济秩序稳定发展。

三、跨境电商的财务管理

（一）财务管理对于跨境电商运营的重要意义

随着跨境电商爆发式的发展，跨境电商的财务管理也越来越备受关注。由于跨境电商行业的特殊性，其财务管理与传统的财务管理相比较，存在较大的差异，对跨境电商环境下的企业财务管理人员提出了新的要求。现行大部分的跨境电商都是小企业，对于财务管理人员的配备与资金支持都比较有限，因此跨境电商的财务管理水平还有待提升。财务管

理是跨境电商运营的关键事项，重视跨境电商的财务管理实践，针对跨境电商环境下财务管理工作面临的具体问题进行分析，并制定相应的、有效的解决措施，逐步优化、提升跨境电商的财务管理工作，对于促进整个跨境电商行业的发展具有重要的意义。

（二）基于跨境电商的网络财务管理发展建议

1. 风险意识的树立是网络财务管理优化的重要前提

风险意识不足是导致跨境电商陷入网络财务管理困境的重要因素之一。要想保证网络财务管理优势的充分发挥，降低网络财务管理风险的不利影响，跨境电商应树立风险意识，认知财务管理中风险管理的重要性。从而根据自身实际情况建立风险评估体系或与风险评估机构建立合作，对自身发展过程中存在的风险进行评估与预测。并有针对性地制定网络财务管理方案与财务风险防控举措，保证各项业务开展的顺利性、稳定性与安全性。

2. 政府扶持力度的提升是网络财务管理优化的手段

由于跨境电商业务流程存在一定的复杂性，不仅与外管部门、金融机构等存在关联性，与税务机构、海关部门也存在密切的关联性。而就跨境电子商务的网络财务管理模式而言，其交易方式、支付形式等与传统对外贸易存在一定的差异性。对此，政府应根据跨境电子商务及其网络财务管理特征，完善相关制度与法律规定，并加大对跨境电商的扶持力度。例如，建立跨境电商监控机构，对跨境电商业务流程进行有效监管，提升消费者对跨境电商发展的信心；优化跨境电商出口退税程序，给予跨境电商企业相应的对外贸易政策优惠；提升跨境电商会计与财务工作效果，提升跨境电商网络财务管理中会计核算的标准性与规范性。

3. 网络财务管理系统的构建是财务管理优化的根本

为实现网络财务管理自身优势的充分发挥，提升企业管理质量与效率，提升企业财务管理工作的协调性、员工参与性，实现经济活动、财务情况的实时动态管理等，应建立完善的网络财务管理系统。在此过程中，应对跨境电商的性质、业务流程等进行全面的分析，从而进行网络财务系统的科学设计，并结合企业实际情况配置相应的软件系统，用以保证网络财务管理系统应用的科学性与适用性。

4. 高素质专业化人才的培养是财务管理优化的必需

人才作为企业精神的核心资源，其能力、知识、水平的高低直接影响网络财务管理的质量与效率。对此，为有效改善当前跨境电商财务管理面临的困境，提升网络财务管理质量与水平，加强高素质、专业化人才的培养力度已经成为企业实现可持续发展的必然趋势。在此过程中，企业应根据跨境电商财务管理特点以及网络财务管理系统建设与应用要求，进行有针对性的培养。除提升工作人员财务与会计专业知识外，还要注重其信息素养、计算机素养、网络财务管理系统操作与使用能力等的提升与强化，为跨境电商优化发展奠定良好的人才基础。

总而言之，任何新兴行业的兴起与发展势必存在重重困难，需要经过时间的洗礼才能成长与完善。跨境电子商务在信息时代背景下具有广阔的发展空间，但作为新兴产业，跨境电商在发展过程中也存在一定的问题。虽然相对于传统对外贸易而言，基于跨境电商下的网络财务管理存在一定的优势，但由于其起步较晚，运转模式尚未成熟，仍需要进行不断的改进与完善，从而解决当前跨境电商财务管理方面存在的问题，促进跨境电商优化发展。

四、资本运作中的财务管理

随着我国市场经济的不断发展，企业面临着一系列的改革，特别是"营改增"的大背景给企业的财务管理提出了新的要求。为了能够提高企业在市场中的竞争力，企业必须要不断加强自身的资本运作能力，这样才能够实现"钱生钱"。从当期的企业结构分析，财务管理与资本运作相辅相成，也可以说财务管理服务于企业的资本运作，一个是微观资金活动，另一个是宏观资金活动。资本运作与商品运作的概念是相互对应的，主要是指资本所有者对其自身所拥有的资金进行规划、组织、管理，从而实现资产升级。企业发展必须要有资金支持，而较大的资金投入会加大企业经营风险，这就需要企业能够不断优化自身的资本结构，从而获得更多的经济效益。

（一）企业资本运营的特点分析

1. 价值性

企业资本运行的核心特点就是价值性，也就是任何资本运营活动都要推动企业相关产品升值或获取经济效益。企业资本运作的侧重点并不是资产自身，而是企业所有资产所彰显出的价值。在开展企业资本运作过程中，任何活动都必须要着重考虑成本，从而综合反映出成本占用情况，这样才能够分析出企业资产价值。通过对边际成本与机会成本的相互比较衡量，从而为企业决策提供有力依据。

2. 市场性

市场性特点是资本运作的基本特点，在市场经济大背景下，任何经济活动都要依托于资本市场，这样才能够跟上市场的发展步伐，满足企业的发展需求。因此，企业资本运作必须要能够通过市场检验，只有这样才能够了解资本价值大小与资本运作效率的高低。可以说，企业资本之间的竞争就是要依托市场活动才能得以完成，这也是当今资本市场和企业资本运作的一大特点。

3. 流动性

资本运作就是一个资本流动的过程。例如，我们常说投资就是一种资本运作，通过前期大量投资，从而不断获取相应的回报。因此，流动性是资本运作的主要形式，这样才能够在不断的流动中实现产品增值。对于企业而言，企业中的资产不仅仅是实物，也不单是要求实物形态的完整性，而是更注重对实物资产的利用效率，是否能够在流动中获得更多的经济效益。

(二) 强化财务管理，优化资本运作

综上所述，企业资本运作是获取经济效益、实现资产增值的重要手段。企业财务管理作为企业管理的核心内容，对企业的发展有着重要影响。因此，我们必须要充分发挥财务管理的积极作用，推动企业资本运作的优化、升级，从而推动企业健康发展。

1. 强化会计核算工作，完善财务管理

从微观和宏观角度分析，企业财务管理是企业资本运作的重要组成部分，因此实现资本运作会计核算，就是将企业资本投入生产经营活动中，从而在生产经营中实现会计核算，加强生产的成本控制。最终目的就是能够运用企业资本提高自身的生产经营能力，并从事多种生产经营活动，从而实现资产保值、增值，以及提高企业的经济效益。再者，通过产权交易或分散企业资本，从而让企业资本结构进一步优化，为企业发展带来更多的经济效益。产权交易主要有两大层次；一是经营者根据出资者提供的经营产权资本实现资本保值、增值的目的；二是根据财产权来经营，从而满足经营目标，获得更多的经济效益。因此，在产权资本运营核算中，必须要从这两大方面出发。

2. 完善企业财务管理

在市场经济下，企业财务管理面临着多方面的挑战：一是企业财务管理风险增加；二是企业还处于"营改增"的过渡阶段；三是影响企业财务管理的因素增减。可见，财务管理不单单是针对企业生产经营活动领域，同时也会涉及国内外市场、政策影响等。如今，多种经营方式与投资机遇呈现在了企业面前，任何经济活动都成为"双刃剑"，这就要看企业资本运作中的财务管理是否得当，根据投资组合方式，制定资本运作的盈利目标，并提高自身的抗风险能力、融资能力，从而丰富资本运作活动。因此，在资本运作过程中，加强财务管理至关重要。

3. 完善资本运作中财务管理制度

想要充分发挥财务管理的积极作用，必须要提供相应的制度支持，这样才能够保障财务管理的有效性与完善性，降低企业财务风险。因此，企业需要设置独立的财务机构，并构建高素质专业团队，配备相应的核算人员、总会计师、资金分配人员等，为制度确定奠定坚实的基础。对于资本运作中的相关材料，必须要能够将会计原始资料作为企业资本运作与生产经营的核心资料，并统一资料的形式与内容，实现有序管理、规范存档，明确财务管理工作人员的相关责任，避免出现财务工作操作失误等问题。结合《企业财务通则》、《会计法》、市场环境、企业内部环境，制定出更加完善的财务管理制度，明确不同岗位的工作要求，为资本运作提供制度基础。

综上所述，随着我国市场经济的不断发展，企业之间的竞争越来越激烈，因此，企业必须加强资本运作来提高自身的市场竞争力，提高企业的经济效益，实现资产保值，充分发挥财务管理的积极作用，为资本运作奠定坚实的基础。

第三节　新时代背景下财务管理的创新理念

一、绿色财务管理

经济的高速发展带动了各个行业的进步，然而当人们在为取得的成就喝彩的时候，却不得不意识到一个非常严重的问题，即资源的总量日益减少，环境质量变得越来越差。在这个背景之下，财务管理工作就会朝着绿色管理阶段发展。所谓的绿色管理，具体来讲是将环保和资源管理以及社会效益融合到一起的一种管理方法。

（一）绿色财务管理概述

在之前管理方法的基础之上，更加关注环境及资源，它的目的主要是带动社会的长久发展。

1. 绿色财务管理的内容

(1) 绿色财务活动

它在原有的财务内容中增加了环保和资源利用两个要素，它规定相关的主体在开展财务工作的时候，不单单要将经济效益考虑在内，还要将资源的全面利用及消耗能力、生态的受损程度以及恢复所需的资金等考虑在内，它更加重视社会的长远发展。

(2) 绿色财务关系管理

绿色财务关系管理是在原有与出资人、债权人、债务人、供应商、买家、政府、同行等财务关系管理的基础上，增加了对资源关系、环境关系的管理内容。具体来讲，在开展新项目的时候，除了要做好和环保机构的沟通工作以外，还要联系资源部门。这样做的目的是保证新项目在新的状态之下不会有较为严重的问题产生，否则就会导致资源受损，无法被永久利用。

2. 开展绿色管理的意义

(1) 带动财务管理工作的进步

我们都知道，作为一种科学体系，财务管理工作并不是一成不变的，它是会伴随社会的发展而一直进步的。当相关环境改变了，与之对应的各种系统及体制等都会随之改变，只有这样才能够适应新的发展态势。当今社会，资源的总数只会减少，并不会增加，因此为了长久的发展，就必须开展绿色管理。

(2) 促进社会和谐发展

人类在这个世界上已经存在了数千年，出于自身生存和发展的需要，我们需要一直开展各种活动，而各种活动的最终目的都是获取利益。由于人的总数在不断地增加，虽说一个单体的活动可能不会对资源及生态产生负面效应，但如果是几亿人共同活动呢？后果可想而知。所以，为了避免生态继续恶化，为了我们的子孙后代能够更好地生活在这个世界上，就要开展资源和生态保护工作。在这种背景之下，我们就必须开展绿色管理。

(二) 加强绿色财务管理的措施

1. 加快对环境、资源等产权认定的研究步伐

虽然对环境、资源等的产权认定很难，但是，在人类社会可持续发展的需要面前，一定要发挥主观能动性，迎难而上，攻坚克难。首先，对绿色财务管理的认识、了解和重视，不应仅仅停留在口头上，更要落实在具体行动中；其次，要加强绿色财务管理研究人员的队伍建设，不仅要培养会计方面、财务管理方面的专业人员，更要培养环境保护方

面、资源管理方面的专业人员，以及精算师、数学、地理等方面的专业人员，这是一项浩大的关系人类社会千秋万代的工程；最后，思想上重视了，人员到位了，还需要坚定不移地落实和执行，这项工作漫长而琐碎，任务很艰巨。

2. 加强各国政府间的沟通协作，责任共担，共同发展

在绿色财务管理的推行上，各国政府责无旁贷，加强各国政府间的沟通协作，责任共担，才能共同发展、共同繁荣。首先，要摒弃的就是在环境保护和资源管理方面的从众心理，各国政府都应该认识到绿色财务管理的重要性、政府行为的重要性，加强政府间的沟通与协作，共同履行具有国际约束力的环境保护和资源管理公约；最次，要结合自身实际，灵活制定相关政策、法律和法规，并强制执行；最后，要加强相关的舆论宣传，通过舆论导向引导每一个主体的行为，从而为环境的净化和资源的可持续开发利用提供可能。

3. 健全绿色财务管理的评价体系

健全绿色财务管理的评价体系，需要把评价体系具体细化，增加新的评价指标，并加以量化。但是诸如环境改善带来的幸福指数、资源利用效率提高带来的经济效益等这些指标很难量化。而且，人类对绿色财务管理的认知还在不断进步，这也涉及绿色财务管理的评价体系的后续完善工作。

4. 政府引导，加强对绿色财务管理的执行和监督

政府间的合作共赢在绿色财务管理的推行上固然重要，但是，具体执行和监督涉及每个人、每个企业、每个组织、每个国家等各个主体，所以，政府的引导非常重要。除了政策、法律、舆论先行之外，相关的奖励和惩罚措施也非常重要，具体如何处理，需要相关主体的严格执行和监督到位。

二、财务管理信息化

企业财务管理信息系统是企业管理信息系统的核心组成部分。随着当前网络与通信技术的高速发展，特别是以目标成本管理和预算控制管理为核心的现代化财务管理系统的发展，简单的财务电算化管理信息系统已经不能够满足企业对管理信息的要求。企业需要更健全、更完善的财务管理信息系统——一个集会计核算、财务管理和经营管理于一体的财务管理信息系统。财务管理信息化需要由单纯的会计核算型向财务管理分析型及企业的信息系统集成型转变，进而为企业生产、经营和管理提供信息集成和决策辅助功能。

（一）信息化建设的重要意义

从管理角度来看，信息化建设在企业财务管理工作中具有重要的实践意义，主要表现

在以下几个方面：

1. 信息化在财务管理工作中的应用大大提高了企业财务管理工作水平

特别是信息化的应用，把会计人员的双手从过去繁重的手工劳动中解放出来，会计人员只需掌握信息系统的一些简单操作方式，就可以对财务数据进行计算机录入，必要时还可以进行反复修改，及时进行会计核算，制作各种财务报表。毫无疑问，利用信息化系统完成这些工作，差错率小、可靠性高，提升了财务数据的准确性。

2. 信息化在财务管理中的应用可以有效控制企业成本

成本控制是企业财务管理工作的核心环节，也是企业实现最终盈利的根本保障。利用财务管理信息化建设的先进性，企业财务部门可以全程掌握生产经营中各项大额成本支出的请购、采购、库存和审批等过程。使生产经营中各项大额成本支出的请购、采购、库存和审批等过程在运行中留有痕迹，提高了企业对成本支出等费用的管控能力，降低了各项成本费用指标的超标可能。

3. 财务管理信息化建设使企业的资金管控更为严格

企业的日常经营管理活动是以预算管理为主线、以资金管控为核心而开展的，是以货币计量方式对企业经营活动的资金收支情况进行统计和记录的。其中，在企业项目资金的管理方面，企业是以资金使用的活动情况为核算对象的。如果构建了财务管理工作的信息化系统，企业就可以借助信息化系统对企业资金使用情况进行统筹和预测，降低企业采购与财务之间的往来频率。企业财务人员也能够利用信息化系统了解采购计划的相关信息，有针对性地制订出筹集资金和付款计划，提高工作效率，减少管理漏洞。

4. 财务管理信息化建设提升了企业财务信息传递与交流的时效性

改革开放初期，人们常常会听到这样的口号："时间就是金钱""效率就是生命"。其实，这两个命题的成立是都需要建立在信息的有效传递与交流的基础之上的。21世纪企业之间的竞争，当然也是信息的传递与交流之间的竞争。可以说，在财务管理中进行信息化建设，可以有效整合各部门之间的财务信息和数据，进而借助计算机网络进行汇总、分析、分流和反馈，极大地提高了企业财务信息传递与交流的时效性。

(二) 企业财务管理信息化建设的发展策略

1. 树立正确的财务管理信息化发展观念

企业财务管理信息化建设是企业实现财务管理现代化的重要前提，是一项以计算机应用技术、互联网应用技术、信息通信技术和"互联网+"技术为基础的复杂的系统工程。

这一工程的顺利建设，需要企业各级领导、各个部门的通力合作、全面支持，不可能一蹴而就。因此，在财务管理信息化建设进程中，企业各级领导和各个部门必须树立正确的信息化发展理念，既不能忽视、漠视、无视财务管理信息化建设对于企业发展里程碑般的重要意义，不积极主动支持信息化建设工作，不积极主动解决信息化建设过程中遇到的问题，也不能操之过急，罔顾企业的技术条件和操作人员的专业化水平，仓促引进、盲目上马，造成财力、物力、人力等的浪费。更不能过分强调、放大财务管理信息化建设的功能，把信息化建设看成是可以解决一切财务问题的万能钥匙。在财务管理信息化建设进程中，企业各级领导和各个部门应本着实事求是、循序渐进的原则，在综合考量企业各方因素、条件的基础上，按部就班、有条不紊地实施信息化工程建设。这样才能为以后信息化建设在企业财务管理中发挥应有的作用奠定良好的技术和管理基础。

2. 加强领导对财务管理信息化建设的重视

21世纪是信息化时代，是信息化建设大行其道的时代。信息化代表了先进的社会生产力，已经成为当今社会发展的大趋势。21世纪正在经历一场革命性的变化，世界范围内的信息技术革命将对人类社会变革的方向产生决定性的影响，将在全世界范围内建立起一个相互交融的全新的信息社会。所以，企业要完成财务管理信息化建设，企业领导就要首先对财务管理信息化建设给予足够的重视，身先士卒、身体力行。结合企业的具体发展情况，根据财务管理工作的实际需要，切合实际地制定出具有企业特色的财务管理信息化建设规划。由于财务管理信息化建设资金需求量大，所以如果没有企业主管领导的力挺，信息化建设所需的大量资金是无法悉数到位的。因此，企业领导对财务管理信息化建设的重视是信息化建设取得成功的关键。

3. 加大对财务管理信息化建设的人才培养力度

财务管理信息化建设虽然已经被企业界广泛接受，并且也得到了应有的重视，但是客观地讲，企业中财务管理信息化方面的操作人员和管理人才还相当缺乏。

因为，虽然财务管理信息化建设已经具备了广泛的社会影响力，但是从其发展历程来看，与传统的财务管理方式相比仍然是新生事物，仍然处在探索阶段。财务管理信息化建设既然是新生事物，就必然需要大批的专业人士来熟练驾驭它。而从当前企业财务管理人员的整体结构来看，科班出身的人其实是凤毛麟角、少之又少的，高校里面接受过系统学习的专业人才尚未大面积奔赴社会，企业里面的自有人才对财务管理信息化建设只是一知半解。毋庸讳言，企业财务管理信息化建设所需的专业人才正处于青黄不接的时期。目前所谓的操作系统、管理系统的专业人员，大多是半路出家，在"速成班"里经过短期的常识性培训就"光荣上岗"了。所以,一旦财务管理信息化的操作系统或者是管理系统出现问题,靠企业自身的技术力量是没有办法解决的,企业只能请"外援"前来指点迷津。仅从这一点来看,加大财务管理信息化建设的人才培养力度,对于企业财务管理信息化建设的有效开展和顺利实施是尤为重要的。

4. 注重对财务管理信息化软硬件设施并重的建设

在世界范围内的信息技术革命的推动下,财务信息化已经成为一种必然趋势。在大的时代背景下,企业没有退路,也没有选择的余地,只有认识、接受、建设和发展信息化才是明智的抉择,才不会被信息技术进步的浪潮淘汰出市场格局。企业要强化信息化建设成果,就必须坚持软件设施建设与硬件设施建设并重的原则,绝不可厚此薄彼。硬件设施是信息化建设的先决条件,离开它,企业财务管理信息化建设就无从谈起;软件设施是信息化建设的灵魂所系,没有它,企业财务管理信息化建设就是一潭死水。只有把软件设施建设与硬件设施建设有机结合在一起,让两者同步前进、协同发展,企业财务管理信息化建设才能真正实现其建设的初衷,才能真正做到为企业发展助力加油。

三、财务管理与人工智能

当前,人工智能技术已经在我国得到了较快的发展,将人工智能技术与财务管理有机融合,能够实现先进高效的规划、预测、决策、预算、控制、分析等各种财务工作。人工智能在财务管理中的应用,将原本繁复的财务问题进行一一分解,变成若干子问题,然后得到最终的解题答案。

(一)人工智能技术给财会行业带来的机遇

1. 提高了财会信息的处理质量

无论是财会行业还是审计行业,都必须严格遵循真实性原则,然而我国财会行业并未将这一原则真正落实到位。这主要是因为实际处理财会信息和审计信息过程中,依旧沿用着传统的手工方式进行编制、调整和判断,致使舞弊与错误行为屡见不鲜。所以,为了提高财会信息的真实可靠性,应减少人工处理财会信息的次数,进一步拓展人工智能,从而为财会信息处理的质量和效率提供保证。

2. 促进财会人员有效地工作,节约人力成本

现阶段,我国已经出现了为小企业做账的专业公司,虽然公司领导者对会计记账法与借贷记账法掌握和了解得不是很透彻,但该公司研发的软件可利用电子技术对原始凭证进

行扫描，自动生成符合各级政府部门要求的财务报表，这不仅减轻了财会人员的劳动强度，还有效保证了会计核算的实效性；审计部门利用开发的审计软件在提高审计工作效率的同时，还能在深入剖析财会报告的过程中及时发现审计问题，进而采取科学高效的审计手段解决审计问题。

3. 实施完善的风险预警机制，强化财会人员的风险意识

虽然已经有很多企业具备了风险危机意识，但在风险防范和风险发生过程中的决策能力不足。导致这种情况的根本原因在于企业缺乏一套切实可行、健全的风险预警机制，财会人员无法准确判断存在的风险，也不具备风险意识，所以，当遇到风险问题时往往显得手足无措。首先，由于企业内部资金项目具有繁复性特点，很难顺利地开展纵向与横向对比；其次，财会人员缺乏较高的信息处理综合能力。因此，利用人工智能技术创建风险预警模型，通过各类真实可靠的财务数据对财务风险进行事先预警，不仅保障了企业资金的运营效率，而且还帮助企业及时找出不足之处，从而创设和谐美好的企业发展环境。

4. 实现了更为专业的财会作业流程

当前，财政部已经将管理会计列入了会计改革与发展的重点方向。过去针对业务流程来确立会计职能的工作模式，不仅会造成会计信息核算的重复性，而且还会影响财务风险预警的有效运行。所以，随着人工智能技术的全面渗透，企业将会对那些只懂得进行重复核算工作的财会人员进行精简，聘用更多有助于自身健康发展的、具备完善管理会计知识的财会人员。

（二）人工智能技术在财务管理中的应用

1. 财务管理专家系统

财务管理专家系统涉及财务管理知识、管理经验、管理技能，主要负责处理各类财务问题。为了减轻财务管理专家对财务管理过程的描述、分析、验证等工作的劳动强度，很多企业都将涉及管理技能、管理理念及管理环境的财务管理专家系统应用到财务管理工作中。

人工智能技术在财务管理专家系统中的应用，根据具体的财务管理内容将其划分为筹资管理专家系统（涉及资金管理）、投资管理专家系统、营运管理专家系统（涉及风险管理与危机管理）、分配管理专家系统。这些系统中又涵盖了财务规划及预测、财务决策、财务预算、财务分析、财务控制几方面的子系统。

在对各系统进行优化整合后，财务管理专家系统的综合效用便体现出来了：提高了财

务预测的精准度,强化了财务决策的科学性,实现了财务预算与实际的一致性,提高了财务控制效率,财务分析更加细致全面,进一步拓展了财务管理的覆盖面。

财务决策子系统在整个系统中占据重要的比重,而财务决策子系统的顺利运行离不开其他子系统的支持,因此,对这些子系统进行集成后形成了智能化的财务决策支持系统。利用智能化的财务决策支持系统有助于综合评估内部控制与资产分配情况,通过对投资期限、套期保值策略等进行深入分析后,能使投资方案进一步优化和完善。

2. 智能财务管理信息共享系统

财务管理查询系统和操作系统是智能财务管理信息共享系统的主要内容。通过 Microsoft Visual Studio. NET 对财务管理查询系统进行部署,然后操作系统中的 IIS 服务负责相关发布。将. NET 框架设置于发布平台上,该框架负责运作各个. NET 程序。

为财务管理信息共享提供相应的体系结构,企业会在节约成本的理念下向所有利益有关方传递真实可靠的关联财务信息。简单举例,随着 B/S 模式体系结构的构建并使用,企业实现了成本的合理节约,促进了各财务信息的及时有效共享,提高了财务信息处理效率。

通过操作系统中的 IIS 来发布财务管理查询系统,企业内部各职能部门只需要进入 Web 浏览器就能及时访问,而企业外部的有关使用者只需要利用因特网就能对单位每一天的财务状况予以充分掌握。

随着智能财务管理信息共享系统的生成并被投入使用,财务管理工作变得更加完善、成熟,同时,在智能财务管理信息共享系统中利用接口技术吸收 ERP 财务信息包,实现了财务管理信息的透明化、公开化,突出了财务管理的即时性。

3. 人工神经网络模型

所谓的人工神经网络,指的是通过人工神经元、电子元件等诸多的处理单元对人脑神经系统的工作机理与结构进行抽象、模仿,由各种联结方式共同组成的网络。人工神经网络从范例学习、知识库修改及推理结构的角度出发,拓展了人类的视野范围,并强化了人类的智能控制意识。

人工神经网络模型涉及诸多神经元结合起来产生的模型,人工神经网络涵盖反馈网络,也可称之为递归网络与前馈网络两个部分。其中,反馈网络是由诸多神经元结合后生成的产物,将神经元的输出及时反馈到前一层或者同一层的神经元中,这时信号可实现正向传播与反向传播。由于前馈网络存在递阶分层结构,因此,同一层中各神经元不可以相互连接,由输入层进入输出层的信号主要以单向传播方式为主,将上层神经元和下层神经元进行了连接，同一层神经元相互之间不能连接。

人工神经网络存在很多类型，比如 RBF 网络、BP 网络、ART 网络等。其中，RBF 神经网络现已在客户关系管理、住宅造价估算等领域中得到了有效应用；BP 神经网络现已在战略财务管理、风险投资项目评价、固定资产投资预测、账单数据挖掘、纳税评估、物流需求预测等众多领域中得到了有效应用；ART 神经网络现已在财务诊断、财务信息质量控制、危机报警等领域中得到了高效的应用。

随着经济领域和管理领域对人工智能技术的广泛应用，越来越多的学者将研究重心放在了人工智能层面上，而财务管理中应用 BP 神经网络来预测财务状况取得了可喜的成果。因此，BP 神经网络成为现代人工智能应用研究的关键点，而成功的研究经验为财务管理的研究提供了重要依据。

综上所述可知，随着科学技术的快速发展，智能化的财务管理已成为必然，运用智能财务管理专家系统有助于提高财务管理水平及效率。今后的财务管理专家系统将逐步朝着智能化、人性化、即时化的方向快速迈进，可以想象，那个时候的智能财务管理专家将会全权负责繁复的财务管理工作，使财务管理人员不再面临庞大的工作量。出于对财务主体持续发展的考虑，在"以人为本"理念的基础上推行科学化财务管理工作，要在保证财务主体良性循环发展的同时，为各利益有关者提供预期的效益。

第七章　智能时代财务创新

第一节　智能时代战略财务创新

一、元数据和大数据

传统的经营分析是建立在有约束的技术条件之下的，对财务人员的经营分析技术有着较高的要求，即使信息系统能够提供支撑，在传统的财务信息化环境中，经营分析结果对业务的决策支持能力也始终存在局限性。

（一）经营分析的概念框架

1. 数据基础

对于传统经营分析或者财务分析来说，数据是基础，经营分析人员通过各种渠道获取各种各样的数据来展开分析。在经营分析体系中，要构建一个好的数据地基需要企业对数据仓库、数据集市有清晰的规划和设计，对数据的定义、标准、来源和采集有清晰的业务逻辑。当然，数据仓库和数据集市都是数据的载体，要想避免数据垃圾的产生，系统本身的数据质量需要有所保障，而这种数据质量的保障能力来自前端业务流程和信息系统的有效搭建与管理。

站在财务的角度，还必须要提到三套数据，它们是经营分析的重要数据基础。一套来自事前，我们称之为"预算"；一套来自发生后的记载，我们称之为"核算"；还有一套来自事后的深加工，我们称之为"管理会计"。将这三套数据与经营分析进行有效对接，对于提升经营分析质量有很大的帮助。

2. 指标体系

在经营分析框架中，指标体系就是房子的砖和瓦。那么，什么是指标呢？指标是一种衡量目标的单位或方法。当我们进行经营分析的时候，会围绕企业经营目标来设定一些衡量标准，通过这些衡量标准能够评价经营结果是否达到了所设定的目标，从而帮助我们进一步提升企业经营管理能力，这就是经营指标。

对于经营指标来说，美国的关键绩效指标权威专家戴维·帕门特（David Parmenter）将它进一步划分为"成果指标"和"绩效指标"。引入"成果指标"的概念，是因为许多评价指标是几个团队输入成果的总和。这些指标在衡量各个团队共同的工作效果时很有用，但不能帮助管理层准确地定位和解决问题，管理层很难准确地查明哪个团队出了成绩，哪个团队未履行职责。而绩效指标能够解决这个问题，并能更加精准地定位问题。例如，一个没有进行多维度切分的利润指标在其看来就是典型的成果指标，并没有反映为利润作出贡献的各个团队的绩效情况。而在实践中，我们似乎很少进行这样的区分，往往笼统地使用关键绩效指标来进行指标体系的搭建。对于一个指标体系来说，可以引入"基础指标"和"衍生指标"的概念。基础指标是难以拆分和细分的指标，而衍生指标则是基础指标的运算组合。使用这样的概念，通过优先搭建和系统化基础指标体系，再扩展衍生指标体系，能够帮助我们快速地搭建一个复杂的指标体系。

此外，对于指标，通常会使用"指标树"的形态来进行展示。这也是构建指标之间逻辑的一种方式。我们还需要了解指标"名称""维度"及"值"的含义，这些在后面元数据的概念中再进一步解释。

3. 报表展示

当构建好经营分析的指标体系之后，就可以搭建房子的主体了，而要使这些指标对经营发生作用，仅仅盖个毛坯房是不够的，还需要进行精装修。这个装修的过程，我们可以理解为报表构建和展示的过程。好的装修要让业主住得舒服，好的报表展示要让管理者能够清晰、快速地抓住重点，发现问题和解决问题。

实际上，报表就是将各种指标的不同层级维度交叉组合起来进行应用的产物。因此，在搭建报表体系的时候，我们要先搞清楚业主，也就是经营管理者到底需要看到什么。在明确需求后，选取能够说明问题的指标，并匹配和管理对象相关的维度信息后进行组合展示。

4. 维护机制

当我们把整个房子都收拾好了之后，还需要有一个靠谱的物业。经营分析这个房子的管理和维护并不是那么简单、容易的，无论是数据、指标的维护，还是报告的过程和归档管理，都需要有一套相对可靠的机制。

在通常情况下，企业会有经营分析部门，这个部门既有战略的味道，又有财务的意思。因此，在不同公司，这个部门的归属也并不相同，甚至还有不少发生过变迁。而在经营分析部门中，要建立起这样一套维护机制，首先需要有数据维护和管理团队来解决地基的问题，然后需要有指标管理团队来进行指标的日常增删改的维护，还需要有报表团队来进行常规报表和临时报表的编制及发布，最后还需要有绩效管理团队来深入展开经营分析，并进行绩效的考核管理。在整个过程中，无论是组织、人员、流程、制度还是系统都是不可或缺的，这些共同构成了这套体系的维护机制。

当具备了以上这些条件后，经营分析框架就能够构建起来了。实际上，今天很多从事分析工作的朋友尚未在认知上构建起这一套框架体系，这对于提升经营分析和决策支持能力会带来局限和束缚。下面我们还要在这套可以称之为既传统又主流的经营分析框架的基础上，进一步深挖经营分析的本质和未来，即元数据和大数据。

（二）元数据经营分析的本质

从定义上说，元数据可以理解为数据的数据，如图书馆的藏书信息卡、在线视频应用里的视频描述、网络中的网页地址等都可以用元数据来表达。元数据具有以下特点。

首先，元数据是结构化的。如何理解呢？其实在大数据时代，人们都非常热衷于谈论非结构化数据，但忽视了这些非结构化数据在技术层面是怎样被应用起来的。如我们容易理解的，一张图片是非结构化数据，但这张图片是可以被元数据这种结构化数据所描述的，这就给我们借助元数据来理解和应用非结构化数据提供了可能。

其次，元数据是与对象相关的数据。如以一张照片作为对象，那么描述这张照片的元数据与该照片具有相关性，但需要注意，潜在的用户不必先完整地认识对象的存在和特征，也就是说，可以使用盲人摸象的方式，借助元数据慢慢去了解对象。就像一张照片，我们可能第一次获得的元数据是 EXIF 信息，即从摄影的角度获取这张照片的信息，进一步我们可以了解与这张照片内容相关的其他元数据，从而从另一个角度获取照片信息。

此外，元数据不仅能够对信息对象进行描述，还能够描述资源的使用环境、管理、加工、保存、使用等方面的信息。还以照片为例，元数据可以告诉我们这是一张网络图片，存储在什么样的服务器上等信息。

最后，元数据常规定义中的"数据"是表示事务性质的符计算、科学研究、技术设计所依据的数值，或者说是数字化、公式化、代码化、图表化的信息。当然，我们也可以将文字理解为某种形式的编码数字。

经营分析和元数据是关键。首先，我们可以看到，构成经营分析的地基是数据，而元数据作为数据的数据,能够用结构化的方法帮助我们描述和标准化基础数据。构建数据仓库过程中的数据字典,从某种意义上讲就是元数据。清晰的数据字典,能够让我们更加有效地管理数据仓库,而从经营分析管理需求的角度来说,我们希望所有进入经营分析体系的数据都能够使用元数据进行充分的结构化描述。

其次,在砖瓦的层次——指标体系上,元数据也发挥着重要作用。如我们前面所说的,指标的结果最终会反映在数值上,针对这个数值我们用指标名称、编码、指标的维度、维度值等对这个数值(即数据)进行了描述,这种描述就是元数据。因此,我们认识到,指标体系是在经营分析层次中架构在基础数据之上的第二类重要的元数据。

最后,我们再回到经营分析的中心点——经营活动上。我们为什么要做经营分析呢?实际上是要对经营活动展开多种视角的评价,评价的标准是经营活动是否达到了我们在开展经营活动之初所设定的目标,而KPI正是我们多视角评价经营活动的结构化描述,也可以理解为经营活动评价的元数据。

(三) 大数据与经营分析

在传统的经营分析模式下,我们需要找到用于评价经营活动的元数据,也就是指标体系与经营结果之间的关系。通常情况下,如果我们看到指标与经营结果具有显著的因果关系,那么就会把这样的指标考虑纳入关键绩效指标(KPI)中来进行管理。但问题在于,这些指标的定义和发现往往是基于经营分析及因果分析所得到的,这种逻辑上的强绑定关系具有一定的局限性。

实际上,影响经营分析结果的不仅仅是存在显著的可见因果关系的因素,还存在相关但无法解释显著因果关系的因素,这在传统模式下是难以解决的。

大数据的出现,让我们有可能打破思维能力的约束。基于大数据技术,我们能够从因果关系突破到相关关系。通过大数据分析,我们能够发现一些没有显著因果关系的因素同样对经营活动产生了显著影响,这些因素被称为"相关性因素"。将这些因素定义为关键绩效指标,能够帮助我们实现提升经营活动成果的目的。

指标用于评价经营活动,同时有非因果关系的因素在影响这些指标,这又构成了第二层次的相关关系。我们发现原先所搭建的经营分析的元数据世界发生了延展,各个层级的元数据都有一些非因果关系,而相关的新元数据的出现,使我们能够更加真实地架构经营分析框架,并有效指导经营结果的改善。

二、大数据资源配置

（一）预算管理就是资源配置

预算实际上是一种对企业资源的配置方式。当股东设定了经营目标后，业务单位要达成这些经营目标就需要匹配相应的资源。如果从契约的角度来看，把预算作为一种契约，那么一方是企业的股东，另一方是企业的经营者。资源本质上属于股东，业务单位作为经营者向股东承诺经营目标，股东向经营单位承诺支持其实现经营目标所需要的资源。当然，当经营目标达成后，还有相应的绩效激励，这又是另一层次的契约关系。

因此，在企业进行预算管理的过程中，预算编制的核心是提出股东和经营单位都能够接受的资源配置方案，也就是在经营目标承诺和资源承诺上找到平衡。

那么，预算要考虑哪些资源分配的问题呢？企业经营无外乎人、财、物三件事情，资源配置也可以理解为人力配置、财务配置和资产配置。合理地配置人力、财务及资产资源，是企业战略目标得以实现的重要保障。

（二）资源配置的难题

1. 契约双方的信任问题

和所有的契约关系相似，资源配置同样要解决资源所有者和资源使用者之间的信任问题。资源所有者追求的是资源投入产出结果的最大化，因此，在投入资源时会高度关注产出的结果，并要求获得资源接收方的绩效承诺。同样，对于资源使用者来说，也需要在承诺绩效目标后获得必要且及时到位的资源支持，避免在资源不足的情况下进行经营，最后为不良绩效结果担责。当然，对于资源所有者来说，最常见的还是担心经营单位存在道德风险，比如经营者是否会通过虚构经营目标或过度承诺，以获取资源满足其短期利益目标等。

2. 资源配置的标准问题

应该采用怎样的标准来进行资源配置呢？在实际的预算过程中，资源配置标准的形成并不容易，太多的因素会挑战所设定的标准。而一旦无法形成相对清晰的标准，资源配置的过程往往就会成为一个谈判的过程，很容易陷入缺少逻辑的拉锯战中。

简单的标准可以根据承诺（目标），基于比例模型直接给出资源承诺；复杂的标准则需要明确经营目标达成的各项驱动因素，为每项因素细分动因，并最终从经营计划的角度来设立资源配置标准。

3. 资源配置的效率问题

资源配置的效率一直是企业预算管理活动中很头疼的一件事情。在预算的全过程中存在太多的博弈。很多公司从九、十月份开始启动预算编制工作，直到来年的三、四月份才能完成预算的定稿。在月度的资源配置活动中，如果缺乏高效的系统支持，很多公司根本难以做到精细化的月度资源配置管理。在这种情况下，月度预算往往成为年度预算下简单的"按月分解"。

4. 资源配置的效果检验问题

当完成资源配置后，就会从讨价还价的博弈循环进入承诺兑现的博弈循环。在这个过程中，对于管理者来说，最困难的是如何验证资源投放的效果和达成情况。尽管我们说最终的经营绩效指标能够反映出经营单位的绩效达成情况，但在过程中基于任务、项目等设立的资源配置标准，往往很难立刻通过财务或数字验证其实现的效果，而此时又经常需要启动基于此次项目任务进一步延展的后续资源投入，这对管理者来说需要面对是否去进行"前款未清，借后款"的管理决策。

（三）大数据资源配置：抓热点，抓相关性

在契约双方的信任关系方面，一些公司试图通过签订绩效承诺书来保障契约关系；在资源配置标准方面，一些公司通过设定模型的方法来总结提炼预算标准；在资源配置效率方面，一些公司通过建立预算编制系统来优化编制流程；在效果检验方面，一些公司选择刚性的"以收定支"。但我们也不得不认识到，在传统方式下对资源配置管理的优化终将达到瓶颈。要实现突破，需要找到新的契机，而大数据恰恰在这一方面带来了新的机会。

1. 热点驱动资源投放

所谓的热点驱动就是在保持经营目标相关性的前提下，哪里吸引眼球，哪里有热度，哪里需要资源，我们就将资源投放在哪里。但在传统财务模式下要做到这一点是非常困难的，如果仅仅凭借我们对市场的经验感知是很难在经营活动中进行管理决策的，而大数据技术为解决这一问题提供了新的可能。

（1）制定经营战略

首先，和传统的预算编制模式一致，在编制预算之前，必须明确企业的战略导向，这从根本上决定了要不要投放资源、在哪里投放资源和怎么投放资源。当然，在这个层面上，战略很可能是相对宏观的，它更多的是未来一段时间内大的经营方向和经营策略，我们无法直接基于公司的战略来展开更为清晰的预算，也就是资源配置工作。

(2) 分析战略热点

如果要想更好地衔接战略与资源配置，就必须更清晰和细化地拆解战略，也就是形成战略热点。当然，这里所说的热点和后面要谈到的基于大数据分析的热点是有所不同的，还需要依靠企业的管理经营者对企业所设定的战略目标进行细分，从管理逻辑层面定位战略在落地时需要重点关注的目标。例如，企业将智能化发展作为核心战略时，需要在技术、产品、客户、渠道等多个方面来发现其战略热点，如在产品方面定位为无人驾驶技术，在客户方面定位为女性出行者，在渠道方面定位为自营门店等，这些热点将为后续的资源配置起到一个大方向的支撑作用。

(3) 基于大数据发现经营热点

在有了战略热点后，我们仍无法有效地从管理角度进行资源配置。实际上，经营单元在战略热点明确后，就已经对需要做什么、大概需要多少资源有了一个初步的概念。很多时候，经营者就会基于这样的一个概念开始和管理层讲故事了。在传统模式下，我们通常对这样的故事只能选择"信"或"不信"。当然，如果故事中间的逻辑线索相对清晰，可能更容易获得管理者的信任，并获得资源，而如果在这个时候引入大数据分析，则可能会对传统的资源配置模式有所改变。

在被动模型下，需要经营单元基于战略热点进行经营热点的主动设计，模型要做的事情是基于企业内外部大数据，对经营热点与战略热点的关联热度进行分析。在主动模型下，以战略热点为出发点，基于内外部大数据，发现与战略热点分层次的关联市场热点，将关联度高的市场热点纳入经营热点中，也作为资源配置的对象。

(4) 基于经营热点进行资源投放

通过这样主动与被动的热点分析，我们能够建立起以战略热点为圆心的经营热点辐射地图，并以这个地图的辐射半径为标尺展开资源配置，接近圆心的经营热点需要投放更多的资源。在具体确定资源投放额时，我们可以以战略热点构建资源池，将资源首先投放到战略热点资源池中；以经营热点为项目，向战略资源池申请资源。在资源申请的审批过程中，我们可以引入热度评估，优先将资源投放到高热度的项目中，从而避免发生先到先得、抢资源的情况。

(5) 资源的兑现使用

所谓资源兑现，就是契约双方基于预算事项实际发生的费用。在实践中有两种兑现方式，一种是把钱先花出去，目标是否达成后续验证；另一种是用之前的存量资源先把事情干了，根据目标的达成情况再批准可以获得多少可用资源干后面的事情。实际上，这两种方式都存在一定的问题。前者建立在管理者对执行者信任的基础上，而一旦承诺的经营目标没有达成，就会损害管理者的利益；后者的根本逻辑是管理者并不信任执行者，要求其先拿自己的银子干事情，事情干成了再回来报账，这种方式对于执行者来说也并不公平。当我们引入经营热点作为资源投放依据后，信任问题得到了一定的缓解，使用第一种方式进行资源兑现就会更可行且合理。

2. 资源投向和业绩达成的相关性分析

大数据除了在预算编制阶段能够发挥重要作用，在预算分析阶段也能够有所建树。在传统预算分析下，我们很难去评价每个类似于项目经营计划、经营方案和经营结果之间的达成关系。在通常情况下，对于一个经营单元，如果它的业绩不错，超出了预先设定的考核目标，大家就会觉得它花的所有银子都是值得的；反之，如果考核目标没有达成，那么它花的所有银子可能都会受到质疑。

但实际情况是，所用掉的资源有些对经营目标起到了正贡献，有些则发生了副作用。无论最后考核结果如何，这种正负作用都是存在的，只是说谁的力量更大一些罢了。

当引入大数据来辅助预算分析后，情况可能有所改观。通过构建模型，我们可以试图建立每一个能够项目化的资源投入与经营结果之间的量化关联度指数。要做到这一点，并不是简单地做一个数学模型，而是需要将所有项目进行元数据化，同时把经营结果也元数据化，并建立起项目元数据与经营结果元数据之间的关系网络。我们需要监控这个关系网络中每一个项目发生资源投入时，通过元数据关系网络链接的经营结果发生变化的强度，并最终将这些变化强度归纳为关联度指数。

有了这样一套关联度指数，我们就能够精确评价资源投放的效果了。在这种情况下，我们能够更好地积累经验，更加有效地评价绩效，并优化未来的资源投放策略。

第二节　智能时代专业财务创新

一、智能时代专业财务的智能增强

（一）会计与报告管理

会计与报告在传统的会计电算化、财务信息化过程中一直是重要的建设领域。在早期，财务的各项信息化工作也都是从这个领域开展的。但是由于多数企业在一开始就建立了核算系统，而且成为后续建设的各类财务系统的对接对象，会计核算系统往往在建成后很长时间难以发生质变，这不仅是个体企业的情况，也是整个行业的情况。

智能时代的到来，对各类财务信息系统都提出了改变的要求，同样对会计与报告管理领域有影响，给这个传统领域的信息化提升带来了契机。

首先，业财系统的高度集成将对会计交易处理的自动化和一致性带来重要帮助，但是不同的业务系统分别进行会计规则的转换将带来较大的管理复杂性。统一会计引擎的出现，能够帮助我们将会计规则的转换架构在一套灵活、可配置的系统组件之上。不同业务系统的输入将可以基于统一平台，完成规则转换和凭证制证，进一步提升会计交易处理的可靠性。

其次，基于机器学习技术，能够考虑实现智能报告。将会计报告交给人工智能来处理并非不可能，现在的人工智能写出的市场研究报告，已经让人难以区分背后是资深研究员还是机器。基于相对结构化的报告范式，再加上人工智能基于市场反应的润色学习，智能报告或许对股价的提升会越来越有帮助。而区块链技术基于分布式账簿所带来的高可靠性，能够帮助我们解决传统业财对接模式下的业务交易记录与会计记录不一致的问题。同时，对于内部往来和关联交易，区块链技术同样能够发挥作用。基于各交易方所构建的分布式账簿，能够将交易同时在交易各方实现记载，降低其被篡改的可能性，这对解决内部往来和关联交易的核对、加强一致性有着重要作用。

（二）税务管理

对于税务管理的智能化支持来说，监管单位——税务部门更早地采取了行动，"金税三期""千户计划"的背后都是大数据的影子。对于税务部门来说，其数据具有先天的不对称优势，使其有条件先于企业展开税务的大数据应用。而基于企业间的数据分析，也使税务稽查能力得到了大幅提升。在大数据应用上，税务部门也在试图从其可控的税务数据以外获得更为广泛的社会数据，并应用在税务监管中。

对于企业来说，需要借鉴监管部门的管理思路，基于企业自身的数据，以及可获取的社会化数据，在一定程度内对企业内部应用大数据开展税务风险的预先排查。当然，受到数据基础的限制，企业与监管部门相比可能会有所不足。

实际上，与监管部门之间发票数据的对接、电子发票的应用，对于提升企业内部基于流程的报账处理、操作风险管理都可能更具价值。例如，增值税专用发票及普通发票数据的对接能够帮助企业简化发票真伪查验、发票认证的流程，对电子发票的应用能够大大降低企业的开票成本，也方便了进项报销的处理。

（三）资金管理

对于资金管理来说，智能化的影响主要体现在对资金交易的安全性和核对一致性方面、跨境外汇交易效率的提升及成本降低方面，以及对资金计划、流动性风险管理预测等能力的提升方面。

首先，对资金管理影响比较重要的智能技术是区块链技术。基于去中心化的分布式账簿，能够构建起企业集团级的区块链清结算平台。基于区块链原理的交易记账，能够有效提升资金交易的安全性和效率，并能够解决资金清结算中的交易核对和一致性问题。在一国社会范围内的区块链金融的发展，能够更好地提升企业间、企业与金融机构间、金融机构间的资金交易的安全性和效率。当然，在实践中，我国基于互联网、移动互联技术的资金交易模式的痛点并不显著，更有价值的应用体现在跨境交易上，对跨境交易的时效性长、成本高、依赖性强的痛点的解决能够让区块链技术体现出更大的价值。

其次，大数据技术的应用，能够帮助我们更好地展开资金计划管理。企业通过自身数据的积累，以及对企业构成资金需求影响的风险数据的监控，能够更为弹性地开展资金计划预测，并实现资金计划的动态滚动预测。同时，大数据能够借助对风险"加速度"的发现和监控，在更早的阶段发现流动性风险、资金安全风险等，帮助企业更好地开展资金风险管理。

（四）管理会计

管理会计的应用十分依赖信息系统的建设情况。在通常情况下，管理会计需要处理相对大量的数据，如缺少信息系统的支持，就很难实现日常的机制化运转。但在传统模式下，管理会计支持系统的运算性能存在瓶颈，在性能难以支持的情况下，需要通过简化业务逻辑的方式来满足性能的要求。

实际上，从多维数据库的出现开始，管理会计的性能已经得到了很大改善。在传统模式下，关系数据库严格按照三范式设计，通过多次表链接实现查询，对于大数据量的处理，非常费时，并且性能较差、开发周期长、成本高。多维数据库则以事实表为核心，由多个维度组合而成，结构简单、容易理解、开发相对容易，却导致出现很多冗余，多维数据库属于使用空间换取时间的解决方式。

随着智能化的到来，管理会计将更多地从技术性能方面获益。针对管理会计最大的痛点——运算性能不足，在物理架构、硬件等方面的技术进步能够使这些问题有所缓解。基于云计算架构搭建的多维数据库，或者直接使用内存数据库来进行相关的管会数据处理都有优化数据性能的机会。

二、智能风控

对于专业财务来说,业务人员舞弊和渗漏风险管理一直是重中之重。然而,在传统的财务管理模式下,想要做到这一点在客观上存在较大难度。一方面,渗漏和发现渗漏就如同一场猫捉老鼠的游戏,总是不得不面对财务与业务的各种博弈升级;另一方面,要想做好这件事情,财务在反渗漏的斗争中不得不消耗大量的人力和精力。

好在随着智能时代的到来,在财务反渗漏这件事情上有了新的转机。依托智能技术,我们有可能在与渗漏行为的博弈中占据更加主动的位置,同时能够让算力从一定程度上替代人力,智能风控让我们能更容易地抓住财务渗漏的尾巴。

(一) 财务渗漏

对于财务来说,在面对风险时有两种典型的情况。

一种情况是在复杂的财务流程中存在大量的财务运营工作,这些工作本身容易发生因为工作疏忽或者技能熟练度不足所导致的各种各样的差错。对于这些差错来说,我们并不把它们理解为一种渗漏行为,而更多地定位为财务的质量问题。

另一种情况是这里要说的财务渗漏,也可以理解为公司员工出现道德问题,从而发生的舞弊欺诈事件,这些事件会直接或间接地造成公司的财务损失。由于这种行为往往隐藏在大量的常规业务中,如员工的费用报销、零星采购等,如同一个容器出现了破损,漏下了沙子,故被称为财务渗漏行为。

对于财务渗漏来说,最典型的关键词是"虚构",那么我们会面临哪些虚构事项呢?

1. 虚构经济事实

这种情况是财务渗漏事件中性质最恶劣的,可以用"无中生有"来形容。涉案者往往是在没有任何真实业务支撑的情况下,凭空捏造一个经济事实。做得比较高明的,往往还会编造一套看起来相对靠谱的逻辑证据链,通过这样的虚构从公司套取资金。当然,套取资金后,某些有良心的人会用这些资金形成小金库,用于特殊用途或员工的补充福利,而另一些人则直接装入自己的腰包。

2. 虚构原始凭证

相对于完全虚构事实,虚构原始凭证的情况要稍微好些。有些时候,确实是发生了实际的费用支出,并且员工也自行垫付了资金,但由于发票遗失或者忘记事前审批等其他情况,能够支持其正常报销的原始凭证缺失。这个时候为了完成报销,员工有可能虚构原始凭证，比如购买发票、伪造审批签报等。尽管从动机上讲，虚构原始凭证比完全虚构经济事实少了那么一点儿恶劣性，但仍然是我们所认为的财务渗漏行为。

3. 虚构业务金额

还存在一些混搭性质的情况，并且也比较隐蔽，我们姑且称之为虚构业务金额。这种情况往往会存在一个基础的经济事实，也就是说确实有经济开支发生了。

（二）智能时代反渗漏技术的智能进化

智能时代的到来，让我们面对亟待进化的反渗漏局面时找到了突破的转机。大数据与机器学习技术的发展，让财务有机会在反渗漏的场景中尝试应用这些新技术。下面我们一起来看看基于规则模型与监督学习模型、非监督学习模型、SAN社会网络三种形式的智能风控所带来的反渗漏升级。

1. 基于规则模型与监督学习模型的智能风控

事实上，基于规则的反渗漏与基于数据和逻辑的反渗漏的思路是一致的。核心差别在于能够用信息系统来运行复杂的规则模型，而不是靠人进行分析。当然，你可能会说，现在就能够把规则植入系统中，和智能技术有什么关系？

说得没错，很多人会陷入一个误区，认为人工智能到来了，要用复杂的思维去取代简单的规则处理。实际上，正确的做法是尽最大的可能在应用人工智能技术之前采用规则处理，基于规则的系统处理的成本更低并且高效。但是，在当前的技术条件下，采用规则处理有两个难点，一个是支持规则处理的数据不足；另一个是规则本身的设计困难且复杂。

智能技术的出现，恰巧在这两个方面提供了支持。大数据技术的出现，让我们能够管理更庞杂的和非结构化数据。这些越来越大的数据让我们有机会应用更复杂的规则模型来发现渗漏线索。比如在今天，我们可以使用OCR、众包等多种形式获得大量与经济事项相关的数据进行管理，也可以从社会网络中获取与供应商、员工相关的大量信息来发现潜在的渗漏线索。另外，机器学习中的监督学习模型能够帮助我们将大量人工审核方法转化为机器规则，从而实现自动化的规则反渗漏审核。

在基于监督学习的机器学习模式下，我们可以将长期以来基于人工反渗漏作业的单据作为学习训练的基础，通过对单据的特征进行数据化，并对这些单据是否存在渗漏情况打上标签。监督学习模型能够利用大量具备特征和标签的训练题进一步提炼规则。这些新的规则植入系统后，作用于新发生的业务单据，分析其是否存在渗漏的可能，这将有助于解决"规则建立困难"的问题。

2. 基于非监督学习模型的智能风控

另一种帮助我们找到渗漏线索的方法是利用机器学习中的非监督学习。从某种意义上讲，非监督学习可以理解为机器对大量数据进行自主聚类分析的过程。机器系统并不关心数据本身的含义，它将数据按照特征的相似性进行分类。在这种情况下，我们不难想象，对于大多数"正常"的单据来说，它们会具有相似性，能够被非监督学习模型归集到非常相似的大圈圈里；而那些可能存在渗漏行为的"不正常"单据，则渗漏调查的对象聚焦在这些另类的小群体单据中。

"非我族类，其心必异。"正是基于这种思维导向，非监督学习在技术上的支持，让我们有可能突破数据和逻辑分析的局限，找到在传统模式下看不到的渗漏风险。

3. 基于 SNA 社会网络的智能风控

我们要对付的是最无能为力的关联舞弊。正如上文中所说的，人的思维能力很难发现跨越时间和空间的关联性。在大数据技术的支持下，通过构建社会网络的方式来发现渗漏风险，这成为解决关联渗漏的创新思路。

社会网络是指利用企业内部财务相关经济事项的各个关联主体之间的相互关系构建的一个关系网络。在这个网络中，有公司的员工、员工的审批领导、供应商、供应商的股东、供应商与公司内的其他关联人等。通过筛查社会网络中可能发生渗漏行为的主体规律特征来识别利用传统反渗漏技术难以发现的渗漏行为。在社会网络模型中，集成了筛选、统计、时间还原、风险节点关系分析、可视化关联分析等模型，能够更加快捷、有效地帮助财务反渗漏分析师发现潜在的渗漏风险。

在实际应用中，我们可以以报销单据为核心向外扩展，通过员工、审批人、供应商等多个要素之间的关联关系，跨越空间和时间构建起网络。在这个网络中，我们试图寻找所谓的"黑节点"。"黑节点"是指通过其他技术方式发现的有问题的单据、人或供应商。一旦出现了"黑节点"，我们就有理由怀疑在这个网络中存在其他的"被污染节点"。这种从网络和"黑节点"视角出发的渗漏发现方法往往能够以点带面地发现问题，并且将深度隐藏在空间和时间掩体后的渗漏行为挖掘出来。

在实际构建 SNA 社会网络模型的时候，通常需要经过节点确定和数据提取、节点数据清洗、关联关系匹配、生产网络等步骤。在这个过程中应尽量减少数据不足、垃圾数据过多、数据冗余等问题对网络质量的影响。

反渗漏技术即将进入智能风控时代，这让我们在面对高度进化的渗透势力时有了一战之力。财务人应该拿起智能风控的武器，来赢得战斗的胜利。

第三节　智能时代业务财务创新

一、智能时代业务财务的智能增强

业务财务的提出为国内财务管理水平的提升注入了强大的活力，也是传统财务向新型财务转变的重要一步。业务财务的核心理念是希望财务队伍能够从自己的专业领域走出去，成为业务部门的合作伙伴，能够站在业务的视角及业务与财务专业的交集区域，开展财务管理活动。

（一）产品财务管理

在产品财务管理方面，单纯从财务的角度来说，能够实现智能增强的范围是有限的。

在产品规划和投资方面，基于今天的信息条件，更为广泛的数据和信息获取能够帮助我们更加有效地模拟预测产品未来的经营情况。

在产品最佳财务实践的推广方面，可以尝试着使用一些新的技术手段来加强培训的效率和效果。在传统模式下，通常需要通过开发课程、面授推广的方式来传播最佳实践。而在今天，我们可以考虑采用更丰富的形式，如网络直播、碎片化学习等，借鉴新的学习模式的优点。

物联网的发展使我们能够更好地跟踪实体化产品的市场投放数据，通过经营分析获得如产品的使用情况、用户的反馈情况等更有价值的数据。

相比财务本身来说，业务财务更需要关注的是企业产品本身在智能化领域的发展。对于产品财务经理来说，需要能够紧跟智能时代的新技术与企业自身产品的结合情况，能够对涉及智能技术的新产品实现优化资源配置判断，能够应用智能技术建立新的产品规划和投资的财务评价模型。实现和传统产品评价同样的标准，甚至更好的评价能力，而不是在智能时代完全无法理解业务部门的战略、规划和行动，财务需要成为业务的伙伴，而非拖累。

（二）营销财务管理

大数据技术是营销财务管理的重要助力，能够在营销及销售费用管理、客户信用及风险管理、竞争对手分析等领域发挥重要作用。

首先，在营销及销售费用管理方面，重点关注的是销售资源投放和效果达成的关系，如果能够管理好每一笔销售费用的投入产出，那么销售费用的投入就能得到很好的财务回报。在这一方面，我们可以充分利用大数据在相关性分析方面的优势，基于大量的企业内部历史销售费用投放的数据，以及市场上与企业销售活动相关的各方面的反应数据，获得销售费用投放方案与市场反应之间的相关性分析结果，从而将优质资源向市场反应积极的销售活动方案倾斜。

其次，在客户信用和风险管理方面，能够依托大数据技术更广泛地获取与客户相关的社会化数据，不再简单地依赖客户公布的财务报告信息，而是将客户在社会化活动中所形成的广泛的数据纳入监控范围。基于广泛的客户行为信息、舆情信息，更及时、准确地评价客户信用，建立多视角、全方位的客户信用评价模型。

最后，在竞争对手分析方面，大数据能够帮助企业建立更加及时、有效的舆情监控系统。基于网络新闻、微信、微博等多种社会化媒体，新的舆情监控系统可以从文字、图片、语言、视频等获得全方位的信息输入，从而更早地发现市场和竞争对手的重要动态，帮助企业及早决策应对。

（三）供应链财务管理

供应链管理本身是一个相对成熟的管理领域。特别是在 ERP 系统出现后，企业的供应链管理能力得到了大幅度的提升。在智能技术方面，物联网技术将为此领域财务管理能力的提升提供潜在的机会。

在物联网技术快速发展后，越来越多的企业使用物联网来跟踪其供应链的全过程。从原材料到在产品、产成品，直至后续产品的库存、配送物流及客户使用，物联网能够跟踪到每个环节的大量位置信息。对这些信息的获取，能够让我们即时获得清晰的物料及产品的库存、流转、物流情况。其一，供应链财务能够利用这些信息替代盘点，甚至也能为相关的会计核算提供更好的自动化支持；其二，能够利用这些信息优化库存价值管理，减少呆滞库存的出现；其三，配送物流数据信息对于优化配送物流成本也有重要的作用。

在未来，物联网信息和财务的有机结合势必会改变供应链财务的管理模式。此外，在采购管理方面，通过将采购财务管理前置于业务处理，能够实现更好的管理效果。如采用类电商的模式在企业内部推动采购管理，能够实现整个采购过程的透明化和自助化，更好地推动业财全流程的融合。

（四）项目财务管理

实际上，针对项目管理，我们更建议推动其系统化建设，针对不同类型的项目建立差异化的前端业务管理系统。将财务与业务紧密结合的部分内置于前端项目管理系统中，而针对项目财务管理通用的部分，则可以考虑建立统一的项目财务管理平台，对接各类前端专业化项目的业务管理系统，打通业财壁垒。

与项目相关的业务及财务系统的建立尽管并不高度依赖智能化技术，但对于很多企业来说，这项工作仍然是企业财务信息化建设中的薄弱环节。基于现有的信息化技术，实现项目过程的信息化管理是很多企业的当务之急。

二、智能核算：支撑业财高度融合的统一会计引擎

（一）会计引擎的基本原理

简单地理解，会计引擎可以看作是将业务系统语言转换为财务语言的翻译器。对于一个翻译器来说，如果要让它运转起来，首先要能够实现语言的输入，然后基于所输入的语言，通过一系列的语法分析及规则转换，将其形成新的语言再输出。当然，这里所讲的翻译是基于文本信息的，如果是基于语言的处理，那么最大的难点将转变为在输入环节如何让计算机能够听懂且理解人类的语言，并将这些语音信息转换为文字。

我们可以参考类似的方式，用会计引擎来解决问题。首先，需要从各业务系统中获取业务系统数据的输入。在这个过程中，我们必须意识到，会计凭证是企业各类经济活动结果的反映。在这种情况下，能够支撑进行财务语言转换的前端业务系统的涉及面也必然是广泛的。当建立了业务系统与会计引擎之间的数据接口后，就形成了类似于翻译器的语言输入过程。接下来，要做的事情是语言的转换。对于会计引擎来说，需要建立一套类似于翻译器中词汇映射和语法映射的规则转换机制。也就是说，要建立业务数据向会计凭证转换的系统规则。

当然，这里有一点和翻译器是不一样的。对于翻译器来说，不管输入什么，都需要被动地接收，并转换为另一种语言进行输出。而对于会计引擎来说，首先是基于会计凭证的数据构成规范来判定需要什么输入，对形成会计凭证无用的数据，根本就不会考虑作为输入。在这种情况下，业务系统根据会计凭证的数据需求提供数据输入，经过预先设定的业务语言向会计语言转换的规则处理后，形成"准凭证"。

所谓的"准凭证"是会计引擎处理后所形成的预制凭证，由于还没有进入总账系统，故被称为"准凭证"。准凭证进入核算系统后，形成正式的会计凭证，最终完成语言输出的过程。

（二）统一会计引擎

统一会计引擎和传统会计引擎相比，核心就在于"统一"两个字。统一会计引擎是希望能够打破其寄生系统的束缚，从各个系统中独立出来，形成一个专业化的系统平台。通过这样的一个平台，形成一个多语言翻译器。也就是说，统一会计引擎的一端对接企业内所有业务系统和专业财务系统，以获得信息输入，另一端对接会计核算系统和管理会计系统，以生成会计凭证并实现财务分析。

（三）智能化下的统一会计引擎

尽管我们意识到统一会计引擎的建立难以一帆风顺，但同样看到它建立后所带来的价值。今天，随着智能化技术的进步，还有可能在建立统一会计引擎的过程中更进一步——借助智能化技术提升统一会计引擎的性能。

如同翻译领域对智能化技术的应用，统一会计引擎可以考虑适当地应用机器学习技术来辅助完善翻译器的翻译规则，即会计引擎的凭证转换规则。在建立统一会计引擎时，通常将优先基于所积累的经验来设计规则，但面对多行业及全场景的复杂性，仅仅基于经验是不够的。机器学习技术通过对标签化业务信息的输入和学习训练后，能够更高效地提炼转换规则，提升会计引擎在面对新问题时的处理能力。另外，利用区块链技术。如果能够在业务系统、专业财务系统、核算系统之间搭建分布式底账，那么将为提升会计引擎转换结果的可追溯性带来极大的帮助。

第四节　智能时代财务共享服务创新

一、基于大数据的财务共享服务

（一）大智移云时代下财务职能的重新定位

大智移云时代到来之前，财务共享服务的财务职能主要体现在价值保持方面，即会计核算、资金结算、应收应付管理、税务管理、报表编制等基础会计工作。大智移云时代，大数据提供的数据基础成为企业新发明与新服务的源泉，财务共享服务系统成为企业的资源池，企业通过大数据挖掘技术能够获得和使用全面、完整和系统化数据，获得商机。财务共享服务系统的工作人员利用大数据获取的数据信息，进行数据分析，为企业管理层提供公司运营、预算管理、业绩分析、风险管控等方面的决策支持，实现财务共享服务系统财务职能由财务会计职能向管理会计职能转变。在做好价值保持的同时实现价值创造，提升财务共享服务的工作价值。大智移云时代，财务共享服务系统衍生出数据中心的职能，由原来的报账中心、费用中心、结算中心发展出数据中心，使提供决策支持成为可能。大智移云时代的开启为财务职能做好价值保持的同时，也为实现价值创造提供了条件，也提出了挑战。

（二）大智移云时代下财务共享服务业务流程管理

财务共享服务系统的所有业务都需要流程来驱动，组织、人员都是靠流程来实现协同运作的，流程的标准化和统一性是财务共享服务的核心。按照流程的功效，可以将财务共享服务整体流程分为三大类：管理流程、核心流程及支持流程。其中核心流程实现财务共享服务系统的营运功能，构成核心业务并创造基本价值。例如，应收管理、应付管理、资金管理等。

财务共享服务系统的一个典型流程是应收流程。应收流程用来解决企业与客户之间的财务关联。应收流程的核心业务包括订单及合同管理、开票及收入确认、收款及票据管理、对账反馈和内部控制几个业务环节。在整个业务流程中，从订单、销售到收款皆与客户有关。在应收流程中，分析客户付款行为、评估客户信用等级、洞察客户信用风险以及预测信用额度对销售收入的影响，对企业的可持续发展起着举足轻重的作用。在大智移云时代下，企业集团财务共享服务系统可以利用数据优势，在大数据的海洋中搜索客户的相关资料，对客户企业的信用等级进行评估，对客户企业的付款行为进行分析，对客户企业的信用风险进行评估，使原本复杂的工作变得简单化，大大提高了财务共享服务系统的业务处理能力。

二、人工智能环境下的财务共享服务

（一）基于业财融合的智能财务共享平台

由于受到技术与业务模式的限制，在传统财务管理模式下，大多数企业的财务与业务是相互隔离的。企业的会计工作存在大量的人工审核合同、订单、发票等简单重复劳动。尽管财务共享服务的出现将企业重复性高、易于标准化的业务集中到财务共享服务系统进行集中处理，大大提高了企业业务处理效率，但财务共享服务系统只能作为传统财务管理的加速器，本质上并没有消除不增值的会计处理环节。企业智能财务共享平台，是现代企业财务体系"拥抱"智能化、互联网、云计算等技术的有力探索。基于智能财务共享平台，企业可以搭建云端企业商城，利用电商化平台实现与供应商、客户之间进行无缝连接。并借助发票电子化打通税务数据与交易的关联，回归以交易管理为核心的企业运营本质，对员工日常消费及大宗原材料采购实行在线下单、支付，企业统一对账结算，从而实现了交易透明化、流程自动化、数据真实化。

（二）基于人工智能的智能财务共享平台

随着人工智能的深度发展，智能机器人应用到金融、医疗、家政、制造等多个领域。在企业的财务管理中应用财务智能机器人也将是一种趋势，财务智能机器人凭借其强大的反应能力、快速计算能力以及深度学习能力，完全能够像人类一样进行自主信息收集，对信息进行加工处理，输出企业信息使用者需要的财务信息，并代替企业财务管理者作出经营预测和决策。经营预测是企业不可或缺的重要环节，它主要是通过对上一阶段整个企业的财务状况进行总结，并且对下一阶段的企业财务管理作出一个规划，这对于各个企业来说都有着重要的意义。在传统的企业经营预测中，都是通过人工录入的信息数据作为基本依据去进行总结的，这在某种角度上来说存在着很大程度上的不稳定性，同时数据信息的精准性也有待考量。当人工智能在企业财务管理中注入了新鲜血液时，企业的经营预测便开启了新篇章。财务职能机器人可以从多种角度对企业信息数据进行收集，并且可以从企业的收入、支出成本、综合经营利润以及已经出现的一些企业负债等各个角度进行分析和预测，这是我们传统企业的经营预测所无法做到的。人工智能势必将促进企业管理会计的进一步发展。

三、移动互联网趋势下的财务共享服务

（一）移动互联网下的业务审批移动化

移动互联网应用到财务共享服务中是一种必然的趋势。随着 App 的盛行，网络条件不断改善，财务共享服务的费控系统中的移动在线审批将会日趋流行，信息内容日益丰富。财务共享服务的目的就是跨越地域、跨越时间的限制，加强企业集团对各业务单位进行控制，实现财务业务一体化。移动互联网的发展为财务共享服务的创新发展创造了条件。企业将费控系统中的审批环节迁移到移动端，使领导在进行业务审批时不再受到时间和地域的限制。

（二）移动互联网下的费用管理移动化

财务共享服务的商旅系统和费控系统的建立与运用，大大解决了企业员工商旅报账难、报账慢的现象。伴随移动互联网的推进，将移动互联网与商旅系统、费控系统相结合，使商旅管理、报销管理更加智能化、移动化，将会是财务共享服务费用管理未来发展的趋势。

目前，市场上大量涌现出费用报销系统，如喜报销、全程费控等，企业可以采用外购和自行构建两种方式建立商旅费用报销系统。企业员工根据要求在移动端下载企业商旅费用报销系统App，员工可以通过工作证号码注册登录进入App，完善个人基本信息，员工根据自身需要设置费用类型、语言、币种等。业务人员可以在移动端App上随时随地进行机票、酒店等事前申请，由业务领导在App上进行审批和商旅管理，业务人员根据行程随时随地记录账单、拍摄原始票据上传系统，财务主管根据业务人员上传信息进行报账处理，利用网络支付技术，实现业务人员商旅费用报销即报即得，提高企业员工满意度。与此同时，企业高管也可以通过移动商旅报销系统，对业务人员从费用发生到最终报销的各个环节进行全程管控，使企业拥有更完整的视角，所有的费用记录及交易流程变得更加透明化、可视化。

（三）移动互联网下运营管理的移动化

随着移动互联网的发展，财务共享服务的运营管理体系迁移到移动端。就目标管理而言，财务共享服务系统将其确立的目标清楚明了地展示在员工的移动端，员工可以随时随地进行阅览，还可以在移动端建立论坛进行交流。就绩效管理而言，绩效管理强调组织目标与个人目标的一致性，强调组织和个人同步成长，形成"多赢"局面。财务共享服务系统对员工绩效的考核，员工能通过手机、iPad等移动端查看。就人员管理而言，财务共享服务系统的运营管理体系移植到移动端，企业员工可以通过移动端进行在线学习。公司可以在移动端对员工进行培训，并且在移动端制定测试卷，定期对财务共享服务系统的员工进行知识测评。系统自动评估分数，员工根据自身情况进行查漏补缺，提高财务共享服务系统人员的知识水平。就服务管理而言，财务共享服务外包服务如雨后春笋一般发展起来。在移动互联网发展的趋势下，财务共享服务系统可以鉴于微信应用的高度普及化，充分利用微信平台，建立自己的企业号、订阅号，公司内外部客户可以通过订阅号进行咨询。企业财务共享服务系统通过移动渠道对内外部客户提供服务，一方面促进企业经济效益的增长，另一方面也促进财务共享服务在我国的发展，使越来越多的中小企业都能够建立财务共享服务系统。

四、基于云计算的财务共享服务

（一）基于云计算的财务共享服务建设原则

社会在进步，科技在发展，为了改善财务管理工作，降低财务管理成本，适应企业的发展要求，不断有企业踏上探索云计算的财务共享服务的道路，云计算的财务共享服务最终将成为企业运作中重要的战略者。因此，企业集团在建立云计算的财务共享服务系统时，必须严格遵循一定的原则。

（二）基于云计算的财务共享服务架构

基于云计算的财务共享服务架构包括云端和客户端两个部分，每个部分包括不同的层次。

在云端，云计算服务器由下往上依次为网络服务层、数据管理层、应用支撑层、应用层。其中，网络服务层主要提供网址、邮件、认证等服务；数据管理层主要对元数据、基础数据、业务数据和决策数据进行分类存储；应用支撑层主要向财务共享服务系统提供网站管理、权限管理、统计分析等服务；应用层主要为客户提供报账、集中核算、集中支付等财务共享服务功能模块的服务。

在客户端，依托云计算的财务共享服务，客户不需要了解财务共享服务系统的具体流程，只需要根据自身需要通过台式电脑、笔记本、手机等设备输入自己的请求，财务共享服务系统就可以利用云端服务为客户提供服务。

（三）基于云计算的财务共享服务业务流程管理

依据"云"的思维，结合先进信息系统，财务共享服务系统的业务人员将采集到的业务数据上传至云端，由云端充分发挥云存储功能对业务数据进行储存。需要审核的原始单据将会具体细分为各个要素，财务共享服务系统对被细分的要素进行审核、加工、组合，最后自动完成凭证和报表等产品的输出。基于云计算的财务共享服务的整体运作流程具体可分为三类，分别为云采集、云处理、云产品。

云采集。为获取真实反映经济业务具体特征的数据信息，财务云必须对集团内部的经济业务发生时的各类数据进行采集。借助先进的技术手段，将各类数据上传到云端，根据被上传的数据信息，财务共享服务系统的业务人员根据单据的业务类型进行分类，并在此基础上进行必要的提取与审核。最后业务人员将采集到的数据信息进行标准化、结构化处理，利用云储存将处理后的数据储存在云端，为后续的数据分析和挖掘工作提供便利。

云处理。云处理指对各项经济业务数据进行分类、筛选、存储和传递。为确保数据能及时、准确、完整地被处理和加工，减少人工干预，实现财务管理自动化。在实际工作中，需要对云处理的处理动作、处理机构和处理环境进行合理安排。企业集团应充分利用虚拟化、提供数据挖掘服务的云计算和无限资源的云存储，同时借助互联网云端备份的数据保全服务和采用加密技术、防火墙等云安全策略，在云中建立财务业务信息系统。该系统理应涵盖公司各个经营管理环节，且各系统之间数据标准统一、门户统一、信息统一，数据交换通畅。

云产品。通过云平台进行云处理之后，财务共享服务系统会输出供用户选择的云产品。财务云会自动输出满足公司资金支付结算、应收应付核算等日常会计核算需求的会计凭证、单据及简单会计报表等简单会计产品；满足公司内部经营管理和外部监管要求的个别财务报表和合并财务报表等复杂会计产品；为公司提供财务业务指标及其动因分析，数据分析和数据挖掘等综合类产品。

（四）基于云计算财务共享服务的商业化

财务共享服务系统是一个独立的经营体，能够独立为集团内外部客户提供财务共享服务。云计算技术的发展，促进了财务共享服务系统的价值创造。国外企业比国内企业较早地将云计算运用于财务共享服务。近几年，财务信息系统比较完善的企业不断探索将云计算应用于财务共享服务系统，通过向作业团队配置虚拟客户端的方式，大大减少前台IT技术的投入。市场上将会出现第三方商业化服务平台这种新的商业模式，在商业化服务平台上匹配发包方和接包方，并实现系统的交互支持。在这种模式下，发包企业根据自身需要，可以独立选择一个或多个财务共享服务供应商为自己提供服务，而接包方可以通过平台，向多个企业客户提供财务服务。由此，财务共享服务供应商为了争取更多客户，会加快对财务共享服务探索的步伐，顺应时代，积极发明并利用新技术，提高自身服务质量。同时，客户也可以在商业化平台上选择物美价廉的财务服务产品。云计算大幅度地推进财务共享服务领域的商业化，使中小企业财务共享服务成为可能。中小企业本身经济实力不强，而建设财务共享服务系统需要投入大量资金。仅在IT方面，购买软、硬件，进行产品实施、部署网络等就需要很大的投入，使很多中小企业对于实施财务共享服务有所顾虑。而云服务模式下，传统的客户与服务提供商转变为客户、云服务提供商、资源整合者。云服务提供商通过服务端向企业财务共享服务系统提供在线云系统支持，使得中小企业通过租用的方式实现财务共享服务，从而推动我国财务共享服务的进一步发展。

参考文献

[1] 王雅. 财务管理理论与实践研究 [M]. 北京：中国纺织出版社，2023.

[2] 蔡智慧，绳朋云，施全艳. 现代会计学与财务管理的创新研究 [M]. 北京：中国商务出版社，2023.

[3] 牛艳莉. 财政金融理论与实务 [M]. 重庆：重庆大学出版社，2023.

[4] 吴金梅，秦静，马维宏. 经济管理与会计实践创新研究 [M]. 延吉：延边大学出版社，2022.

[5] 陈晶. 经济管理理论与实践应用研究 [M]. 长春：吉林科学技术出版社，2022.

[6] 郭玉芬. 现代经济管理基础研究 [M]. 北京：线装书局，2022.

[7] 李柳. 数字经济理论与实践创新研究 [M]. 北京：中国商业出版社，2022.

[8] 杨光宇，程露莹，区俏婷. 宏观经济与金融风险管理研究 [M]. 北京：中国纺织出版社，2022.

[9] 寇改红，于新茹. 现代企业财务管理与创新发展研究 [M]. 长春：吉林人民出版社，2022.

[10] 周玉琼，肖何，周明辉. 财务管理与金融创新 [M]. 北京：中国财富出版社，2022.

[11] 张景岩，于志洲，卢广斌. 现代经济发展理论与金融管理 [M]. 长春：吉林科学技术出版社，2021.

[12] 易行健. 财富管理理论与实践 [M]. 北京：机械工业出版社，2021.

[13] 高凯丽，戚啸艳. 管理会计理论与工具方法 [M]. 南京：南京东南大学出版社，2021.

[14] 邢菁. 互联网+时代财务会计的实践与创新研究 [M]. 北京：中国商业出版社，2021.

[15] 郭昌荣. 财务会计及其创新研究：基于管理视角 [M]. 北京：中国商业出版社，2021.

[16] 胡娜. 现代企业财务管理与金融创新研究 [M]. 长春：吉林人民出版社，2020.

[17] 刘建华，安海峰，王雪艳. 财务管理与成本控制研究［M］. 长春：吉林大学出版社，2020.

[18] 王鲁泉. 财务管理与金融创新研究［M］. 长春：吉林出版集团股份有限公司，2020.

[19] 刘赛，刘小海. 智能时代财务管理转型研究［M］. 长春：吉林人民出版社，2020.

[20] 张婕. 经济管理理论与实践创新［M］. 长春：吉林教育出版社，2020.

[21] 王小平，李亚丽. 经济管理理论创新与实践［M］. 北京：现代出版社，2020.

[22] 李涛，高军. 经济管理基础［M］. 北京：机械工业出版社，2020.

[23] 卫志民. 宏观经济理论与政策［M］. 北京：中国经济出版社，2020.

[24] 王道平，李春梅，房德山. 企业经济管理与会计实践创新［M］. 长春：吉林人民出版社，2020.

[25] 麦文桢，陈高峰，高文成. 现代企业经济管理及信息化发展路径研究［M］. 北京：中国财富出版社，2020.

[26] 焦豫. 现代会展经济理论及其商业创新应用研究［M］. 长春：吉林出版集团有限责任公司，2020.

[27] 陈德智，毕雅丽，云娇. 金融经济与财务管理［M］. 长春：吉林人民出版社，2020.

[28] 董俊岭. 新经济环境背景下企业财务会计理论与管理研究［M］. 北京：中国原子能出版社，2019.

[29] 魏禹尧. 经济管理的理论与实践研究［M］. 长春：吉林大学出版社，2019.

[30] 韦克俭. 经济管理专业本科教育教学改革与创新［M］. 北京：人民日报出版社，2019.